LA RECHERCHE DE SOI

DES MÊMES AUTEURS

Farhad Khosrokhavar

L'Iran : comment sortir d'une révolution religieuse ? (avec Olivier Roy), Seuil, 1999.
L'islam des jeunes, Flammarion, 1997.
Anthropologie de la révolution iranienne. Le rêve impossible, L'Harmattan, 1997.
L'islamisme et la mort. Le martyre révolutionnaire en Iran, L'Harmattan, 1995.
Le foulard et la république (avec Françoise Gaspard), La Découverte, 1995.
Sous le voile islamique (avec Chahlâ Chafiq), Éditions du Félin, 1995.
L'utopie sacrifiée. Sociologie de la révolution iranienne, Presses de la Fondation nationale des sciences politiques, 1993.
Le discours populaire de la révolution iranienne (avec Paul Vieille), Éditions Contemporanéité, 1990, 2 tomes.

Alain Touraine

Chez Fayard :
Comment sortir du libéralisme ?, 1999.
Pourrons-nous vivre ensemble ? Égaux et différents, 1997, Le Livre de Poche, 1999.
Le grand refus. Réflexions sur la grève de décembre 1995 (avec François Dubet, Farhad Khosrokhavar, Didier Lapeyronnie, Michel Wieviorka), 1996.
Lettre à Lionel, Michel, Jacques, Martine, Bernard, Dominique... et vous, 1995.
Qu'est-ce que la démocratie ?, 1994, Le Livre de Poche, 1997.
Critique de la modernité, 1992, Le Livre de Poche, 1998.
Le retour de l'acteur, 1984, Le Livre de Poche, 1989.
Le mouvement ouvrier (avec M. Wieviorka et F. Dubet), 1984.
Solidarité (avec F. Dubet, J. Strzelecki, M. Wieviorka), 1982.

Chez d'autres éditeurs :
La parole et le sang, Odile Jacob, 1988.
Actores sociales y sistemas políticos en América latina, Santiago, PREALC, 1987.
Le pays contre l'État (avec F. Dubet, Z. Hegedus et M. Wieviorka), Seuil, 1981.
L'après-socialisme, Grasset, 1980.
La prophétie antinucléaire (avec F. Dubet, Z. Hegedus et M. Wieviorka), Seuil, 1980.
Mort d'une gauche, Galilée, 1979.
Lutte étudiante (avec F. Dubet, Z. Hegedus et M. Wieviorka), Seuil, 1978.
La voix et le regard, Seuil, 1978 ; Le Livre de Poche, 1993 (éd. revue).
Un désir d'histoire, Stock, 1977.
Les sociétés dépendantes, Duculot, 1976.
La société invisible, Seuil, 1974.
Lettres à une étudiante, Seuil, 1974.
Pour la sociologie, Seuil, 1974.

Suite de la bibliographie en fin de volume

Alain Touraine
Farhad Khosrokhavar

LA RECHERCHE DE SOI

Dialogue sur le Sujet

Fayard

© Librairie Arthème Fayard, 2000.

Invitation

par Alain Touraine

Farhad Khosrokhavar m'a proposé de m'interroger sur mes idées, mon travail et moi-même. J'ai accepté ses questions et nos échanges sont devenus un dialogue, qui s'est étendu sur un an. Cette méthode m'a obligé à m'exprimer d'une manière différente de celle que j'aurais choisie moi-même et sur un ton qui ne m'est pas habituel. Son invitation a accéléré une réflexion qui avançait depuis quelques années, mais qui avait besoin d'une telle occasion pour se transformer en formulation cohérente de mes nouvelles orientations et de mes projets. C'est donc d'abord d'un projet intellectuel qu'il sera question ici.

Depuis la fin des années quatre-vingt, quand je préparais *Critique de la modernité,* dans des circonstances personnelles très difficiles, j'ai compris que mon projet principal avait toujours été de substituer une sociologie de l'acteur à une sociologie du système social. Au lieu d'expliquer les conduites en fonction de la place et des intérêts des acteurs dans le système, je cherche à les évaluer au contraire comme des actes de création ou de destruction de la capacité d'action autonome des acteurs. Il y a plus d'un quart de siècle que j'ai écrit *Production de la société*, livre dans lequel je définissais l'action non comme déterminée par des normes et des formes d'autorité, mais par rapport au sujet, c'est-à-dire à la production de l'acteur par lui-même. J'ai rendu ce point de vue de plus en plus explicite, d'abord en étudiant un ensemble de mouvements sociaux contemporains centrés sur les problèmes de la culture et de la personnalité plus que sur des intérêts économiques, ensuite en examinant de manière critique des notions comme modernité, démocratie, communication entre cultures et individus.

Mais il ne suffit pas d'exposer le mouvement et la logique d'un ensemble d'idées ; il faut encore que vous, lecteur, vous sentiez interpellé et puissiez évaluer aussi bien la continuité que la transformation d'une pensée. Un certain désordre dans l'exposé peut vous aider à vous orienter, alors qu'une présentation plus systématique risquerait de vous enfermer. Mais, pour que vous ne vous perdiez pas, je vous donne dès la première page le fil rouge qui doit vous guider dans la lecture de mes interventions et vous faire comprendre mes intentions et mes motivations.

Nous utilisons sans y réfléchir l'idée de société comme on mange une pomme. Cette idée peut se couler dans un cadre national : en parlant de société française, on désigne les manières de vivre et les relations sociales des habitants de la France à un moment donné. Ce qui est une définition empirique, constamment changeante, toujours chargée d'idéologie et presque vide de sens. Mais l'idée de société a eu une fonction beaucoup plus importante. Quand la modernité a brisé notre cadre religieux d'expérience, elle a cherché une nouvelle définition du bien et du mal, une nouvelle manière de légitimer les lois ou les programmes scolaires. La société est devenue sa propre fin, sa propre légitimité. Est bon ce qui est bon pour la société ; mauvais, ce qui lui nuit et l'affaiblit. La Révolution française a donné un éclat extraordinaire à cette idée : elle a fait de nous des citoyens et la société est devenue une nation. L'éducation tout entière devint civique, tout en se donnant comme tâche centrale la transmission de connaissances, puisque la nation était la forme politique de la raison. La philosophie du droit et la philosophie politique avaient déjà construit au long des siècles une puissante réflexion sur la société politique, de Machiavel jusqu'à Rousseau, en passant par Hobbes, Locke et Montesquieu. Tocqueville poursuivit cette réflexion après la Révolution.

Quand le développement capitaliste et la révolution industrielle enlevèrent à la politique son rôle central dans la vie sociale et le donnèrent à l'économie, la pensée de la société se transforma ; on parla de progrès plus que d'ordre et de différenciation plus que d'intégration. La jeune sociologie s'efforça de poursuivre le travail de la philosophie politique dans des ensembles sociaux de plus en plus diversifiés et se transformant de plus en plus vite, moins contrôlés centralement et plus ouverts sur leur environnement, en particulier par leurs techniques et leurs découvertes. Des guerres mondiales à la mondialisation des échanges et à la diffusion dans tous les pays des biens de consommation matériels et symboliques, le cadre national s'est affaibli. Plus les marchés remplacent les cités et moins l'individu vit à l'intérieur de cadres politiques et de normes sociales. Par conséquent, l'objet classique des sciences sociales, de la philosophie du droit à la sociologie, se dissout.

Il y a plus d'un siècle que nous avons commencé à nous définir comme travailleurs autant que comme citoyens, et maintenant, nous défendons aussi nos identités culturelles de tous ordres, fondées sur l'âge, le genre, les croyances, l'ethnie, la langue, divers ordres de pratiques. Si la société de masse entraîne l'affaiblissement des liens proches et forts, ceux de la famille ou du quartier, elle contribue à détacher la définition du bien et du mal des fonctions sociales des conduites. L'acteur est de moins en moins social, il est de plus en plus dirigé par un idéal de lui-même, tout en n'existant que dans des situations sociales. Il ne s'agit plus d'opposer un principe supérieur aux contraintes de la vie sociale, car celles-ci sont devenues à la fois plus mobiles et plus diversifiées et donnent ainsi plus d'espace à l'individu. Au sujet religieux et philosophique s'étaient déjà substitués le citoyen puis le travailleur; il n'y a maintenant plus de place pour l'universalisme abstrait. Toutes les tentatives de type œcuménique pour trouver ce qui constitue la sagesse et la justice universelles, échouent, soit parce qu'elles se réduisent à des banalités, soit parce qu'elles sont rejetées par une partie importante de l'humanité.

Il est de plus en plus difficile de remonter du particulier à l'universel, c'est pourquoi notre morale est de moins en moins sociale. Elle est devenue individualiste, non pas au sens où chaque individu participe de l'Humanité et a des droits universels, mais au contraire au sens où chacun considère qu'il a droit à l'individuation et que c'est ce droit qui doit être reconnu comme universel. Nous cherchons à tracer notre chemin individuel, c'est-à-dire à combiner notre participation au monde planétaire des techniques, des marchés et de la consommation, avec la défense d'orientations culturelles reçues ou créées.

La solution n'est pas dans la pure différence culturelle qui rendrait impossible la communication. Elle n'est pas davantage dans la participation de tous au monde du calcul et des techniques. Elle est dans l'effort de chaque individu, devenant ainsi un *sujet*, pour combiner la participation à la raison instrumentale avec l'appel à des orientations culturelles, personnelles ou collectives, à une langue, à une mémoire, toujours inséparables d'une communauté. L'opposition, devenue banale, entre libéraux et communautariens, est confuse car les deux solutions extrêmes sont également intenables ; elles doivent être combinées, et je définis le sujet par cette combinaison d'activités générales et d'une culture particulière. Le droit, l'éducation et les autres grandes institutions sociales ont pour rôle central de permettre et de renforcer cette combinaison et donc la liberté du sujet. Ce raisonnement général peut s'appliquer à presque tous les domaines de la vie sociale : une médecine du sujet est celle qui combine la guérison de la maladie et le soin au malade (*cure* et *care*) ; une école du sujet est celle qui renforce la capacité de chacun de devenir un acteur autonome, à la fois par le respect de la diversité culturelle et par l'accès de tous aux connaissances scientifiques et techniques.

Parce que le monde est ouvert et dangereux, divers et fracturé, la construction du *Je* devient le seul principe d'évaluation des situations et des conduites. Mais ce Je, je ne le répéterai jamais assez, n'est pas l'individu concret, paquet de goûts, de normes, de connaissances, de souvenirs, mais la volonté d'individuation de chaque individu qui se trouve ainsi distancé de son moi psychologique et social et qui devient, en revanche, capable de reconnaître les autres comme des sujets, dans la mesure où ils sont engagés dans un effort analogue d'individuation.

Ce livre a aussi une autre raison d'être, à mes yeux moins importante que la première, mais qui lui confère un caractère plus personnel, mêlant raisonnement et expérience, parce qu'il montre l'individu-auteur essayant de rapprocher en lui-même le pensé et le vécu, en reconnaissant qu'il désire, dans ce livre plus directement que dans les autres, se montrer à la fois pris dans le monde et à la recherche de lui-même, au milieu des événements et des polémiques. Cette déclaration, faite sur un ton neutre, est très loin, on le devinera, de rendre compte des raisons qui m'ont conduit à consacrer pendant toute une année une grande partie de mon temps à ces dialogues et à ce livre où les souvenirs et les anecdotes occupent peu de place.

Ce livre n'est ni une confession ni un programme; il est la recherche de moi-même comme auteur, comme créateur d'une pensée qui est en constant effort pour analyser des faits observables, mais qui cherche en plus à unir une histoire de vie particulière avec l'observation de la vie publique, en prenant parti le plus souvent et le plus nettement possible. J'ai voulu être un individu privé qui pense la vie publique, autant qu'un sociologue attiré par les problèmes de la vie privée, et un historien de ma propre vie autant que de la réalité contemporaine.

Mais qu'est-ce que la vie publique? C'est encore, pour beaucoup, un synonyme de la vie politique et quand nous parlons d'opinion publique, n'est-ce pas d'abord à des opinions politiques que nous pensons? Or ce livre veut rompre cette équivalence. Je ne crois plus que les enjeux de la vie publique soient avant tout politiques; je ne veux pourtant d'aucune manière dire qu'ils sont devenus économiques. La vie publique est l'espace où s'affrontent l'univers technico-économique, les rapports sociaux de domination, l'expérience de la vie et de la mort et l'affirmation des droits du sujet, institutionnalisés ou non. La vie publique fait une grande place aux problèmes éthiques et aux exigences morales. Il n'y a pas de démocratie si les pouvoirs, exécutif et même législatif, ne sont pas dominés par l'opinion publique, telle qu'elle s'exprime de manière autonome dans l'espace public, mais aussi telle qu'elle agit sur les décisions parlementaires ou gouvernementales et sur la jurisprudence. Nos plus grands débats portent depuis des décennies sur les droits des femmes, la bioéthique, la reconnaissance des minorités, les droits des immigrés ou des réfugiés, notre conception de la famille et de l'école. Reconnaître l'importance des débats économiques, en particulier budgétaires, et des conflits du travail ne doit pas empêcher de voir que ce sont les problèmes éthiques, ceux qui mettent en cause une conception de la personne et de la culture, qui ont acquis le plus grand retentissement dans l'opinion publique. Si l'on ne regarde que du côté des syndicats et des rapports de travail, on n'échappe pas à l'image d'un affaissement de la vie publique ; mais si l'on regarde du côté des femmes, des homosexuels, ou encore des mouvements de solidarité et d'intervention humanitaire, la vie publique apparaît frémissante d'engagements, de débats et d'émotions.

C'est de ce côté, en effet, plus que dans l'espace proprement politique ou dans le monde économique, que réapparaissent les passions collectives et surtout que nous avons tous la conviction que nous pouvons faire des choix, pour créer de nouvelles libertés ou lutter contre de nouvelles formes d'inégalité et de domination. Ces nouveaux mouvements sont moins liés qu'autrefois à des choix politiques. Qui oserait aujourd'hui parler du « front » des femmes, des jeunes ou des émigrés à l'intérieur de la lutte des classes ? L'indépendance de l'action des femmes ne peut plus être remise en cause. Plus on nous répète que, face à une organisation économique mondialisée, « on ne peut rien faire », et plus je pense au contraire qu'« on peut faire quelque chose ». Dans notre société s'est développé le calcul financier, mais aussi le volontarisme social et culturel.

Rien ne montre mieux que la notion de société est devenue un faux-cul. Les marchés ou les réseaux mondialisés ne forment pas une société. Les discussions sur l'éthique, elles aussi, traversent les frontières, en même temps que se multiplient les contacts entre des cultures éloignées les unes des autres. Ruptures de la société, différenciation sociale croissante, microphysique du pouvoir, comme disait Foucault, sont dans une relation de face à face avec l'extension de la vie publique et donc des débats éthiques autour de la définition et de la défense du sujet. La sociologie doit concentrer son attention sur cet espace public plutôt que sur l'économie, le pouvoir ou la philosophie de l'histoire. Quant à l'État, il ne plane plus au-dessus de la société ; il est à l'intérieur d'elle, se construisant un espace où s'affrontent la vie économique, les formes de domination sociale et les appels au sujet. Nous ne supportons plus les constructions intellectuelles qui expliquent toutes nos conduites par notre rapport au pouvoir ou par notre place dans la division du travail.

Notre capacité d'agir sur nous-mêmes et sur notre environnement ne cesse d'augmenter, pour le meilleur et pour le pire. Les décennies passées ont cru aux lois de la nature humaine ou de la société et ont mené la chasse au sujet. Aujourd'hui même, on cherche de tous côtés à nous convaincre que le système économique international a une logique irrésistible. Affirmons le contraire : les facteurs non économiques, l'innovation et l'éducation en particulier, ont des effets grandissants sur la croissance. De même, les crises économiques régionales ont des causes internes, sociales et politiques plus encore que des causes extérieures. Les marges de choix augmentent. Nous avons besoin d'une sociologie de l'action, disais-je au début de ma vie professionnelle, d'une sociologie du sujet, dis-je aujourd'hui, en donnant de plus en plus d'importance à l'éthique par rapport à la politique qui est, de l'autre côté, débordée par l'économie mondialisée et par les techniques en éruption.

Une question surgit : pourquoi parler encore de sociologie ? Parce qu'il est faux d'identifier la sociologie à la vision exclusivement sociale et politique de la société que j'ai évoquée. Celle-ci, au contraire, est née dans le grand mouvement de pessimisme culturel de la fin du XIXe siècle, quand la confiance que nous avions mise dans la diffusion des Lumières a disparu. La sociologie a démoli l'idée de société plus qu'elle ne l'a construite. Si je ne parle plus de société, mais d'opinions et d'espaces publics, de droit et d'enseignement, de famille et de conflits, c'est parce que maintenant seulement le « social » cesse d'être un appendice de l'« économique » ou une création du « politique ». Ce qui embarrasse parfois les sociologues ; ils hésitent à abandonner leurs anciens terrains de jeux aux économistes et à s'installer dans de nouveaux espaces où pourtant abondent les conduites à comprendre.

Avec le triomphe du libéralisme économique depuis la chute du mur de Berlin, nous avons changé de siècle. Celui qui avait commencé en 1914 s'est achevé en 1989, après soixante-quinze ans de guerres, de totalitarismes, de croissance et de crises, au moment où à Berlin, mais aussi à Varsovie, à Prague, à Budapest, et enfin à Moscou l'empire et le modèle soviétiques s'écroulaient. Depuis lors, qui pense encore au modèle cubain, à la révolution culturelle chinoise et aux œuvres classiques du marxisme-léninisme? Le libéralisme est partout. Il nous dit : abattons les obstacles à la libre circulation des marchandises et des capitaux; choisissons le mode de vie et de consommation qui nous plaît; oublions ce qui est collectif et lointain et saisissons ce qui est proche et individuel. Le plaisir et l'imaginaire sont recherchés partout où on trouvait naguère le travail et le drame. L'humour a chassé le sérieux et le goût de la diversité celui de l'intégration.

C'est volontairement que je donne une image multicolore de ce libéralisme, car il s'y mêle des thèmes que je déteste et d'autres qui m'attirent. D'un côté, j'aime le triomphe de l'individualisme, car j'ai horreur des idéologies de l'État et des communautarismes déguisés en grands principes. Mais de l'autre, je ne tourne pas la tête vers le passé ; je ne supporte pas le règne de l'argent, l'accumulation de la richesse et de la pauvreté, les images partout répandues d'un plaisir détaché de toute réflexion sur soi-même et de tout rapport à l'autre. Je reprends volontiers les mots de David Riesman : nous sommes passés d'un monde tourné vers l'intérieur à un monde tourné vers l'extérieur. Mais j'ajoute – comme lui, je crois – qu'il est grand temps de se retourner vers l'intérieur, vers l'égalité en même temps que vers les différences, vers les projets personnels et collectifs et vers la renaissance de la vie politique et publique. Ces conversations seront animées par la recherche d'idées et de formes de vie sociale aussi éloignées du règne de l'argent que des idéologies étatistes.

Il n'y a aucune opposition entre les thèmes qui se partagent ce livre : le sujet personnel, les mouvements sociaux, la démocratie. Ce qui est au plus loin de la séparation du public et du privé que j'ai connue dans la société de mon enfance. Qu'on en finisse avec les visions grandioses de l'histoire débouchant sur une catastrophe ou une apothéose finale et qui démontrent le mépris du monde public-masculin pour le monde privé-féminin.

Mais il ne suffit pas d'exhorter le « on », il faut d'abord que je me transforme moi-même pour être capable de faire vivre en moi mes nouveaux thèmes de réflexion et de passion. Je serais heureux si un certain nombre d'entre vous, lecteurs à qui je m'adresse, pouvaient se sentir concernés, comme je le suis moi-même, par la recherche de l'unité entre la vie personnelle et le débat public, entre l'individualisme et le respect des droits culturels. Il faut se comprendre mieux soi-même, si l'on veut comprendre mieux le monde. Notre dialogue est né de cette conviction.

Introduction
par Farhad Khosrokhavar

J'ai connu Alain Touraine dans la première moitié des années soixante-dix. J'étais étudiant en philosophie et préparais une thèse sur Heidegger avec Michel Henry à Montpellier. Par curiosité, je suis allé à son cours à Paris et j'ai été convaincu que, pour connaître l'Iran où j'entendais aller enseigner, il fallait y jeter un regard sociologique, différent de celui du philosophe.

Après la soutenance de ma thèse, je suis parti en Iran, et la révolution m'y a immobilisé jusqu'aux années 1983 et 1984. Lors d'un séjour à Paris à l'invitation du CNRS, j'ai revu Touraine et il a proposé de m'aider pour que je me présente en France à l'École des hautes études en sciences sociales plutôt que d'aller aux États-Unis où je comptais chercher du travail. Par son soutien et celui de quelques autres comme Gilles Veinstein et Michel Wieviorka, j'y ai été élu en 1991. Depuis, j'ai pu l'entendre et lire ses derniers travaux. Ce n'est pas sans surprise qu'à la lecture de ses ouvrages *Critique de la modernité* et *Pourrons-nous vivre ensemble?*, je me suis rendu compte de la nouvelle inflexion de sa pensée. Cela m'intriguait d'autant plus que cette tournure, où un sujet plus désocialisé et plus personnel émergeait à la place de celui des anciens mouvements sociaux, correspondait à mes propres aspirations et à mes constats de terrain en France, notamment eu égard à l'islam des jeunes dans les villes et les banlieues.

En outre, depuis les années quatre-vingt-dix, Alain Touraine avait davantage le loisir de s'ouvrir aux uns et aux autres, et sa pensée me semblait s'individualiser beaucoup plus que par le passé, où la nécessité du travail rapide avec une équipe restreinte et la lutte contre le marxisme vulgaire, le gauchisme et, sur le plan conceptuel, le structuralisme, ne lui avaient pas laissé la possibilité de se rapprocher des autres. Il est vrai, par ailleurs, que les temps ont changé et qu'en tant que sociologue doté d'une sensibilité qui m'a toujours frappé par sa vivacité et sa promptitude, il en a pris acte et en a conceptualisé précocement les diverses facettes dans ses trois ouvrages majeurs qui jalonnent les années quatre-vingt-dix.

Ce tournant « existentiel » me paraissait beaucoup plus excitant que les descriptions de l'acteur social, tel qu'il en avait été question à partir des années soixante-dix. La théorie du sujet renoue aussi, qu'on le veuille ou non, avec une notion philosophique qui a une longue histoire. L'acteur social était pur produit d'une sociologie triomphale ; l'interrogation sur le sujet se rapproche des préoccupations théoriques de la pensée spéculative. Pourtant, Touraine est sociologue et historien, pas philosophe, même si la fibre philosophique existe chez lui, tout en étant constamment dominée par le souci d'ancrer ses propos dans une histoire et des relations sociales concrètes. N'empêche, le sujet, cet être non social qui procède du social, évoque en écho les propos de Kant sur l'insociable sociabilité de l'homme, pour en déduire l'envers des propos du philosophe de Königsberg, qui avait une vue pessimiste de l'homme et de son incorrigible « courbure ». La conséquence en est pourtant, en partie, la même : le primat de la morale sur la sociabilité pure et l'introduction d'une dimension qui ne saurait être réduite à celle de l'homme prométhéen triomphant, qui détruisait sur son chemin tout ce qui s'opposait à son auto-affirmation, pour se constituer en « maître et possesseur de la nature ».

Le sujet n'a plus l'assurance de l'acteur social qui s'érigeait dans l'opposition à tout ce qui formait la trame de fond du social, à savoir les institutions, les Églises, les traditions, bref ce que les philosophes appelaient la transcendance et que Touraine qualifiait jadis de « garants métasociaux ». Désormais, c'est de la perte de sens consécutive à la destruction de ces garants que l'on souffre, de l'apesanteur causée par la disparition progressive des archaïsmes qui mobilisaient la lutte contre eux mais insufflaient aussi un sens à la vie, dans une adversité qui avait pour enjeu l'appropriation de la modernité. Ce ne sont plus tellement les institutions, mais une désinstitutionnalisation poussée, ce ne sont plus les obstacles sociaux à l'affirmation de soi de l'acteur, mais le nivellement de la société en un ensemble sans aspérité, ce ne sont pas les traditions, mais le sentiment d'absence de repères qui menacent de détruire le sujet.

Il est livré à lui-même, il est en butte à cet effondrement intérieur qui le guette s'il ne se rassemble pas constamment pour échapper à une domination de plus en plus anonyme et de plus en plus insidieuse, à des systèmes de consommation et de communication qui prennent en charge son être et l'aliènent sournoisement. Les nouveaux mécanismes de domination n'ont plus la transparence qui les caractérisait à l'époque de la lutte des classes où la ligne de démarcation entre les groupes en conflit était assez transparente : d'un côté les détenteurs des moyens de production, de l'autre ceux qui étaient dépossédés du fruit de leur travail ; d'un côté les tenants de la tradition sclérosée et archaïque (en France, le catholicisme), de l'autre, les partisans acharnés des Lumières (les Républicains en France).

Chez les exclus d'aujourd'hui, la lutte des classes et le Progrès des Lumières ne font plus recette et ce qui les attend est la dépossession de soi moyennant quelques subsides chichement arrachés à la collectivité et leur enfermement dans l'insignifiance sociale. Or cette incapacité à doter leur vie d'un sens qui ne serait pas déterminé par la pure privation pose un vrai problème dans la mobilisation des laissés-pour-compte. La question qui se pose est de savoir si chez les exclus, les précaires, les gens dépossédés de leur « dignité », il existe une aptitude qui puisse les constituer en sujets ou non, s'ils peuvent construire une définition de soi en termes positifs.

La même question se pose, sous une autre forme, dans de nombreux groupes intermédiaires, les petites classes moyennes, voire les grandes : sont-elles désormais à ce point intégrées dans le système social qu'elles ne sont plus capables de protester contre une domination quelquefois insupportable, malgré son caractère souple et insaisissable, ou bien sont-elles à même d'apporter un sens à leur vie et à celle des autres en s'engageant dans des formes de construction conflictuelle, que ce soit dans le privé, dans le public, ou dans l'espace qui les sépare et les relie à la fois ? Sontelles à même d'échapper à la totale dissolution dans ces sociétés de plus en plus démocratiques, mais aussi de plus en plus insaisissables dans leur mécanisme de domination et d'aliénation ? Ces systèmes « soft » exproprient les uns et les autres de leur capacité de critique et de contestation dans les domaines où les nouvelles formes de domination sont d'autant plus puissantes qu'elles sont anonymes. S'interroger sur ce sujet revient ainsi à se demander si de nouvelles formes de conflictualité se dessinent à l'horizon ou s'il faut y renoncer pour ne se pencher que sur l'anxiété narcissique et dépressive des intégrés et l'indignité intériorisée des exclus qui manifestent quelquefois leur « ras-le-bol » par des bouffées de violence incontrôlée mais sans conséquence sur les mécanismes de domination sociale.

Si tel était le constat définitif, le sujet serait une vaine question et devrait être rayé du vocabulaire sociologique.

La question est aussi de savoir si l'époque des luttes et des revendications qui conféraient un sens à la vie sociale est révolue ou non, et si de nouvelles formes de conflictualité n'apparaissent pas dans le champ social. Si l'on se réfère à l'ère héroïque où la lutte des classes, ou celle qui opposait les Églises, conférait une dimension « religieuse » à la vie sociale, jusque dans la lutte contre la religion, on constate que les choses ont radicalement changé depuis plusieurs décennies. Désormais, le sens est morcelé, mais cela ne signifie pas l'apathie, l'anomie, la perte irrémédiable de la signification de la vie et l'abandon de soi au narcissisme pour les *in* et l'acquiescement à la fatalité d'une vie sans horizon d'espérance pour les *out*. La nouvelle modernité qui nous attend, dans laquelle nous nous trouvons déjà de plain-pied, n'abolit pas irrémédiablement le sens du conflit, même si elle en transforme la signification : elle le démolit du point de vue ancien, elle le reconstruit dans un sens nouveau du point de vue de ceux qui acceptent de prendre au sérieux le renouveau de la société. Et c'est à la donne d'un nouveau sens au conflit et, plus généralement, à la vie que s'attelle la réflexion sur le sujet.

C'est pour cette raison qu'une révision des notions théoriques de la sociologie est urgente. Certains s'y sont déjà engagés depuis plusieurs années et il serait prétentieux de vouloir tout reconstruire. Mais il n'en est pas moins nécessaire de prendre acte de ce changement de perspective qui se traduit bien par la substitution de la notion de sujet à celle d'acteur social. Si l'on examine la vie sociale dans cette nouvelle perspective, plusieurs faits prennent un relief inattendu. D'une part, tout ce qui relève de la vie privée devient essentiel, surtout en relation avec la vie publique. L'acteur social était caractérisé par le primat absolu de la sphère publique sur celle du privé et par l'insertion du lieu des luttes dans la première, souvent au détriment de la seconde. À présent, la vie privée revêt une importance capitale pour le sujet, non pas qu'il s'agisse pour lui de s'y cantonner, mais parce qu'il convient de lui trouver une traduction adéquate dans le public. L'articulation entre le privé et le public devient essentielle et donne sens à de nouvelles formes de mobilisation sociale.

À l'aune de l'acteur social, cela peut être interprété comme une déficience, comme une «insignifiance», comme une perte de sens, comme la disparition du politique. À l'aune du sujet, cela revêt une positivité intrinsèque, même si les risques d'enfermement dans la sphère privée ou le déni du caractère social au public sont réels. Mais après tout, l'acteur social n'était pas, lui non plus, à l'abri d'une dissolution dans le *pathos* de la lutte : celle-ci était devenue mythique à force de se perpétuer idéologiquement, quand la réalité travaillait au réformisme lors même que les intellectuels et les partis de gauche exaltaient la lutte des classes.

À présent, le privé protège le sujet d'un idéalisme désincarné et révolutionnaire qui était devenu dangereux lorsque l'espérance dans des lendemains enchanteurs cherchait à se faire logique d'action. Le sujet est, de ce fait, plus «réaliste», plus «terre à terre» que l'acteur social, et, loin d'en déplorer le prosaïsme, on devrait plutôt s'en réjouir! L'articulation de plus en plus étroite entre les revendications sociales et la vie privée donne un sens beaucoup plus concret et beaucoup plus «incarné» au sujet. Il n'est pas un être éthéré constitué d'idéaux abstraits, il n'est pas fait d'abnégation révolutionnaire et de pure volonté de réalisation de soi dans l'aprèshistoire ouverte par la Révolution ou la Grande Grève. Il est, en ce sens, solidement ancré dans la vie quotidienne. Cet aspect du sujet, son enracinement dans la vie privée et son aspiration à lui donner sens en articulant le vécu privé au public et, en retour, en lisant le public à partir des références concrètes du privé, est son trait distinctif. Ceci le sépare de l'être exclusivement public qui était l'idéal des Lumières et que l'on a célébré longtemps comme modèle du citoyen parfait.

Une autre dimension du sujet tranche avec l'acteur social : la perte de centralité du politique. Non pas que le politique quitte la scène, comme le disent, non sans désinvolture, les partisans du postmodernisme ou de la fin de l'Histoire, mais il subit une double mutation : alors qu'il était censé circonscrire, à l'exclusion du privé, l'espace de formation propre au citoyen, à présent il est inséparable de la vie privée du citoyen. Des enjeux comme le sida, la vie familiale, l'homosexualité, la vie religieuse, les rapports de domination hommes/femmes dans le privé, etc., qui étaient censés ne pas relever du politique *sensu eminenti*, se trouvent portés sur le devant de la scène et intégrés dans la vie politique ; en second lieu, alors que le politique polarisait la vie collective, on lui accorde à présent une place importante, certes, mais une parmi d'autres, dans la vie sociale. Par conséquent, on assiste à l'irruption, dans l'espace public, des aspirations enracinées dans le privé et qui se politisent ainsi, et, en concomitance, à la perte de monopole du politique, qui se décline désormais comme l'un des enjeux essentiels de la vie sociale, mais plus le seul.

Ces deux thématiques définissent le nouveau rôle du sujet. En cela aussi, parler de lui et non plus d'acteur social semble pertinent. Cela ne signifie pas que le citoyen moderne se dépolitise totalement ou qu'il soit irrémédiablement privé de mouvement collectif où développer ses revendications. Cela révèle plus simplement qu'il existe de nouvelles configurations de mouvements, les mouvements culturels, qui façonnent le paysage social. Ils se substituent progressivement aux mouvements sociaux, ou aux «nouveaux mouvements sociaux» de jadis, qui étaient dotés d'un contenu nouveau mais exprimé en langage ancien.

Introduction

À présent, le sujet engendre de nouvelles formes de mobilisation sociale, même si, en soi, il ne s'identifie à aucune d'elles, et à la différence de l'acteur social, ce n'est pas primordialement un mouvement social qui donne son sens à sa vie. Le sujet présente ainsi une différence notable avec l'acteur social, de même que l'actuelle réflexion de Touraine marque son originalité par rapport à celle de la période précédente, en dépit du fait que, tout au long de ces entretiens, il souligne ce qui, à ses yeux, relie le sujet à d'éventuels mouvements en cours ou à venir.

Jusqu'à présent, les recherches récentes en sciences sociales se sont surtout cantonnées à la description des aspects négatifs de la déstructuration, de l'anomie, de la désagrégation du monde ouvrier et de la société salariale. On souligne, à juste titre, la perte de centralité de l'État, qui ne peut plus prétendre être aussi efficace que par le passé, lorsqu'il dominait l'économie nationale et faisait de la citoyenneté une religion laïque. Désormais, il y a l'espace européen et, par-delà, l'économie-monde marquée par le libéralisme. De même, l'espace public n'a plus la pureté qu'il avait lorsque le politique l'investissait à l'exclusion de toute aspiration privée. Les institutions de base, comme la famille, ne proposent plus de modèle unique susceptible d'imposer une norme incontestée. Les mondes où vivent les riches et les pauvres deviennent, par ailleurs, de plus en plus étanches, et les antagonismes, lorsqu'ils s'expriment, se déclinent souvent dans un langage non social, en termes ethniques ou multiculturels.

Ces modes de décomposition ont, certes, des aspects négatifs et l'affaiblissement relatif de la citoyenneté classique, de l'économie sociale et de l'État-Providence, à qui l'on demande de plus en plus là où il est de moins en moins capable d'agir efficacement, crée de vrais problèmes de société. Mais la désagrégation des anciennes normes n'a pas que des aspects négatifs. Elle libère aussi l'individu des contraintes qui menaçaient souvent de l'écraser, elle ouvre des possibilités de réalisation de soi dans la culture, là où le politique risquait d'étouffer les aspirations privées, elle rend possible la légitimation des revendications particularistes (les malentendants, les homosexuels, les demandes féministes, religieuses, etc.) que le carcan d'un espace public trop monolithique écrasait de tout son poids.

Bref, c'est au moment où la crise de l'espace public, occasionnée par la perte de centralité du politique et par le changement de la nature de l'État-Providence, crée un vide qu'émerge le sujet à la place de l'acteur social de jadis et de naguère. Et cette affirmation du sujet montre que tout n'est pas négativité dans cette nouvelle situation et que, tout compte fait, nonobstant les nombreuses négativités qui grèvent la vie sociale, un grand espace d'initiative, de liberté et d'affirmation de soi se trouve ouvert. Ce sujet n'est ni purement égoïste ou narcissique, comme l'affirme le libéralisme dominant, ni totalement dévoué à la cause collective et à l'idéalisme de la vertu, comme le prétendait une certaine version des Lumières.

Refus du jacobinisme, appel au privé, tentative de reconstruire un espace public moins rigide, moins accaparé par le politique et plus ouvert aux revendications concrètes des uns et des autres, désir d'ancrage dans une nouvelle construction de la nation en l'articulant aux nouveaux espaces qui gravitent autour, appel à la culture et à sa créativité pour bâtir ce nouveau socle à cheval sur le privé et le public, voilà un vaste programme pour le sujet. On ne pouvait pas être acteur social dans l'amour, dans la lutte contre la maladie, dans la construction d'un nouveau schéma de relations familiales, dans l'expression de ses affects face à la mort, à la vie, à l'humanitaire et à d'autres enjeux nécessitant une définition de soi décentrée par rapport au politique pur et dur. On peut être sujet vis-à-vis de ces nouveaux enjeux qui englobent, on le voit bien, de vastes pans de la vie délaissés par l'acteur social.

Ces thèmes – l'amour, les relations du genre, les modes d'agrégation des mouvements culturels, la vieillesse, la vie, la mort, la joie, la souffrance, la colère, l'esthétique, les formes d'effondrement de soi (appelé désubjectivation) –, mais aussi les modes d'assomption de soi (appelée subjectivation), traversent ces entretiens de long en large. On verra comment s'affirment les nouvelles facettes du sujet, mais aussi des dimensions qui sont en continuité avec les réflexions des années soixante-dix et quatre-vingt; enfin, on cherche à évaluer l'avenir de la société démocratique.

Nous avons cherché à aborder plusieurs thèmes au cours de chaque entretien, d'une part pour rompre la monotonie d'un discours à thème unique, de l'autre, pour donner un éclairage «existentiel» au débat. Si le sujet est à l'articulation du privé et du public, ceux qui en débattent ne sauraient donner une image purement «publique» du dialogue à son propos. Autant dire que ces entretiens n'ont rien de «journalistique» dans le sens trivial du terme, mais relèvent d'une approche programmatique : il s'agira ensuite de mettre ces idées à l'épreuve sur le terrain empirique pour observer concrètement comment le sujet se construit.

Tant que l'acteur social dominait la scène publique, le sociologue pouvait se dispenser d'avoir massivement recours à l'anthropologie et à la psychologie, la culture se définissant de manière plus ou moins univoque et les relations sociales, fondées sur les rapports de classe et l'hégémonie du politique, caractérisant de manière exclusive le social. À présent que le politique n'est plus ce qu'il était et que le sujet s'affirme entre le privé et le public, le soi et les autres, la culture dominante et les diverses cultures ou sous-cultures qui l'entourent et le sollicitent, le recours actif aux autres sciences humaines devient une nécessité pour le sociologue.

On peut, à cet égard, se demander si la thématique du sujet n'est pas en mesure de jouer modestement un rôle fédérateur sur ce plan, entre une sociologie affranchie de la seule idée des classes ou du politique, une anthropologie qui a remis en cause son orientation exclusive vers les sociétés dites primitives et une psychologie ou une psychanalyse qui prend une conscience aiguë de la nécessité de replacer la psyché dans son cadre social et culturel pour la comprendre. Que le sujet soit «psy», mais aussi «multi», pourrait, qui sait, favoriser l'interdisciplinarité entre les sciences sociales.

1
D'entrée de jeu

FARHAD KHOSROKHAVAR : *En tant que sociologue, pensez-vous que votre réflexion puisse nous aider à nous assumer dans notre vie, nous autres, hommes et femmes du XXe-XXIe siècle ?*

ALAIN TOURAINE : Un mot d'avertissement au lecteur avant de vous répondre. Nous avons choisi de nous jeter à l'eau, au lieu d'y entrer prudemment. Nous prendrons ensuite le temps de nous distraire, de nous reposer et d'imaginer. Mais il fallait rompre tout de suite avec les ruses par lesquelles on cherche à séduire et à impressionner le lecteur. Il ne s'agit pas ici d'un catalogue ou d'un manuel, mais d'une réflexion. Essayons de réfléchir ensemble.

Il serait plus facile de vous répondre au terme de nos entretiens. Vous me posez d'entrée de jeu une question dérangeante : est-ce qu'une pensée peut changer la vie ? C'est une bonne entrée en matière, car j'ai toujours pensé que l'application principale de la sociologie était la politique.

Si l'on analyse une société, c'est avant tout pour savoir quoi y faire. Si l'on remarque que la sociologie a été considérée le plus souvent comme l'analyse critique de la modernité, on peut comprendre qu'elle ait été très souvent associée à des positions politiques. Il n'y a aucune difficulté à dire : « Tocqueville est un libéral », « Marx est l'adversaire du capitalisme », etc. Certains cas sont plus compliqués, mais enfin il est très fréquent que la pensée d'un sociologue, plus encore que celle d'un économiste, fasse des choix, donne des priorités à des thèmes qui, d'une certaine manière, peuvent intéresser les politiques. Dans les débuts de la sociologie française, Durkheim fut mêlé à l'Affaire Dreyfus et surtout au solidarisme centre-gauche de la fin du XIXe siècle. Il me semble qu'en plein milieu du XXe siècle, après la guerre, quand la sociologie resurgit dans des pays d'où elle avait été bannie, comme en Allemagne, ou dans ceux où elle était très affaiblie, comme en France, nous avons été entraînés par d'énormes mouvements historiques : nazisme, communisme, mouvements de libération nationale, syndicalisme, mouvement ouvrier. Ce n'est pas la modernité qui fut alors le thème central des sociologues, ce fut celui de la liberté, ou, mieux, de la libération. Dans beaucoup de pays, dont la France, nous avons vécu la période des années cinquante et du début des années soixante comme une période très politique, et la sociologie fut en Europe un élément de découverte d'un monde nouveau, d'autant plus que la plupart d'entre nous, encore lycéens, avaient vécu complètement en dehors du monde réel. Nous avons d'abord voulu découvrir la réalité sociale.

Ensuite, et c'est d'abord ce à quoi vous faites référence, est venu Mai 68 en France (1964-1968, pour les Américains). À ce moment-là, vraiment, notre pensée bascula : ce qui commença à nous toucher le plus, ce n'était plus des problèmes historiques, mais la défense des droits de l'homme, l'affirmation de la personnalité, les problèmes liés à la sexualité, dans une vision des choses qui se mit de plus en plus en retrait de l'idéologie du progrès. Nous avons presque tous commencé, alors, à nous intéresser plus directement à l'idée de sujet. Souvent, ce changement s'est opéré au cœur d'un renouveau politique, comme ce fut le cas aux États-Unis. En France, il y eut toujours un lien entre l'orientation politique et le changement culturel ; mais pas toujours dans le bon sens, car les références politiques des intellectuels sont devenues souvent décalées, archaïsantes. La référence à la politique est devenue de plus en plus doctrinaire et idéologique. Le moment où le basculement s'est produit en France a été tardif, puisque encore au début de l'ère Mitterrand (1981-1983) je me suis senti mal à l'aise dans le milieu des idées dominantes sur la politique. Pendant ces années-là, j'ai vraiment eu le sentiment que beaucoup de politiques et d'intellectuels commettaient une erreur ; je me suis éloigné de la France et replié sur l'Amérique latine.

Ensuite, j'ai affirmé de plus en plus clairement, de livre en livre, ma voie. Au long des années quatre-vingt-dix, l'ensemble de ma pensée s'est déplacée d'une analyse du système ou même de l'acteur social vers une analyse du *sujet*. Et ceci m'apparaît lié à beaucoup de transformations dans la vie collective. Ce qui pour moi a été décisif, c'est que les références à la société industrielle, au mouvement ouvrier, au progrès et à son idéologie, s'étaient épuisées dès les années soixante/soixante-dix. Ensuite, nous avons été obnubilés par la question du chômage qui ne cessa de monter jusqu'en 1997. Mais peu à peu, on a vu s'affirmer des préoccupations qui liaient la réflexion à la vie, à la manière de se conduire dans la vie à la fois privée et publique. Prenons le changement le plus évident et le plus important, c'est-à-dire le développement du mouvement des femmes. À partir des années quatre-vingt-dix, on ne peut plus parler de réalités et de conduites sociales sans avoir constamment à l'esprit la dualité entre hommes et femmes. Par conséquent, on est ainsi conduit à donner la priorité à des catégories touchant la personnalité et la culture plutôt qu'à d'autres comme les classes ou la stratification sociale, qui sont plus économiques. J'ajoute aussi qu'il y a alors une chute accélérée des normes et des institutions, que ce soit dans le domaine de la religion avec l'essor de la religiosité non institutionnalisée, ou dans le domaine de la vie sexuelle ou familiale avec l'importance considérable prise par la libéralisation des mœurs et la reconnaissance des homosexuels. En même temps les débats sur les immigrés et toutes les minorités ont contribué à ce que, au cours de la période allant du milieu des années quatre-vingt à la fin des années quatre-vingt-dix, les préoccupations touchant plus directement la personne et la culture soient devenues prépondérantes, au-delà même de l'obsession du chômage. Du coup, dans beaucoup de pays, la psychologie sociale, représentée le mieux en France par Serge Moscovici, s'est complètement intégrée à la sociologie.

Nous sommes ainsi passés d'une vision de l'activité centrée sur les rôles et les rapports sociaux à une autre centrée sur l'affirmation de la vie personnelle. Nous sommes submergés non pas par l'idée de classe dirigeante, mais par celles de mondialisation, d'hégémonie, et de défense des droits de l'homme. Face à ces thèmes, qui renvoient directement au risque de disparition du sujet personnel, le grand effort de la science sociale a consisté à devenir de plus en plus une science humaine, au sens de : comment, dans ce grand mouvement, pouvons-nous individuellement et collectivement assurer une certaine continuité dans notre expérience ? Aujourd'hui, beaucoup d'entre nous s'interrogent : quelles sont les formes et les conditions de l'estime de soi ? Il ne s'agit plus de s'identifier au progrès, à une classe sociale, mais de se demander : comment puis-je ne pas perdre le fil de ma vie, individuellement et collectivement ?

J'avais commencé ma vie professionnelle en posant cette question : dans quelles conditions une conscience de classe se forme-t-elle dans le monde ouvrier ? Ma référence était bien la société industrielle. Aujourd'hui, nous assistons au déclin de la sociologie du travail, à la remontée de la sociologie religieuse, à une réapparition de la sociologie de la famille au sens le plus large. La sociologie d'aujourd'hui se pose au moins autant de questions sur la vie personnelle que sur l'économie mondiale. La grande question n'est plus : « comment une société fonctionne-t-elle ? » ; mais plutôt : comment un individu ou un groupe peuvent-ils créer, maintenir, transformer leur singularité tout en gardant des valeurs universalistes ?

Tel est le contexte culturel dans lequel nous vivons ; il donne une importance croissante aux critères éthiques de jugement. Ce basculement me semble aussi important que celui qui a eu lieu au milieu du XIXe siècle, lorsque nous sommes passés d'une analyse proprement politique aux thèmes des classes sociales, du progrès et des crises. J'espère que nos conversations vont rendre plus consciente ma volonté de prendre acte de ce grand passage d'une culture à une autre. Mais je n'ai aucun doute, depuis plus de dix ans, sur le sens du changement. Les mots du siècle 1860-1960 ne s'emploient presque plus. Essayez de refaire aujourd'hui un discours écrit pendant la décennie 1950-1960 ; les mots et les émotions d'alors sont devenus incompréhensibles, tels des vêtements anciens qui ne peuvent plus être portés. En 2000, nous ne sommes plus dans le même monde intellectuel qu'avant 1968 et qu'avant la chute du mur de Berlin.

F.K. : *Il y a un thème que l'on retrouve dans vos trois derniers ouvrages théoriques*[1], *c'est la relation entre le privé et le public. Avant les années soixante, le privé était subordonné au public, il n'avait pas droit à l'expression sauf de manière subsidiaire; or maintenant, on ressent comme une inversion : la dynamique du privé intervient sans complexe au niveau de l'espace public. Comment articuler, réarticuler le privé et le public au XXIe siècle ?*

A.T. : La culture a envahi le politique, comme il y a cent cinquante ans l'économie avait envahi le politique et était devenue l'économie politique. On peut dire que 1968 marque la naissance de la culture politique. Les féministes, dans leur période de création intellectuelle la plus vive, ont constamment insisté sur le fait que le privé devait devenir public et que les problèmes liés au genre intervenaient partout dans la sphère publique. Les grands débats publics portent en effet sur la condition des femmes, sur les problèmes touchant la famille ou la filiation, la gestion de la maladie et de la mort. Au même moment, du côté de la vie publique, l'économie échappe au pouvoir politique, national, local ou régional, et ses problèmes se traitent au niveau d'institutions mondiales, des marchés globaux, ou des centres de décision internationaux. L'espace public se vide par le haut et se remplit par le bas, c'est-à-dire par les problèmes de la région et de l'espace, par tous les thèmes introduits par les écologistes, et surtout par des thèmes découlant de la vie privée.

Est-ce que cela veut dire qu'il y a une fusion des deux et que privé et public sont devenus les deux faces de la même monnaie ? Pas du tout. Il ne s'agit pas seulement d'organiser la vie publique en fonction de nouveaux modèles de vie privée, d'éducation, de vie religieuse ou de conception de la déviance; la rupture est beaucoup plus profonde. Ce que nous appelons la vie sociale n'a plus aujourd'hui aucune unité; c'est la raison pour laquelle je demande à ce que l'on n'utilise plus la notion de *société*. Nous

---

1. Il s'agit de *Critique de la modernité* (1992), *Qu'est-ce que la démocratie ?* (1994) et *Pourrons-nous vivre ensemble ?* (1997), tous publiés aux éditions Fayard.

vivons dans un espace public où se rencontrent, se combinent, s'affrontent quatre grandes logiques.

La première est celle de la division du travail, qu'on redécouvre aujourd'hui sous la forme de la technologie et de l'organisation économique. Manuel Castells a publié un livre fondamental qui nous convainc qu'aujourd'hui les technologies de l'information, demain probablement les biotechnologies, peut-être même l'utilisation du génome et bien d'autres découvertes encore, sont des facteurs «premiers», c'est-à-dire qu'on ne peut pas dire que la technologie est déterminée par un milieu culturel ou même par des relations de classes; l'informatique n'est pas le triomphe du grand capitalisme. Cette société de l'information transforme nos représentations du temps et de l'espace. Ce qui donne aux études sur la globalisation une grande importance, car la déterritorialisation des normes et des conduites est partout visible.

Deuxième élément : les rapports d'inégalité et de domination, qui prennent de nouvelles formes, devenant plus impersonnels tout en pénétrant davantage dans les conduites. Cette dimension-là ne se réduit pas à la première.

Troisième élément : dans ce monde où se rencontrent la vie économique et les formes de décision, pénètrent aussi les exigences de cet individualisme qui mène à ce que j'appelle le sujet, qui se traduit, au-delà du rejet de l'intolérance, par la recherche d'espaces de développement libre. La famille, l'école, le droit me semblent être des institutions par lesquelles une collectivité, quelle qu'elle soit, reconnaît et renforce l'espace de construction du sujet individuel ou collectif.

Enfin le dernier élément est que le recul des normes sociales a libéré le corps, la réflexion et l'action sur la vie et la mort, l'expérience et la conscience de la sexualité, sous toutes ses formes.

Je vois un conflit de plus en plus ouvert, mais en même temps de plus en plus négociable, entre d'une part les exigences de la technologie, les formes d'emprise du pouvoir et de la domination, les problèmes du corps, et d'autre part, une redécouverte, dans la vie publique et souvent en son cœur, de l'autonomie, de la liberté, de la responsabilité des sujets individuels ou collectifs. Aujourd'hui, prétendre expliquer les conduites sociales à partir de l'économie, des classes sociales, de la religion, de la nation, etc., est devenu difficile, en fait impossible. Il est arbitraire de parler d'une civilisation occidentale de la fin du XXᵉ siècle, parce que nous ne voyons pas bien ce qui unit la globalisation économique, l'individualisme moral, le respect des minorités, l'affirmation des droits des femmes et l'informatisation du monde.

Nous avons plutôt le sentiment, non pas simplement d'une différenciation des sous-systèmes, comme le pensait Max Weber, mais de la création d'ensembles qui répondent à des logiques différentes. Ce qui entraîne le renouveau, frappant en France, de la pensée du politique qui avait disparu dans l'ancien «sociologisme». Il faut bien qu'il y ait un espace politique, un espace public comme lieu de rencontre et aussi de conflit entre les exigences du pouvoir, celles de la rationalité économique, celles de l'éthique et celles du corps. Les domaines de l'éthique, du pouvoir, de la production se séparent et acquièrent une autonomie mutuelle. La vie privée devient un problème public et la domination sociale un problème privé. Ces mondes se rencontrent sans qu'ils forment un ensemble. Leurs rapports sont toutefois gérés par des instances politiques autonomes. C'est à partir de ce moment-là que la notion de démocratie se substitue à celle de révolution.

F.K. : *Dans ce nouveau monde où se produisent des décalages dans la sphère politique, quelle serait la définition adéquate du «politique»? Comment le reformuler?*

A.T. : La politique de l'État national me semble inscrite dans un déclin irréversible. Le «politique» comme ordre supérieur a disparu; le politique c'est l'espace public, les institutions politiques, l'opinion publique. Le lien entre le politique et l'État, qui a surtout des fonctions internationales, se défait et à l'inverse le politique entre en relations de plus en plus étroites avec la culture, les problèmes de la personnalité, les institutions comme la famille, l'école, le droit. Ce passage du *politique* aux *politiques* constitue aujourd'hui l'essentiel de la démocratie. L'idée de révolution affirme : ou tout change d'un coup ou rien ne change. Aujourd'hui, nous avons le sentiment non pas que chaque institution forme un monde à part, mais au contraire que l'espace public est un lieu de rencontres, positives ou négatives, entre diverses logiques. J'en ai indiqué quatre, peut-être en trouverez-vous d'autres... On peut dire que la dimension « genre » – hommes/femmes – a son développement propre. Mais personnellement, je ne le pense pas, car la relation hommes/femmes est tellement essentielle dans la définition du sujet que je ne peux pas les séparer ; le sujet a toujours un genre.

Ce que nous attendons de la politique, c'est qu'elle soit subordonnée, représentative, et en même temps adaptée aux transformations technologiques, aux formes de pouvoir, à l'internationalisation. On assiste à une sécularisation de la politique. Nous avons souvent considéré que la prise du pouvoir était l'achèvement normal du fonctionnement d'une société dominée par des conflits, des rapports de classe ou de colonisation, etc. Aujourd'hui, nous avons une vision plus modeste de l'État, comme le souhaite Michel Crozier. Cela me coûte de l'admettre, mais il ne faut plus mettre la politique nationale, étatique, au centre de tout. La politique de l'État consiste en premier lieu à mettre en accord le fonctionnement de l'économie et de la société nationales avec le monde international. La politique gère aussi les transformations technologiques et économiques, en intervenant sur toutes leurs conditions ainsi que sur la répartition du produit. Dans le domaine de l'éducation, là où on parlait de socialisation, il faut parler de défense de l'individuation. L'espace public, contrairement à ce qui a été dit autrefois par l'École de Francfort, s'est énormément développé, ce qui explique mes profondes réserves à l'égard des critiques trop globales faites aux médias, parce que ceux-ci, où pèsent assurément des dominations et les effets des changements technologiques, sont aussi une partie importante – mais rarement la plus créatrice – de l'espace public.

F.K. : *Le problème est que, tant que nous vivions dans l'utopie du politique englobant le social, donnant son sens à l'évolution de la société, celle-ci fonctionnait comme une religion du salut. Par quoi la remplace-t-on maintenant ? Est-ce que la notion de sujet, l'authenticité de soi, le nouveau rapport entre le public et le privé peuvent se substituer à cette utopie ?*

A.T. : Réponse : oui, absolument oui, la notion de sujet remplace l'idée de citoyenneté propre à notre passé récent et celle de sainteté propre aux religions du salut, comme ce qui donne sens à la vie. Le sujet n'est plus extérieur, il n'est plus la société idéale. L'utopie était le culte de la société. Aujourd'hui, notre idéal est le dégagement du sujet personnel des contraintes imposées par le pouvoir économique et les nouvelles technologies, par les changements incessants dans la vie professionnelle ou par le chômage. Notre vie sociale n'est pas organisée autour du modèle humaniste – pardon pour le mot –, mais déjà elle s'y réfère. S'il y a une notion que tout le monde accepte aujourd'hui, beaucoup plus que la citoyenneté ou la foi, c'est celle de droits de l'homme. L'importance des débats internationaux autour des droits de l'homme m'apparaît de même ampleur que les débats entre socialistes et communistes au début du siècle. Ce qui nous fait peur c'est la société idéale, dont nous avons gardé les images négatives véhiculées par Orwell : la dépersonnalisation, la société négative, la société d'égaux, totalitaire. Chez Ernst Bloch, il y a encore avant tout le sens de l'anticipation de la révolution et des mouvements sociaux, mais vous voyez déjà apparaître les concepts d'éthique, de morale, de créativité, l'importance du *hic et nunc*. Dans l'univers dans lequel nous sommes, tous les thèmes qui marquent notre culture sont des thèmes non sociaux. Nous sommes déjà dans une nouvelle culture, un nouveau système d'action historique. Quand, il y a trente ans, Daniel Bell ou moi-même parlions de société postindustrielle, nous voulions dire : nous sommes en train de vivre une mutation. Trente ans plus tard, le mot n'a plus aucune pertinence ; la mutation est faite ! Nous sommes entrés dans un nouveau monde. Notre cadre social, notre situation globale, notre type de vie sociale et culturelle, tout a basculé. Je ne crois pas que nous soyons passés à une société postmoderne ; nous sommes passés à un autre type de modernité : je m'amuse à dire la « basse modernité », comme on disait le Bas-Empire. Je ne crois pas du tout qu'on soit passé à une société qui n'a plus de définition historique. Tout ce qui a été dit depuis dix ans sur l'importance des technologies nouvelles nous convainc de parler de société de l'information ou de la communication. Nous voyons se créer un nouveau système d'action historique, avec des orientations culturelles et des formes de pouvoir économique propres. Nous vivons dans un ensemble qui est déjà aussi clairement constitué que l'a été la société industrielle.

F.K. : *Vous nous dites : nous entrons dans une société du sujet. Mais certains pensent que nous entrons, avec l'écroulement de toutes les utopies majeures de l'ère moderne, avec l'émergence d'une économie-monde de plus en plus arrogante et incontrôlable, avec ce qu'on appelle la mondialisation, dans le monde du non-sujet : l'individu devient pur consommateur, il est totalement aliéné, il est éclaté. De fait, le souci de soi a deux sens ; cela peut signifier le narcissisme exacerbé, mais aussi l'assomption de soi dans son ouverture à autrui. Comment peut-on, dès lors, construire une sociologie à partir de la notion de sujet ?*

A.T. : Tout d'abord, dire l'importance du non-sujet, c'est dire l'importance du sujet. L'individu consommateur, qui répond aux sollicitations de l'environnement social, est vraiment l'expression d'une domination sociale. L'entrée massive des femmes sur le marché du travail n'est pas la cause principale de leur libération ; cette entrée massive est essentiellement liée à une nouvelle phase de l'activité économique qui est centrée sur l'équipement des ménages. Si vous voulez avoir la télévision, une voiture, une machine à laver, etc., il vous faut deux salaires. C'est une logique essentiellement économique ; c'est pourquoi on observe que les femmes passent en grande partie des services personnels non marchands aux services personnels marchands et pénètrent peu dans le domaine de la prise de décision. En France, il n'y a que 7 à 8 % de femmes parmi les dirigeants. Et elles sont nombreuses surtout dans les professions «sociales», mal payées et moins compétitives. En revanche, la transformation profonde de la situation des femmes est liée à la reconnaissance de leurs droits privés et d'abord de leurs droits sur leur corps ; là, le changement est plus fondamental que dans leur vie professionnelle. Nous devons, dans ce cas particulier, donner la priorité à l'idée de sujet. Celle-ci ne renvoie pas du tout à une notion privée ; elle nous permet de comprendre comment un souci, qui est en effet avant tout privé, personnel, transforme et organise une partie de l'ensemble social. L'enjeu culturel principal de notre société est la formation du sujet. C'est toujours sur cet axe-là : sujet/non-sujet, subjectivation/désubjectivation, que nos conduites et nos institutions doivent être évaluées.

F.K. : *Le sujet est-il un individu ou ne l'est-il pas ? Prônez-vous un individualisme exacerbé ou bien pensez-vous que l'authentique sujet doit dépasser l'individualisme et se construire autrement ?*

A.T. : Pour éviter des malentendus, je vais employer une formule que j'utiliserai souvent : le sujet est *vide*. Je veux dire par là que je le conçois d'abord et avant tout comme lutte de survie face à l'énorme pression de l'économie, de la consommation, de la culture de masse et aussi du communautarisme. Pour moi, le sujet est le regard sur le corps individuel, non social, seulement vivant et sexué. Nous verrons ensuite comment lui donner un contenu social ; mais notre expérience centrale, créatrice, c'est la distance de soi à soi, le caractère non institutionnalisable du sujet. L'immortalité de l'âme nous reste sur les bras ; on ne peut plus la projeter dans un paradis ou dans des lendemains qui chantent. Cette distance insurmontable à soi est nécessaire pour qu'il y ait sujet. Nous vivons une désindividualisation, qui, autrefois, m'aurait conduit à un rapport mystique avec Dieu, et, plus récemment, m'aurait conduit à l'engagement, en donnant ma vie pour une patrie, une classe, un peuple, où j'aurais trouvé ce dépassement, ce vide, que je cherche dans le sujet personnel. L'expérience du sujet est – mais pas seulement – expérience de la mort, qui se traduit par la manifestation, quand il y a désubjectivation, de conduites de mort, dans la drogue, la dépression profonde, la folie.

Dans le monde où nous vivons, les conduites les plus fortes sont celles du dégagement : la course solitaire, l'alpiniste, le *beatnik* qui quitte la civilisation et crée une contre-culture, le monde des alternatifs à Berlin pendant trente ans, mais aussi l'importance du rapport à la naissance, à la mort, c'est-à-dire du rapport au non-moi. Le thème de l'individualisme des sentiments, des passions, des choses qui vont et qui viennent est au plus loin de moi. Je relisais ces jours-ci *Adolphe*, de Benjamin Constant : l'idée de sujet n'a rien en commun avec les états d'âme de ce personnage changeant. La notion de sujet est plus proche de celles de foi ou d'engagement. Ce n'est pas du tout : fais ce qu'il te plaît ; c'est l'espoir de se sauver et de renaître. C'est une morale, une éthique et une sociologie du salut, dans la mesure où nous sommes envahis par le monde du non-sujet, des réseaux d'information, des systèmes, ou par le monde des communautés défensives et fermées. Ce qui est premier est de se poser la question : comment survivre personnellement dans un monde qui détruit l'individualité, l'autonomie ?

F.K. : *Auparavant vous parliez de l'acteur social, désormais du sujet. Ce n'est pas tout à fait la même chose. Le sujet n'est pas un acteur social, du moins dans le sens exclusif que vous donniez à cette expression. En quoi sont-ils différents ?*

A.T. : J'ai quand même envie d'insister sur la continuité entre les deux termes. Je pense avoir contribué à ce que l'on parle d'acteurs sociaux. Aujourd'hui, vous ne dites plus une *classe sociale*, mais un *acteur social* ; les hommes politiques eux-mêmes parlent en termes d'acteurs, ce qui n'était pas le cas dans les années soixante ou soixante-dix. Mais l'idée de sujet est un approfondissement de celle d'acteur. Le sujet est le désir d'être un acteur, et on est acteur « social », pas acteur dans le vide. L'acteur social est capable de modifier son environnement, par le travail ou la communication. Mais cette action sur le social a toujours un fondement non social, qui a été religieux, politique, qui est aujourd'hui éthique.

Bien entendu, ce sujet n'est pas saint Jérôme dans le désert. Il faut n'opposer d'aucune manière ce rapport à soi du sujet et son action dans la société, et surtout contre la société. Lorsque je dis : le sujet est vide, ça veut dire que le sujet ne devient plein qu'en devenant un acteur social ou l'acteur d'une relation interpersonnelle, mais sans jamais perdre la distance du Je au moi. Si on me dit que je fais une sorte de retour à un idéal religieux, hors du monde, je m'insurge. L'affirmation du sujet, qui est défensive plus encore que conflictuelle, doit s'imposer à travers des contre-offensives dans l'espace public, ce qui entraîne un conflit avec les forces économiques et avec le pouvoir. Le sujet est un concept fondamentalement non social, parce que l'ordre social c'est l'anti-sujet. Je me défends contre le social et je le reconstruis. Ce qui fait qu'on peut être un acteur, c'est qu'on intervient comme sujet. L'acteur ne peut être social que s'il a une base d'évaluation non sociale des conduites, quelle que soit la société considérée.

F.K. : *Cette base de référence non sociale, c'est l'éthique ?*

A.T. : Je préfère de beaucoup dire que c'est l'idée de sujet, c'est-à-dire la capacité de réfléchir sur soi-même pour pouvoir se reconnaître dans la vie que chacun mène, qui nous est imposée par la naissance, le chômage, la télévision, les pouvoirs. Pouvoir s'y retrouver, faire en sorte que ma vie soit *ma* vie.

F.K. : *En quoi voyez-vous la réalisation de cette idée-force, le sujet, dans notre monde actuel ?*

A.T. : Partout ! Lorsque certains disent : il faut recentrer l'école sur l'élève, leur idée de base est celle d'une éducation du sujet, pour le sujet ; ceux, au contraire, qui se scandalisent et qui disent : non, l'école doit être plutôt orientée vers la société ou vers le savoir, mettent en évidence l'opposition entre l'école pour la société et l'école pour le sujet. Je maintiens, d'une manière pas du tout hédoniste, que l'école doit être centrée sur l'élève, l'étudiant, l'individu, et les aider à devenir des sujets, la connaissance étant bien entendu un élément fondamental pour devenir un sujet. La transformation de la famille est plus avancée. Presque tout le monde est d'accord pour dire le rôle nécessaire de la famille dans la formation des enfants, à travers leurs liens affectifs avec des adultes.

Nous sommes tous engagés, positivement ou négativement, dans la construction ou la destruction de nous-mêmes comme sujets, dans tous les aspects de notre vie. Ce qui est en jeu partout dans notre type de société, c'est la création ou la destruction du sujet. Le sida a été vécu comme la mort du sujet, parce qu'il atteint surtout des jeunes et des individus dont nous avons vu le visage ou entendu la parole. Nous nous sommes intéressés à ces malades mieux ou moins mal qu'aux malades du cancer car nous continuons à dire à propos de ces derniers que les biologistes finiront par savoir les guérir. Le malade apparaît alors comme séparé de sa maladie. Tandis que, quand nous parlons du sida, nous parlons d'abord, comme dans la dépression, d'une maladie de la personne. Aujourd'hui avec la trithérapie, les malades survivent mais ils subissent une agression continue contre leur capacité d'être des sujets. Nous sommes déjà dans un monde où la grande affaire est d'être sujet ou non-sujet. C'est aussi dans ces termes qu'on devrait percevoir les malades du cancer et des autres grandes maladies.

Je m'aperçois que nos conversations commencent de manière bien abrupte. On aimerait un peu d'espace et de décoration entre ces idées qui semblent tenir les unes aux autres comme les pièces d'une armure. Mais il vaut mieux promettre une intéressante excursion à ceux qui auront grimpé ce premier raidillon que d'égarer nos lecteurs dans un paysage monotone. Après tout, il ne s'agit pas ici de raconter une vie, de résumer des livres, mais, à travers une histoire personnelle, de découvrir les grandes interrogations de notre temps, qui ne sont probablement plus celles du siècle passé.

Faites-moi un instant confiance. Il ne s'agit ici ni de catéchisme ni de programme, mais d'un effort soutenu pour parler le plus simplement possible, avec le moins de ramifications possible, de notre expérience collective, que nous avons de la peine à comprendre tant elle est complexe et tant elle change vite.

Un dernier mot au lecteur : les pages que nous avons commencé à écrire tous les deux sont chargées de passion et non pas de dogmatisme. Elles sont plus combatives qu'il y paraît ; mais surtout elles sont écrites pour nous donner à tous des moyens de vivre consciemment et activement notre vie personnelle et collective. Nous feignons tous de croire que nous sommes lancés à grande vitesse sur des montagnes russes ; laissons cette illusion trop banale et cherchons en nous et entre nous les traces brûlantes qui nous conduisent vers la connaissance et vers l'action. Ne renonçons pas à chercher le sens de notre existence.

2

Histoire intellectuelle

F.K. : Il y a trois moments dans votre réflexion : d'abord, vous traitez de la conscience ouvrière ; ensuite, des nouveaux mouvements sociaux ; enfin, du sujet. Quelle est l'articulation entre ces trois moments, relativement à l'évolution de la société d'une part, et à celle de votre propre pensée, de l'autre ?

A.T. : Pour répondre à cette question, il faut que je retrace l'histoire de ma formation intellectuelle. Ma génération n'est pas celle de la guerre, mais celle qui a eu dix-huit ans à la Libération. Ayant d'abord été enfermé dans des études très classiques, j'ai découvert par la suite un monde en bouillonnement, en transformation, dominé par l'industrialisation, le mouvement ouvrier et les conflits du travail et, bientôt après, par les conflits de décolonisation. L'image du monde dans laquelle j'ai vécu jusque vers 1968 fut celle de la société industrielle, du rôle central de la production, du mouvement ouvrier et des mouvements de libération. Je ne vivais pas cela comme une philosophie du progrès à travers le triomphe des Lumières ; mais j'ai eu le désir très conscient, dès le début, d'essayer de comprendre la formation de la conscience ouvrière et de la conscience de classe et de l'appuyer sur une analyse de la technologie industrielle.

À cette époque-là, l'idée de sujet m'apparaissait à la fois évidente et dangereuse. Les problèmes de la production, de la reconstruction et de la décolonisation étaient essentiels pour moi, car je voulais atteindre non pas une logique de l'histoire, un sens de l'histoire, mais l'idée que la dignité humaine était engagée dans des luttes sur le lieu de travail et contre la colonisation. C'est ainsi que je n'ai pas décrit, défini, ni analysé la conscience de classe par l'aggravation des contradictions internes entre division technique et division sociale du travail ; l'explication que j'ai donnée de la conscience de classe est qu'elle a été liée au moment central de l'évolution industrielle, quand l'autonomie professionnelle, celle du métier, s'est trouvée envahie par ce qu'on a appelé l'organisation scientifique du travail, que ce soit le taylorisme ou le fordisme. Dans le cas français, le grand repère fut la grève de 1913 chez Renault. Donc mon explication de la conscience de classe n'a pas été formulée en termes de contradictions objectives, mais en termes de conflit vécu entre la domination du travail par le management, et la volonté de défendre l'autonomie ouvrière.

L'influence que Georges Friedmann a exercée sur moi a été ici très grande, puisqu'il se posait la question : la société de masse n'écrase-t-elle pas l'individualisme créateur ? Mais qu'on prenne un mode d'expression ou un autre, il s'agissait bien de saisir un sujet en situation. Ce qui est le propre de la société industrielle, c'est que, à ce moment-là, la liberté et les droits de l'homme se défendent essentiellement à travers des situations sociales et des conflits sociaux, exactement comme, cent cinquante ans plus tôt, ces thèmes s'étaient manifestés en termes politiques – de lutte de la nation contre le roi, pour l'égalité des droits, pour la liberté de voter et de s'exprimer. Plus je remonte dans mon passé, plus le thème du sujet, de sa liberté et de ses droits, m'apparaît présent dès le début. Je pensais aussi que plus la capacité d'action de la société sur elle-même augmente et plus le sujet peut prendre une conscience directe de lui-même et se défendre en son propre nom. Voilà ce que je pensais pendant cette première période.

Ensuite est arrivée une grande coupure, Mai 68. La mutation qui s'est opérée alors n'a pas été claire pour les acteurs eux-mêmes, car tout cela s'est opéré dans un vocabulaire, un « répertoire », pour parler comme Charles Tilly, qui était encore celui du mouvement ouvrier. L'ouvriérisme était fort, même chez les étudiants de Nanterre, qui étaient peu encadrés par les groupes gauchistes. À l'intérieur de cet ouvriérisme s'est déclenché un mouvement étudiant qui a changé la société, alors que l'immense grève générale ouvrière qui a duré trois semaines, et qui a connu une mobilisation impressionnante, est oubliée de presque tous. Le monde étudiant a bouleversé la définition de la politique : la culture est entrée dans la politique ; la vie privée a envahi la vie publique.

Il est vrai que les années soixante-dix et la première période Mitterrand (1981-1984) ont vu la renaissance d'un cadre d'interprétation et d'action appuyé sur un programme commun entre socialistes et communistes. Mais ce fut aussi la période des nouveaux mouvements sociaux, dont beaucoup étaient contradictoires, puisqu'ils exprimaient un contenu culturel nouveau tout en recourant à un vocabulaire idéologique ancien. J'ai pris mes distances par rapport à leurs interprétations, en insistant sur le côté plus directement culturel de ces mouvements, compris comme affirmation du sujet. Mais les deux courants d'analyse ont continué à coexister. La preuve en est qu'en 1981 la France revint à un modèle qu'on peut appeler celui de la Libération ou du Front populaire. Cette tentative ne dura que quelques mois et conduisit au désordre et la désorientation ; il fallut abandonner une politique économiquement catastrophique à partir de 1983. Mes travaux de cette époque-là mettent en avant une méthode et des concepts nouveaux, mais on sent qu'ils sont un peu déçus par ce qu'ils trouvent à observer. J'avais publié, en 1969, *La société postindustrielle* où je m'opposais à Daniel Bell – dont le livre est postérieur, mais qui avait déjà fait un article important et à qui appartient l'expression – qui voyait dans la société qui se dessinait alors une société hyperindustrielle ; j'avais au contraire voulu montrer la naissance de nouveaux acteurs et de nouveaux enjeux des conflits sociaux, en insistant sur l'importance nouvelle des thèmes culturels depuis les années soixante.

Maintenant, trente ans après ces débats sur la société postindustrielle, nous vivons dans une société de l'information et de la communication. Je résume ce que j'ai dit dès les années soixante : à partir du moment où la production de la société n'est plus seulement technique, mais aussi médiatique, informationnelle, l'esprit humain est directement face à lui-même. Plus tard, au moment où j'ai écrit *Le retour de l'acteur*, en 1982-1983, j'ai dit adieu aux mouvements sociaux nourris du passé de la société industrielle et j'ai confirmé l'importance des nouveaux mouvements nés ou développés à la suite de 68, plus culturels qu'économiques et que j'avais étudiés depuis 1976. Comme je consacrais beaucoup de temps à l'Amérique latine, j'ai essayé aussi d'aborder son étude dans les mêmes termes. Dégager le sujet personnel du sujet historique n'était pas du tout un reniement de mes idées passées, mais une séparation croissante entre l'affirmation du sujet, de ses valeurs et de ses droits, et les problèmes de l'organisation économique de la société.

Pour résumer, j'ai passé la première partie de ma vie en pleine société et pensée industrielles, c'est-à-dire dans un contexte où existait un fort degré de correspondance entre le monde de la production et le monde des acteurs. À cette époque-là, le mot dominant était «classe», car il désignait à la fois une situation objective et un acteur politique. Après cette phase «industrielle», quand nous sommes entrés dans la société postindustrielle, celle de l'information et de la communication, ce mélange de l'objectif et du subjectif, de l'histoire et de la morale, s'est défait et j'ai de plus en plus pris conscience, face aux blocs mondiaux, que le sujet est une force sociale orientée vers elle-même. Je résumerai mon évolution de ces quinze dernières années en disant qu'elle met l'accent de plus en plus sur le caractère *non social* de ce qui résiste au pouvoir social, au nom de la liberté, de l'égalité, des droits de l'homme, fondements nécessaires d'une société démocratique et qui ne sont en effet pas de nature sociale.

F.K. : *Tandis que vous parliez en France de ce qu'on pourrait appeler les nouveaux mouvements sociaux, Goffman, aux États-Unis, présentait le monde comme une scène de théâtre où chacun joue un rôle et où s'opère une distanciation, avec l'implication d'honneur, par la peur de la dérision notamment. Pourquoi cette différence entre vos deux points de vue? Est-ce parce que la France est un pays de révolutions, de branle-bas, de mouvements sociaux? Aux États-Unis, à partir des années soixante, on a bien assisté à l'affirmation du mouvement des étudiants contre la guerre du Vietnam, mais le «social», au sens où on l'entend en France, n'y revêt pas la même signification. En lisant Goffman, on a le senti-*

ment qu'il y a une part de vérité dans ce qu'il dit de la dérision et du jeu théâtral dans l'interaction sociale. Comment intégrez-vous cette réalité-là ? Le sujet n'est pas seulement le sujet du mouvement social, le sujet de la rupture avec le passé et le mouvement ouvrier, il a aussi une vie tiraillée entre le privé et le public. Quelle est la place de ce sujet angoissé, désespéré, individuel, qui mène souvent double jeu entre la dérision et l'affirmation de soi ?

A.T. : L'idée qui a dominé la société moderne industrielle est l'idée utilitariste associée au thème des institutions, donc à la conviction que les institutions sont faites à la fois pour faire respecter des normes et pour maintenir un type de hiérarchie. Durant l'après-guerre triompha aux États-Unis – modèle des pays avancés – ce qu'on peut appeler une sociologie fonctionnaliste ou institutionnaliste, manifeste en particulier dans les études sur le développement et la modernisation, définis comme intégration dans la rationalité, passage de la campagne à la ville, etc. Très rapidement, cette sociologie qu'on peut appeler fonctionnaliste, qui existait déjà en germe chez Rousseau ou chez Comte, et surtout chez Durkheim, s'est répandue sous l'influence de Talcott Parsons. Elle était évidemment très attaquée par la pensée marxiste, mais elle a reculé sous les coups d'autres tendances aussi. Premièrement, l'idée de l'*acteur sans système*, qu'on appelle l'interactionnisme, dans la tradition de Goffman et de Blumer, et maintenant des ethnométhodologues. C'est une vision pessimiste, où les acteurs s'inventent des visages, des enjeux et des moyens de communication pour échapper à un système qui n'est plus capable de socialisation parce qu'il est entièrement écrasant : celui des asiles, des internats, des casernes. Cette critique jette un regard de dérision sur ces ensembles clos, et montre la capacité des individus ou des groupes à créer une image d'eux-mêmes dans une sorte d'échange non réglé, sauvage.

En second lieu, chacun se souvient que la vision fonctionnaliste a été cassée net par la préface de Claude Lévi-Strauss à la publication des écrits de Marcel Mauss. Les structuralistes disent le contraire de ce que disent les interactionnistes : ils ne décrivent pas des acteurs sans système, mais un *système sans acteurs*. Ce passage au structuralisme fut renforcé par une pensée sociale très critique qui refusait l'idée d'intégration par les institutions et la socialisation, et dénonçait plutôt les contradictions du système social. Ainsi s'établit en France et ailleurs la domination très forte d'une pensée structuraliste puis structuralo-marxiste : elle repose sur l'idée que, dans nos sociétés « chaudes », l'ordre imposé est de plus en plus intériorisé et présent dans tous les aspects de l'expérience. Il se forma un mouvement de pensée fondé sur l'idée que l'individu agit selon la logique du système. C'est l'époque où, en sociologie, Nicos Poulantzas eut un grand succès. Ce qu'il faut étudier, disait-il, est la logique des places et non pas la logique des acteurs.

Ainsi s'écroula, attaquée des deux côtés, la sociologie classique institutionnaliste. Le plus important fut la disparition de ce que Georges Gurvitch appelait la réciprocité de perspectives entre l'acteur et le système, entre les institutions et la socialisation. Ce thème des correspondances fut critiqué d'un côté par les libéraux et les libertariens et, de l'autre côté, par ceux qui disaient : il existe une logique de domination qui s'impose aux acteurs, à laquelle ceux-ci sont soumis mais sans y être socialisés.

Intellectuellement comme matériellement, la société industrielle s'éloigne de nous. Avant elle, au début du XIXe siècle, on était parti d'une vision purement politique de la société ; ensuite, très lentement, très difficilement, on y avait incorporé les problèmes du travail, la « question sociale ». Au début de notre siècle, les problèmes sociaux étaient déjà bien incorporés dans les institutions, mais maintenant, en cette fin de siècle, on voit grandir, sauvages ou institutionnalisés, les problèmes de la culture et de la personnalité, séparés de ceux de la production et des institutions. L'image de la correspondance entre normes et conduites s'est cassée assez rapidement en France, dès la Libération et avec le début de la guerre froide. L'Europe se rompit en deux et la France, qui était à la fois démocratique et progressiste, vit ses deux orientations s'opposer avec l'élimination des communistes du gouvernement et les grèves révolutionnaires dans les mines en 1947 et 1948 (à un moment où j'étais dans les mines du Nord). L'image évolutionniste, progressiste, fonctionnaliste de la société avait eu à peine le temps de naître qu'elle disparaissait déjà. Il s'y substitua une vision beaucoup plus dramatique. La contradiction de l'acteur et du système était si forte que l'étude «objective» de la société se transforma en étude de la «structure» sociale, vécue comme extérieure aux acteurs; de manière complémentaire, les intellectuels les plus influents partirent en chasse contre le sujet.

F.K. : *Arrêtons-nous sur l'après-guerre. D'un côté, quelqu'un comme Sartre s'attache à rendre compte de la subjectivité à travers ses engagements, son angoisse, sa nausée. De l'autre, la sociologie ne nous parle que de l'acteur et du système. N'est-ce pas la littérature qui dit là l'essentiel ? Dans* Les Mots, *on voit bien la constitution progressive de ce sujet, pris dans ses mythes : mythe de la littérature en soi, mythe du langage.*

A.T. : Dans mes premiers livres, l'influence majeure est bien en effet celle de Sartre, c'est-à-dire le sentiment du décalage entre la réalité et l'acteur, l'individu. Décalage renforcé ensuite par l'importance des guerres coloniales : guerre d'Indochine, guerre d'Algérie ensuite, qui maintinrent l'intelligentsia française en dehors du triomphalisme du monde industrialisé, au moins jusqu'en 1962. À partir de cette date, en effet, les gens découvrirent qu'ils s'enrichissaient et aussi qu'ils voulaient se dégager des modèles anciens d'autorité. Cela nous mena, à travers le long ministère Pompidou, jusqu'à 1968. D'un côté, l'intérêt satisfait; de l'autre, le refus plutôt que l'espoir.

F.K. : *Comment en êtes-vous venu à la sociologie puisque, au départ, vous n'étiez pas destiné à être sociologue ?*

A.T. : Je ne pouvais pas l'être, puisque la sociologie n'existait pas à l'université. Je suis entré à l'École normale en 1945. J'y ai passé deux ans, mais je supportais mal la vie dans cette école de trop bons élèves. Elle ne me convenait pas, car j'étais devenu adulte après la Libération; je sentais la distance entre la vie politique et le monde universitaire. Comme j'avais été invité à un colloque franco-hongrois, organisé dans la ville de Debrecen, après le congrès, j'ai décidé de rester sur place. J'ai vécu dans la Hongrie d'avant la prise de pouvoir par les communistes et j'ai mené une enquête, ma première étude sociologique, sur la réforme agraire, ce qui m'a permis de connaître à peu près toutes les régions de la Hongrie. Je voulais à cette époque-là rejoindre en Grèce les maquis de Markos contre les Anglais. De Hongrie j'ai réussi à passer à Belgrade, qui était vraiment à l'Est, sous régime communiste, contrairement à Budapest, qui était encore en Occident. Je me suis assez vite aperçu qu'il était quasiment impossible de passer en Grèce à partir de la Yougoslavie, ce qui fut plutôt positif, étant donné ce que j'ai appris plus tard sur la nature réelle du communisme grec. Je suis resté un mois à Belgrade dans des conditions précaires, aidé par un jeune attaché d'ambassade, Jean-Marie Soutou, qui, depuis, est devenu l'une des figures principales de la diplomatie française, et qui était en poste là après s'être engagé héroïquement dans la Résistance. Puis je suis rentré, sans argent jusqu'à Modane. Je me suis arrêté à Venise où j'ai senti combien l'Occident est doux à vivre. En France, il neigeait, c'était la grève des chemins de fer, je suis arrivé à Chambéry en bus, puis je suis rentré à Paris en autocar. Des amis m'ont dit qu'il fallait maintenant rentrer à l'École normale après ces quelques mois, mais je n'ai pas voulu le faire. Par l'intermédiaire de Jean Stoetzel, je me suis fait embaucher dans les mines de charbon du Nord, dans le bassin de Valenciennes, à Raismes. J'ai travaillé comme mineur dans des conditions difficiles parce que je n'avais ni compétence ni bon salaire ; je vivais dans ce qu'on appelait les baraques des travailleurs immigrés, des Allemands pour la plupart, mais je travaillais surtout avec un Polonais. J'étais donc ami des Polonais, qui avaient de mauvais rapports avec les Allemands. Les samedis soir, Polonais et Allemands, quand ils étaient bien bourrés, se cassaient la gueule et parfois on relevait un mort. Les responsables prenaient le tramway qui partait de Saint-Amand pour aller se cacher en Belgique.

Un matin, je me rends à Valenciennes et je vois dans une librairie un livre : *Problèmes humains du machinisme industriel*, de

Georges Friedmann ; je le lis d'une traite puis j'écris à Friedmann chez son éditeur ; il me répond de venir le voir quand je pourrai, ce que je fis ; il me convainquit de rentrer à l'École normale en me disant qu'il montait une enquête sur l'industrialisation et qu'il avait besoin de quelques chercheurs. J'ai donc passé un an à étudier la Régie Renault. À la fin de cette année, Friedmann eut la gentillesse, en me conseillant de passer une agrégation, de m'assurer qu'après, reçu ou non, il me ferait entrer au CNRS. J'ai ainsi préparé l'agrégation d'histoire. À cette époque-là, les agrégatifs étaient deux par chambre : j'ai donc passé un an avec Jacques Le Goff. Nous avions acheté un vieux fauteuil aux Puces et invitions nos profs à prendre le thé. Je n'ai pas travaillé beaucoup parce que je m'étais pris d'un grand intérêt pour un sujet d'exposé que m'avait donné André Aymard, professeur d'histoire grecque : les Séleucides. J'ai passé trois mois à m'intéresser ainsi à la période hellénistique, sans trop m'occuper du concours. Puis j'ai passé l'agrégation. Il y avait un point de différence entre Le Goff et moi – dans quel sens, je ne l'ai jamais su –, mais Braudel a dit aux membres du jury : ils travaillent ensemble, il faut les recevoir *ex aequo*. Ce qui fut fait. Et je suis entré comme prévu au CNRS. Belle élégance de ces deux grands esprits. Je n'ai jamais eu le sentiment de rompre avec ma formation d'historien. J'ai toujours beaucoup aimé l'esprit historique et je considère ma sociologie comme très liée à l'histoire, alors que j'avais peu de goût pour la philosophie.

F.K. : *Ce qui me paraît significatif, c'est que votre premier contact avec l'étranger s'est opéré en Europe de l'Est...*

A.T. : Ce fut surtout par hasard et la Hongrie n'était pas encore l'Est ; elle l'est devenue pendant que j'y étais. Dans l'après-Libération, dans un pays comme la France, tout le monde était influencé par le modèle communiste. Deux ans après l'agrégation, je suis allé passer une année aux États-Unis, où j'ai vécu l'époque du maccarthysme qui m'a profondément choqué ; mais je n'ai jamais cédé à l'anti-américanisme primaire.

F.K. : *Vous n'étiez pas gaulliste ? Vous n'avez jamais été fasciné par la figure du Général ? Vous ne vous êtes jamais identifié à lui ?*

A.T. : Jamais, et pire que ça, la seule « faute » politique que j'ai indiscutablement commise dans ma vie, c'est qu'en 1958, j'ai rédigé un texte avec trois amis, Edgar Morin, Claude Lefort et Robert Pagès, un psycho-sociologue, contre le retour de De Gaulle au pouvoir. On oublie trop que la France de la Libération était une France très à gauche ; de Gaulle est resté au pouvoir quelques mois seulement et a joué ensuite jusqu'en 1958 un rôle réactionnaire. Nous comprenions et connaissions mal la période de la guerre ; on se contentait d'un hommage aux résistants. Ensuite, grâce aux historiens nord-américains, nous avons découvert l'importance de l'antisémitisme de Vichy. Mais la vérité est que, pendant la guerre, la grande majorité des Français avait vécu en renonçant à l'histoire : les Français s'étaient comportés comme un peuple vaincu ; les groupes de résistance furent très minoritaires jusqu'à la création des maquis à partir de 1943. On se contentait d'écouter Londres à la radio. Quant à moi, je faisais des études intenses ; ma vie était essentiellement centrée sur le travail et sur la lecture.

Pour dire la vérité, je m'incline devant la statue de De Gaulle, mais je suis extrêmement éloigné de sa politique. J'ai voté plusieurs fois oui à ses référendums : pour l'élection du président au suffrage universel et, évidemment, pour les accords d'Évian. Je crois que j'ai voté pour lui à son dernier référendum ; mais de Gaulle a toujours représenté pour moi la préférence donnée aux affaires de l'État sur celles de la société. Il a redressé l'État tombé dans la collaboration et dans l'impuissance. Il a pris la tête d'un pays lamentable, humilié et pleutre, il a obtenu que ce pays soit réhabilité à la fin de la guerre, qu'il joue un rôle important dans les affaires du monde et dans la construction de l'Europe. Succès très considérables ; mais, d'un autre côté, je pense qu'il a sacrifié les Français à la France, les problèmes sociaux aux problèmes internationaux. Je ne conteste nullement sa grandeur, mais je n'ai jamais senti en moi un mouvement d'adhésion à son personnage. Les seuls jours où il m'a ému, c'est le jour de la Libération quand il a descendu les Champs-Élysées, et le jour de son enterrement.

F.K. : *Quels étaient vos auteurs préférés ?*

A.T. : Littérairement, j'étais gidien, c'est pourquoi d'ailleurs je me suis éloigné de mon ami Lyotard qui avait, de son côté, la faiblesse d'aimer Montherlant ; nous nous sommes réconciliés très tard, trop tard, car il avait une pensée forte que j'aurais aimé mieux connaître.

F.K. : *Qu'est-ce qui vous fascinait chez Gide ?*

A.T. : J'étais d'un milieu très puritain. On travaillait, on méprisait l'argent et l'origine sociale. Pour mon père, seuls comptaient les grands concours républicains et les livres. Quant au sexe, on n'en parlait pas. J'ai aimé dans Gide l'affirmation non hédoniste du plaisir, le côté *Si le grain ne meurt*. Par contre, le côté *Paludes* ou *Les caves du Vatican* ne m'a jamais attiré et *La symphonie pastorale* m'a semblé mièvre. Marginaux pour moi les écrits politiques, *Retour d'URSS* ou le livre sur le Congo. En revanche, j'ai été touché par *Les nourritures terrestres*, *Les nouvelles nourritures* et un livre très court, *Num quid et tu*. Mon père avait la passion des livres, il avait beaucoup d'éditions originales d'Éluard, d'Aragon, de Proust.

F.K. : *Précisément, vous vous intéressiez à Proust ?*

A.T. : Non, je ne me suis vraiment intéressé à Proust que très récemment.

F.K. : *Pourquoi ? Il y a un Je chez Proust...*

A.T. : Non, il n'y a pas de Je ! Récemment, j'ai pris *La Recherche* à l'envers, j'y suis entré par *Albertine disparue* et par *Le temps retrouvé*, mais je n'ai pas eu le temps de remonter très loin dans *Sodome et Gomorrhe*. J'ai été intéressé par tout l'exposé théorique de Proust. *Albertine* constitue, pour une bonne moitié du texte, une théorie psychologique très opposée à ce que je pense. Proust dit à peu près : je l'aimais hier ; je ne l'aime plus aujourd'hui ; c'est un autre moi qui ne l'aime plus ; si je la revoyais, probablement je l'aimerais encore, d'une autre manière... Il vit la discontinuité du moi. Quant à son tableau d'un milieu social, moi, le petit bourgeois travailleur, j'avais horreur de ces gens-là, surtout du côté *Jeunes filles en fleurs*. Dans ma jeunesse, j'ai vécu seulement dans l'austérité des années de guerre, dans une société de totale séparation entre garçons et filles. J'allais à l'école et au lycée uniquement avec des garçons. Ensuite, j'ai continué mes études en khâgne, où il n'y avait que des garçons. La réunion des garçons et des filles dans les lycées s'est faite il y a seulement une génération. Mes enfants ont commencé leurs études, garçons et filles séparés, et c'est en 1969 qu'ils ont été réunis ! Dans ma vie, je ne voyais pas de filles. J'aurais pu en voir à la Sorbonne, mais les normaliens étaient trop orgueilleux pour aller à la Sorbonne. C'est peut-être pour ça que j'attribue une telle importance à la position des femmes dans la société. L'univers dans lequel j'ai grandi était fondé sur la production, l'effort, et les figures masculines.

F.K. : *Vous êtes allé et allez encore très souvent à l'étranger. Le rapport à l'ailleurs chez vous se construit à partir de votre refus de l'intégration ?*

A.T. : Je veille, dans ma sociologie et aussi, je crois, dans ma vie, à ne pas être *intégré*. Le mot « socialisation » me donne la nausée. Ma mère m'appelait, selon la formule de Kipling, « le petit chat qui s'en va tout seul ». J'ai toujours été ainsi. Je suis d'un caractère plutôt renfermé et rêveur, un caractère qui s'accorde bien à ma sociologie antifonctionnaliste. C'est pourquoi d'ailleurs l'esprit républicain qui revient me blesse. J'ai passé ma jeunesse dans une culture française, appuyée sur un univers gréco-latin. Après la guerre, ce monde français m'est apparu épuisé. Donc j'ai toujours eu envie d'être ailleurs. C'est peut-être aussi pourquoi j'ai eu une adolescence religieuse. Quand j'étais en khâgne, j'ai participé à un groupe d'étudiants catholiques qui se réunissait une fois par an, près de Paris. La première année, le dirigeant du groupe était Laplanche et la deuxième, c'était moi ; il n'y a pas eu de

Histoire intellectuelle

troisième réunion, parce que le prêtre a trouvé que ça tournait mal ! C'est vous dire que j'avais un côté spirituel, moral, opposé au monde commun, au monde des choses. De manière peu élaborée cependant et non dénuée d'un certain élitisme.

Ce côté spirituel me menace souvent, et je dois veiller à réintroduire constamment le sujet dans les réalités et les conflits sociaux. Ce que j'ai toujours fait, je crois. Pour moi, j'allais à la sociologie poussé par une volonté de sortir du monde scolaire ; c'était une façon de me jeter dans le monde présent. Je voulais sortir de mon trou, découvrir le monde ouvrier, industriel. Je suis resté très attaché, pour cette raison, à ce monde. La sidérurgie et la mine m'ont profondément marqué. Chaque fois que j'ai eu l'occasion de retourner dans une mine ou devant des hauts fourneaux, j'en ai été heureux et j'aime ceux qui y travaillent. Ma seconde rencontre avec un problème décisif a été évidemment le choc du nazisme, de l'Occupation, des horreurs peu à peu découvertes.

F.K. : *Vous êtes allé visiter un camp de concentration en France...*

A.T. : En Lorraine, dans les Vosges, le Struthof est le seul camp de concentration et même d'extermination nazi qu'il y ait eu sur le territoire français. J'y ai été parce que la journée que nous avions passée à Auschwitz avec François Dubet et Michel Wieviorka était restée marquée au fer rouge en moi comme en eux. La violence de l'inhumain nous oblige à ne chercher que l'humain, pour savoir *se questo è un uomo*, si c'est un homme, comme se le demande Primo Levi. Ce que j'appelle le sujet n'est pas un idéal, ni un héros ; c'est ce qui fait qu'un homme reste un homme ou le devient, dans les plus dures comme dans les meilleures conditions.

Je ne parle pas du sujet comme on peut parler de travail ou de politique. Je parle du Je, comme en d'autres temps on parlait de Dieu, du péché et de la grâce. Le sujet est d'abord un non : *Je* refuse la violence, le marché, le communautarisme, le pouvoir absolu. Je ne supporte pas le pouvoir absolu. J'étais pour la Révolution française en 1989, puis pour Dreyfus, pour le Front populaire, pour la libération de l'Algérie, pour Mandela, etc. Ces choix indiquent que pour moi la liberté est le bien suprême. Je sais que sociologiquement, c'est l'égalité qui est l'essentiel, mais c'est parce que ma pensée n'est pas fondamentalement sociologique que je préfère parler de liberté ou parce que le camp de concentration est la pire menace. Ce qui m'a beaucoup attiré vers le mouvement ouvrier est que les travailleurs négociaient au nom du non-négociable : le capitalisme était quelque chose d'inacceptable. Ils le disaient et ça me touchait profondément.

F.K. : *Toute pensée s'affirme dans un certain contexte polémique; une pensée s'oppose à d'autres types de pensée, vient « en réaction à », en même temps en dépassant cet aspect. Comment vous situez-vous dans le contexte polémique de la pensée sociale ?*

A.T. : J'ai toujours été plus attiré par la réflexion sur le vécu que par les débats académiques; mais c'est aussi en me cognant à d'autres pensées que j'ai essayé de comprendre où je me plaçais. J'ai eu deux expériences intellectuelles importantes, la seconde ayant été renforcée par une expérience pratique.

La première se situe en 1952. J'avais obtenu une bourse Rockefeller, pour aller passer un an aux États-Unis. Par l'intermédiaire d'un ami historien, Martin Malia, je suis allé m'installer pour un semestre à Harvard et j'ai choisi d'assister tout d'abord à un cours de Talcott Parsons. Mon anglais étant mauvais, je n'avais pas la possibilité de dialoguer avec lui, mais je revenais après chacun de ses cours dans un état de fureur noire de ne pas avoir pu parler et aussi à cause du choc que je recevais. Plus tard, des confrontations ont été organisées entre Parsons et moi, à deux ou trois reprises. J'ai été obsédé pendant quinze ans par mon opposition à lui; j'avais envie de me jeter dans son œuvre pour pouvoir penser le contraire. Mon antifonctionnalisme était en partie lié à ma résistance à l'hégémonie intellectuelle américaine de l'après-guerre, mais il venait surtout de mon tempérament et de mon expérience intellectuelle. S'il y a quelque chose qui m'a toujours semblé inacceptable, dangereux, odieux, c'est l'intégration sociale (peut-être parce que, n'étant pas du tout un marginal, je peux me le permettre !). Nous sortions de la guerre, des ruines, de la violence, à la différence de l'Amérique. Toute cette image des fonctions de la société et de la formation des acteurs, je sais que c'est très construit, très élaboré chez Parsons, pour lequel évidemment j'ai de l'admiration, mais tout cela me heurtait au plus profond de moi. J'ai suivi aussi quelques cours de Merton et j'ai eu plus tard l'occasion de comprendre la distance qui l'opposait à Parsons.

Contre le fonctionnalisme, j'ai cru à la confrontation brutale entre un système social dominé par un pouvoir et des mouvements sociaux cherchant à le faire basculer. Mon idée d'une sociologie de l'action, mes premiers articles, ont vraiment été dirigés contre le fonctionnalisme. Je me suis toujours opposé à une sociologie du système, de droite ou de gauche, et j'ai proposé une sociologie de l'acteur que, étant donné ma formation et le contexte politique où je l'élaborais, j'ai appelé l'acteur historique, avec probablement beaucoup de non-dits dans sa définition, mais qui en tout cas n'était pas purement social. Mes livres d'avant 1968 se sont construits autour de cette affirmation de l'action.

En 68, j'ai vécu une expérience ambiguë. Je me suis engagé au côté des soixante-huitards, tout en me méfiant des idéologues, trotskistes ou autres. Mes relations avec eux ont donc été doubles. J'étais, je suis encore proche de Cohn-Bendit, mais pas de Krivine, pour nommer un homme estimable. Dans les années 1968-1975, probablement la période la plus dure de ma vie, l'esprit althussérien (j'avais de bonnes relations personnelles avec Althusser) a cherché à expliquer l'acteur par la situation, au-delà de sa fausse conscience. Dans les universités, beaucoup de cours étaient consacrés à la dénonciation de cette fausse conscience, etc. Je me rappelle un article qui disait en substance : le structuralisme est à gauche, l'humanisme est à droite ; le premier a conduit à la Résistance, le second au pétainisme ! Tout ceci a duré longtemps, puis cela s'est calmé à partir de 1974-1975, avec la libération du Portugal, l'échec de Cunhal et aussi la publication de Soljénitsyne. Après une nouvelle mais brève période de glaciation, la gauche s'est ouverte, sous Fabius et surtout avec Rocard. Elle s'est refermée avec la crise économique, dans les années quatre-vingt-dix, avant de s'ouvrir et de s'éloigner du langage communiste.

Mes adversaires ont une position constante : ils nient l'existence d'acteurs sociaux et donnent la priorité au politique, à l'État, aux révolutionnaires, aux contestations, quelles qu'elles soient. Pour moi, les mots *sujet, mouvement social, démocratie* sont inséparables les uns des autres. Mes adversaires disent : il n'y a pas d'acteurs sociaux, priorité à la rupture révolutionnaire qui consiste à prendre l'État ; j'ai toujours défendu le point de vue contraire. Pendant une grande partie de ma vie, le mot « démocratie » a été considéré à l'extrême gauche comme un mot réactionnaire et mou ; le seul mot noble était « révolution ». En 1968, mais déjà avant, en 1956, au moment des soulèvements hongrois et polonais avec lesquels j'ai été très solidaire, j'ai critiqué la position révolutionnaire et défendu la démocratie.

F.K. : *Vous n'avez jamais été communiste ?*

A.T. : Jamais. Le moment où j'ai été le plus proche du PC, ce fut en 1953. Revenant des États-Unis, on m'a demandé de faire devant les ouvriers de Renault un exposé sur le procès des Rosenberg. Je n'ai pas pris parti sur le procès en lui-même, mais j'ai condamné le maccarthysme, et en particulier – ce qui m'avait profondément choqué – le fait que tant d'universitaires américains courbaient l'échine pour obtenir des crédits de recherche ou ne pas heurter la majorité. Le maccarthysme était inacceptable, grotesque, et a causé des dégâts considérables. Mais la même année, j'ai été scandalisé par la répression de la grève de Berlin-Est. Plus tard, je me suis enthousiasmé pour le printemps de Prague et les conseils ouvriers tchèques, et plus encore, en 1980-1981, pour Solidarnosc. Je n'ai donc jamais été en accord avec le parti communiste ; cependant je me refuse à mettre sur le même plan communisme et fascisme, parce que j'ai souvent eu l'occasion de rencontrer des militants ouvriers communistes admirables. Autant je crois que les processus politiques nazi et communiste ont été l'un et l'autre totalitaires, autant le mouvement social qui a été derrière le communisme était l'opposé de ce qu'ont été les fascismes et surtout le nazisme. Pour moi, quelqu'un qui détruit une démocratie, il est vrai aux abois, comme Pinochet, et quelqu'un qui arrive au pouvoir contre Batista, comme Fidel, ne sont pas semblables, même si je pense assurément que Fidel Castro est un dictateur qui a détruit la liberté dans son pays.

Je peux dire que je me suis toujours senti minoritaire et que je n'ai jamais voulu correspondre à l'esprit du temps. Je suis par tempérament un opposant, un minoritaire, quelqu'un qui se méfie des consensus. Ma seule période heureuse, de ce point de vue-là, fut l'après-guerre, avec l'opposition à la guerre du Vietnam, puis à la guerre d'Algérie; car il y a eu pendant longtemps, dans le monde intellectuel français, un très fort consensus. Pas total. Je n'ai pas accepté de signer le Manifeste des 121 parce que, tout en étant en faveur de l'indépendance algérienne, je me refusais à appeler les soldats français à déserter et à tirer contre leur propre camp. Je me suis toujours senti proche de quelques personnes, fort peu nombreuses, mais avec qui j'ai eu souvent à intervenir, en particulier celles que j'ai déjà citées, Claude Lefort, Edgar Morin et Robert Pagès. Souvent, nous avons eu les mêmes positions, y compris un peu pour et beaucoup contre Mitterrand. Pendant les années soixante-dix, j'ai participé très activement aux revues rocardiennes et à des groupes de travail attenants, ce qui fait que j'ai établi une amitié avec Michel Rocard. Mais sa tendance n'était pas dominante dans le PS. J'ai aussi une grande admiration pour Jacques Delors.

Je n'ai presque jamais trouvé d'aide dans ma vie : une seule personne m'a aidé vraiment, c'est Fernand Braudel. En créant la sixième section de l'École pratique des hautes études, il a cherché des jeunes gens engagés dans les sciences humaines et il m'a fait venir comme directeur d'études quand j'avais trente-quatre ans et alors que je n'avais publié que deux petits livres. Il m'a fait confiance ; ensuite nos rapports se sont détériorés au moment de 68, mais je lui garde une reconnaissance profonde. La deuxième personne à qui je suis redevable, c'est Georges Friedmann : c'est par lui que je suis venu aux sciences humaines et sa pensée m'a nourri. Depuis mon élection aux Hautes Études en 1960, je n'ai rien reçu de personne. J'ai toujours eu le sentiment de jouir d'une parfaite liberté, de me servir de ma liberté pour dire ce que je voulais, mais je ne me suis jamais senti au cœur du système universitaire. J'ai même apprécié la situation marginale, et très vivante à la fois, des Hautes Études. Intellectuellement, je n'ai adhéré à aucun des courants dominants.

F.K. : *Cette conception du mouvement social, l'affirmation du sujet, c'était tout de même une façon de rejeter l'idéologie dominante du social en France, non ?*

A.T. : Si vous pensez cela, j'en suis très heureux, mais sachez qu'aller à contre-courant n'est pas facile à vivre. Le seul moment où j'ai été en accord avec l'esprit du temps en France, c'est évidemment pour défendre le Chili démocratique, après 73. Pratiquement toute ma vie j'ai souffert d'attaques idéologiques ; j'ai ferraillé aussi et je sais maintenant que la plupart de mes ennemis étaient méprisables. En 1968, comme en 1995, j'ai eu le sentiment de porter un jugement juste sur les événements – que l'avenir, je crois, a ratifié – et pourtant j'ai été attaqué et rejeté par ceux qui se voulaient l'expression idéologique des gens que je soutenais, ce qui m'a appris que ce que disent les idéologues et ce que signifie une action collective ont souvent peu de rapport. J'ai fait preuve d'un certain courage ; c'est ce qui me rapproche de Raymond Aron, avec qui, par ailleurs, je n'ai pas deux idées communes. J'ai du respect pour son courage. Il était attaqué, par Althusser, par beaucoup d'autres, et par la droite classique à cause de ses positions sur l'Algérie ; il n'a pas renoncé à ses idées, il ne s'est pas soumis, et on lui a rendu justice. Moi aussi, je souhaiterais qu'on me rende justice. Sur toute ma vie a pesé ce côté «nul n'est prophète en son pays», qui explique d'ailleurs pourquoi mes liens avec l'Amérique latine se sont tant développés.

Si je mentionne les hasards de la vie, c'est évidemment parce qu'ils ont eu des effets sur l'évolution de ma pensée. Quand j'étais gamin, dans les années de la Libération et après, j'étais assez porté vers des images héroïques et en même temps frustré de ne pas avoir fait la guerre. Avec le triomphe du structuralo-marxisme, ma conscience d'être minoritaire m'a fait construire une image de plus en plus dramatique du sujet, au point probablement de sous-évaluer la joie qu'il peut éprouver dans son rapport à lui-même. En tout cas j'ai le sentiment d'être un homme honnête : je ne me suis accroché aux basques de personne, je n'ai fait la cour à personne, je n'ai jamais rien reçu, je n'ai pas dit de choses auxquelles je ne croyais pas. Ce climat de ma vie explique dans une certaine mesure la méfiance de plus en plus grande que j'ai à l'égard des images triomphantes du bien et du juste, en particulier dans les révolutions.

F.K. : *Dans l'étude des nouveaux mouvements sociaux en France, vous avez occupé une place centrale...*

A.T. : Oui, je les ai nommés et analysés à partir de 1968, mais en 1995, certains ont lancé une image molle du « mouvement social » et m'ont attaqué comme étant celui qui ne reconnaissait pas ce qu'ils appelaient « le mouvement social ». Je donne de cet événement une interprétation complètement différente. Des millions de gens se sentaient angoissés, ils pensaient – justement – que le pays s'écroulait, que le chômage montait inexorablement, et l'angoisse de la chute leur a été insupportable (ils l'ont montré en 1997 en votant massivement contre Chirac). Or des idéologues ont mobilisé et interprété ce mécontentement profond en en faisant un mouvement tourné vers le passé et surtout vers l'étatisme hérité du passé. Depuis l'arrivée des socialistes au pouvoir, en 1997, l'idée de l'incompatibilité entre ouverture économique et protection sociale a commencé à s'affaisser et la France s'est rapprochée des Pays-Bas et des autres pays européens. Le grand mouvement contestataire annoncé ne s'est pas produit. Ces intellectuels n'ont servi que leur propre gloire. Je crois plus que jamais que les intérêts et les situations doivent être liés ensemble par une pensée critique et non par la dénonciation terroriste.

F.K. : *Le fait qu'on vous critique ne signifie pas que votre importance historique ait été remise en cause. Ces débats, je pense, font partie du jeu intellectuel en France.*

A.T. : Pour que quelqu'un soit entendu, il faut trois conditions : qu'il ait un message intéressant, que ce message corresponde à une demande, enfin qu'il y ait des intermédiaires, soit des journalistes, soit des gens d'influence, qui fassent connaître ce message et le rendent compréhensible et acceptable. Je crois avoir quelque chose à dire et avoir dit quelque chose, mais j'ai le sentiment de n'avoir pas bien correspondu aux demandes de l'opinion dominée par les courants archaïsants. Enfin, par caractère, je n'ai jamais été un homme de réseaux, de relations, je ne suis pas un homme de dîners en ville, je n'ai pas de clan. J'ai eu le sentiment d'émettre des messages qui étaient mal transmis et mal compris mais qui devraient être entendus.

F.K. : *En même temps, vous avez bousculé pas mal d'idées reçues. Vous avez été à gauche ce que Raymond Aron a été à droite, c'est-à-dire l'un des rares sociologues français à défendre la démocratie à une époque où c'était presque une hérésie.*

A.T. : Je suis heureux que vous le disiez.

F.K. : *C'était difficile d'assumer cela contre les appareils ?*

A.T. : Les situations historiques ne sont pas simples et pourtant il faut prendre parti à chaud. J'ai été totalement contre Pinochet et j'ai défendu le régime Allende, tout en sachant à quel point le Chili était en pleine décomposition en 1973. Je savais parfaitement en Mai 68 qu'il se disait des choses insupportables : « CRS = SS », ou « Élections pièges à cons » et pourtant je me suis engagé à fond pour le mouvement de Mai.

F.K. : *Vous avez eu beaucoup d'élèves, dont certains ont accédé à des postes à l'université, au CNRS, et même à l'étranger à des postes politiques ou autres...*

A.T. : Je ne vais pas jouer à l'homme rejeté. J'ai à tort ou à raison le sentiment d'avoir une pensée cohérente mais aussi de m'être souvent heurté à des murs idéologiques. C'est quand même l'attachement à l'État contre la société qui a dominé la France depuis cinquante ans. Dire qu'on était démocrate a longtemps été considéré comme un propos de droite. J'ai vécu toute ma vie dans un climat qui était dominé par la gauche révolutionnaire, soit communiste, soit à gauche du communisme, castriste dans le cas de l'Amérique latine. En même temps, je souhaite que l'action politique soit soumise à des mouvements sociaux... La voie est étroite, je crois l'avoir tracée.

F.K. : *Vos rapports avec l'État ?*

A.T. : Je n'ai jamais fait de carrière administrative, mais j'ai eu beaucoup de rapports avec des hauts fonctionnaires, en particulier à travers le CORDES qui, pendant dix ou quinze ans, a été le grand centre qui a donné les crédits de recherche aux sciences sociales. Il avait été créé par trois personnes : Raymond Barre, centre-droit, Claude Gruson, qui vient de disparaître et qui était très à gauche, et moi-même. Je dois dire qu'à cette époque-là, la haute administration a été intelligente, libérale et a été un appui considérable pour les sciences sociales qui ont été plus aidées par elle que par l'université. Le monde politico-administratif a été constamment respectueux de notre liberté intellectuelle. Dans ce domaine, je rends hommage aux hauts fonctionnaires. Ils étaient comme de Gaulle qui ne voulait pas faire arrêter Sartre quand celui-ci manifestait avec les maoïstes.

F.K. : *Vous n'avez jamais été fasciné par l'image de Sartre ?*

A.T. : Bien sûr que si ! Il y a une composante sartrienne dans mes écrits. «Questions de méthode», au début de *Critique de la Raison dialectique*, a eu sur moi une grande influence. Après le débat entre Claude Lefort et Sartre, où c'est évidemment Lefort qui avait raison, Sartre est devenu compagnon de route du communisme, tandis qu'après la Libération, les intellectuels, y compris moi-même, avions été dominés par un Sartre philosophe de la liberté dans un monde de non-sens et de domination. Sartre a été de loin la personnalité la plus importante durant mes années de formation.

F.K. : *Sartre est la figure ambiguë de l'homme qui s'engage, qui se dégage, qui n'est pas démocratique. Le héros sartrien n'a rien à voir avec la démocratie, c'est toujours le mythe de la révolution qui traverse son œuvre, même s'il y a une liberté qui le hante, qui secoue le joug de la domination.*

A.T. : Le Sartre de ma jeunesse était un homme peu politique. Il avait traversé la guerre en philosophe plus qu'en politique engagé et Simone de Beauvoir davantage encore. Je crois qu'il faut interpréter l'étape centrale de son œuvre philosophiquement plutôt que politiquement. La France a été dominée par un mouvement modernisateur, soit communiste, soit technocratique, mais s'y est développé en même temps un fort mouvement intellectuel venant d'origines très différentes et qui a défendu une image non historique de la vie. Les choses se sont gâtées très vite. C'est au moment même où Khrouchtchev faisait son discours, au moment du XXe Congrès, que Sartre s'est inscrit à l'intérieur de l'horizon indépassable du marxisme. À partir de là et sur la fin de sa vie, après 1968, il a commis des fautes politiques graves. Mais sa réputation s'est faite pendant la guerre et dans les cinq ou six années qui ont suivi. J'ai d'ailleurs été beaucoup plus sensible à Sartre qu'à Camus.

F.K. : *Pourquoi ?*

A.T. : J'étais toujours gêné, en lisant Camus, par ces personnages qui ne croient à rien, dont l'héroïsme repose sur un profond pessimisme...

F.K. : *Mais le héros de* La Chute *est un héros postmoderne, non ?*

A.T. : Oui, c'est vrai, je l'ai relu il n'y a pas longtemps et je l'ai accueilli certainement mieux qu'il y a trente ans. Mais je ne suis pas postmoderne, vous le savez. J'ai toujours été passionné par l'histoire contemporaine. En dehors de mon travail, qui a occupé l'essentiel de ma vie, c'est la politique qui a été ma vraie passion ; comment les mouvements, les acteurs peuvent-ils être interprétés par la politique ?

F.K. : *N'est-ce pas ce qui vous a desservi ? Vous étiez sociologue, donc quelqu'un d'académique, en même temps vous avez beaucoup écrit dans la presse ; cette conjonction des deux peut avoir été mal vue.*

A.T. : Pendant très longtemps, je n'ai pas écrit dans la presse. En 68, j'ai publié dans *Le Monde* deux longs articles, en janvier ou en février, pour annoncer que l'université allait exploser. Mes amis m'ont dit que je rêvais. Je suis resté très fier de cette prévision. Au moment de la montée de la deuxième gauche, j'ai été plus engagé, j'ai écrit pendant toutes les semaines dans *Le Matin*, où circulaient beaucoup d'idées nouvelles, mais qui était en même temps très contrôlé par Mitterrand. On m'a mis dehors parce que je n'étais pas assez mitterrandiste ; j'y suis revenu pour le baroud final. Il y a eu aussi une période où j'écrivais assez régulièrement dans *Le Monde*.

F.K. : *Mais est-ce que vous ne cumulez pas deux images antithétiques ? Le métier d'universitaire et celui de journaliste sont très différents.*

A.T. : La plupart des gens des sciences humaines ou sociales, en France ou ailleurs, se sont souciés de la chose publique. Durkheim est devenu actif au moment de l'Affaire Dreyfus. Beaucoup l'ont été dans l'antifascisme. Le cas de Raymond Aron est même extrême, et récemment des intellectuels ont été très médiatisés…

F.K. : *Vous avez l'impression qu'il y a une continuité ?*

A.T. : L'effort de lire le contemporain est nécessaire. Nous venons de vivre des débats publics sur le sang contaminé, sur la parité, sur le Kosovo. Je trouve normal que les intellectuels, et en particulier dans les sciences sociales, expriment leurs opinions sur d'aussi grands sujets. Si les intellectuels ne participent pas au débat public, le monde politique se refermera un peu plus sur lui-même. Ce n'est certainement pas souhaitable.

F.K. : *Vous consacrez tout de même une grande partie de votre temps aux médias.*

A.T. : Pas du tout. Je suis invité à la télévision de loin en loin. Les journaux, oui, j'ai toujours aimé y écrire. Il y a eu des périodes où je réagissais très violemment aux problèmes de la politique française. J'ai écrit beaucoup d'articles. Maintenant, j'écris cinq articles par mois : un en Italie – *Il Sole 24 Ore* –, un en Espagne – *El País* –, un au Brésil – *La Folha de São Paulo* –, un en France – *Ouest-France* –, et maintenant un au *Monde des Débats*. Plus parfois un article ici ou là, dans *Libération*, dans *Le Monde* ou dans *Clarín* à Buenos Aires. Ce travail est utile, car il expose à des risques, impose des choix clairs.

F.K. : *Vous pensez qu'il existe un espace public et qu'en tant que citoyen il faut l'occuper ?*

A.T. : J'ai toujours cru à l'opinion publique, à l'espace public. Je ne peux pas imaginer qu'entre les gens et les ministres, il n'y ait rien. Il y a des débats dans les journaux, les radios, les télévisions, entre les gens, et je pense que c'est tout à fait essentiel. Ces débats sont pleins de déformations et d'obstacles, mais j'aime bien y participer individuellement, librement, à ma manière.

F.K. : *On ne peut pas prendre parti tout le temps, et cette actualité qui se fait et se défait si rapidement...*

A.T. : J'ai toujours cru qu'on pouvait faire de l'histoire immédiate. J'ai publié mon livre sur Mai 68 en octobre ou novembre de la même année, ayant passé tout l'été à y travailler. Quand on a vraiment eu l'expérience des choses, on peut se tromper en écrivant, mais on peut aussi comprendre énormément de choses : les écrits de Marx sur la Commune, sur 1848, sur le coup d'État de Louis-Napoléon ont été rédigés à chaud ; ils restent des livres de grande qualité. Je ne crois pas qu'on ait besoin de siècles pour comprendre des situations ; bien souvent, on a intérêt à en parler quand on discute encore de leur sens. En général, j'ai fonctionné sur le mode de la colère ; je réagis à ce qui m'indigne ou me semble faux. Mais j'ai aussi eu le sentiment de participer à une réflexion positive. J'ai soutenu Mendès France, Delors et surtout Rocard, et j'ai voté pour Mitterrand, même si j'ai toujours gardé une grande distance avec lui. Je ne serai jamais opposé aux grandes bagarres publiques ; c'est mieux que le travail silencieux des lobbies.

F.K. : *Vous dites que ça laisse des bleus...*

A.T. : Ah oui ! Je suis vulnérable. Mais il faut bien défendre ses idées ! Un gamin qui est attaqué sait qu'il va recevoir des bleus, mais il se défend ! Et puis, au-delà des circonstances qui expliquent tant de malentendus, je suis le plus souvent certain d'avoir raison contre mes adversaires. C'est vrai depuis trente ans.

Une vie réussie, c'est une vie où on a tous les âges tout le temps. J'admire beaucoup les gens qui restent gamins, qui ont les plaisirs de l'enfance, de l'émerveillement, de l'adoration. J'aime aussi les gens qui prennent du recul, qui ont de la mémoire. L'idéal, c'est d'avoir le plus grand nombre de vies à la fois.

F.K. : *Parlons de votre vie quotidienne. Avez-vous le sentiment de vous réaliser à l'École des hautes études, ou bien de vous disperser ? Choisiriez-vous un autre mode de vie si vous en aviez la possibilité ?*

A.T. : Mon sentiment est que j'ai sacrifié une trop grande partie de ma vie à faire des recherches et des livres, en pensant que mon œuvre était une priorité. J'ai surtout besoin maintenant d'une plus grande sensibilité aux individus et à leurs émotions comme à leurs projets. Je continue à penser que, pour quelqu'un qui s'intéresse à la sociologie, l'affect le plus important est le sens du scandale ; mais il faut aussi la capacité de comprendre les individus. Depuis dix ans, ma pensée est devenue moins historique et plus centrée sur le sujet. Ma sociologie me dit aujourd'hui de vivre autrement ; il y a trente ans, elle me disait d'aller aux manifs, même de manière anonyme, parce que je me sentais obligé de manifester ma solidarité avec les dominés. Je le fais encore. Je continue à être sensible à la politique, mais ma vie privée, y compris imaginaire, aurait besoin d'être enrichie. Je ne ris presque jamais ; ma théorie du sujet est plutôt dramatique. Mon sujet est de moins en moins gai. Je n'ai jamais aimé le mot « bonheur ». Je suis pourtant convaincu maintenant qu'il est très beau. Je suis trop austère, j'ai trop le sens du devoir. Je me sens un Français banal : pour moi comme pour mes concitoyens, les idées, même les plus théoriques, sont liées à la politique. Je critique la pensée trop complètement politique, mais la politique est la manière de tester les idées générales auxquelles je m'intéresse. De plus, je me sens souvent à contre-courant. Dans la période 1958-1968, j'ai éprouvé une profonde antipathie pour le gaullisme et pour Pompidou. Je fais aussi partie des intellectuels français qui ont eu très tôt, dès avant 1956, une hostilité insurmontable à l'égard du communisme. J'ai aussi été marginalisé par le mitterrandisme, et je suis attaqué par le vieux gauchisme qui n'en finit pas de mourir. Je me suis senti attaqué en 1968 ; ce fut encore le cas il y a quelques années ; mais je crois que le ciel se dégage. Je vois aussi diminuer l'impuissance de la France, si longtemps enfermée dans une représentation étatiste, centralisée et vaniteuse.

F.K. : *Vous ne croyez pas que dans vingt ans il y aura un centre Alain Touraine ? Il y a un centre Raymond Aron, maintenant !*

A.T. : J'ai vu « monter au ciel » bien des gens ; ils sont devenus immortels : Sartre, évidemment, et après lui, Lévi-Strauss. Pour Michel Foucault, c'était parfaitement justifié. Pour Barthes, c'est moins évident. Braudel a trouvé la gloire assez tard et en partie par l'intermédiaire des Américains. Raymond Aron encore plus tard et, lui aussi, grâce aux Américains. Je ne m'amuse pas à faire une distribution des prix. D'autres ne sont pas montés au ciel, dont l'œuvre était ou est importante. À un moment donné, tous les gens qui étaient communistes apparaissaient comme de grands personnages, puis quand le communisme s'est écrasé, ils ont disparu avec lui.

F.K. : *1968 a été un de vos moments fondamentaux ?*

A.T. : Ce qui en 1968 m'a beaucoup marqué, c'est la vive conscience que j'ai eue de la fin d'une société à la fois technocratique et moralisatrice, de cette époque Pompidou. J'avais été fortement marqué par les guerres coloniales et vite convaincu de la nécessaire indépendance de l'Algérie. Mais à partir de 1968, mon horizon s'est transformé et j'ai commencé à comprendre que les problèmes culturels passaient devant les autres. Daniel Cohn-Bendit, étudiant en sociologie, avec qui je suis resté lié depuis ce moment-là, a représenté la sensibilité à laquelle j'appartiens – à la fois moderne, modérée, sensible à de nouveaux thèmes, etc. En 68, j'ai pris parti pour le mouvement étudiant dès le début, avec Paul Ricœur et peu d'autres. J'ai défendu les étudiants devant le conseil de discipline universitaire et j'ai mené avec Cohn-Bendit les dernières négociations pendant la nuit des barricades. J'ai acquis de Mai 68 ce sentiment qui ne m'a jamais quitté, qu'il y a en France un décalage effrayant entre les choses neuves qui se disent et se font et les cadres de référence anciens qui les interprètent à contre-sens. Malgré les difficultés rencontrées, j'ai eu le sentiment de vivre et de comprendre l'histoire. J'ai eu deux ou trois satisfactions de ce type dans ma vie. J'ai été antipinochétiste dès septembre 1973 et je garde profondément au cœur Solidarnosc, de même que je suis activement solidaire des zapatistes, au Mexique.

3

À bâtons rompus

F.K. : *Parlons des personnes avec qui vous avez travaillé, qui vous ont inspiré, vos étudiants, les enseignants qui ont collaboré directement ou indirectement avec vous, le milieu universitaire que vous avez fréquenté.*

A.T. : Je n'ai jamais fait partie d'une grande maison, comme la maison Lévi-Strauss par exemple, mais en revanche, toute ma vie, peut-être par absence de sociabilité, je me suis construit une petite maison pour ne pas coucher dehors.

Dans le cadre d'une équipe organisée par Georges Friedmann, j'ai travaillé seul aux usines Renault. L'équipe se retrouvait à son séminaire. Je suis entré en 1950 au CNRS et toutes les semaines, Paul-Henri Chombart de Lauwe, Paul Hassan Maucorps, qui est mort assez peu de temps après, Edgar Morin et moi aidions Friedmann, qui n'était pas très organisateur, à gérer le Centre d'études sociologiques. Mes rapports avec Friedmann se sont détériorés pendant un temps car Morin et moi lui avions dit que son analyse manquait de références aux classes sociales, à la domination sociale, etc.; nous l'avons énervé. Je crois, quarante ans plus tard, que c'est lui qui avait raison. J'étais passionné par ce que faisait Friedmann, mais ma raideur naturelle a fait que je n'ai pas été assez familier avec lui lorsqu'il l'aurait fallu, au moment où il allait si mal qu'il a fait des tentatives de suicide. Il n'allait mieux que quand il était en Israël, ce qui est surprenant, puisque le livre qu'il a écrit sur les Juifs était une défense de la diaspora. Friedmann a été celui qui m'a introduit dans la recherche sociale et qui a joué pour moi et pour tant d'autres, comme Edgar Morin et Roland Barthes, un rôle de découvreur. Peu de patrons l'ont aussi bien mené.

Georges Gurvitch mérite d'être redécouvert. Il était plus vivant que ses livres ne le laissent penser. Il a été mon directeur de thèse et s'est très bien conduit à mon égard. Il m'a fait un jour un grand compliment en disant : « Tous les sociologues du travail sont des cons. Le moins con, c'est Touraine ! » Chez Gurvitch, l'étonnant était sa vision volcanique, éruptive de la société : il y avait à la base le feu central, la révolution, dont la lave se refroidit par paliers. L'homme vaut mieux que l'oubli dans lequel il est tombé, mais son esprit ne le menait évidemment pas vers la recherche sociologique. Friedmann lui, plutôt moraliste, philosophe de formation, était très désireux qu'on s'expose au terrain et qu'on mûrisse ainsi.

Puis est venue ma soutenance de thèse. Les soutenances étaient des actes importants. Il fallait présenter, déjà publiés, deux livres : la thèse principale et la thèse secondaire. J'avais fait deux vrais livres : le premier, *Sociologie de l'action*, comportait cinq cents pages, le second, *La conscience ouvrière*, quatre cents. Dans mon jury il y avait Ernest Labrousse, historien très marxiste, que j'ai beaucoup aimé et dont j'ai été l'étudiant attentif, un homme que tous les gens de ma génération, même éloignés de lui idéologiquement, ont beaucoup respecté, et, avec lui, Friedmann, Gurvitch, Stoetzel et Raymond Aron. Ça s'est mal passé, comme souvent à cette époque-là. J'ai été bien défendu par Gurvitch et surtout par Labrousse. Stoetzel a été gentil, mais Aron m'a si violemment attaqué que je me suis levé et j'ai dit : « Je m'en vais. » Cela se passait salle Louis Liard, qui était pleine de monde. Je me souviens qu'Alain Peyrefitte était là. Je suis descendu de la petite tribune en disant : « Je n'en entendrai pas plus, c'est insupportable. » Le président m'a rattrapé par le bras en me disant : « Ne faites pas ça. » Aron s'est un peu calmé, les autres sont intervenus à nouveau pour dire des choses gentilles, j'ai eu la mention souhaitée, ça s'est bien terminé, mais j'ai été marqué par cette affaire.

F.K. : *Que vous reprochait Aron ?*

A.T. : Différentes choses, et surtout un détail qui l'a mis dans une fureur noire. À la fin de ma présentation, j'ai lu un poème de Pablo Neruda en espagnol. Aron a trouvé cela prétentieux. Le soir même, il geignait : « Comme je suis malheureux, comme je souffre, je me suis mal conduit. » Mes rapports avec Aron ont longtemps été mauvais, surtout en 1968. Il y eut à l'automne, à Genève, un colloque sur les mouvements étudiants. Aron était invité et moi aussi. Il a répondu : « Je veux bien y aller, mais à condition que Touraine ne soit pas là. » Clark Kerr, qui était président de l'Université de Californie, m'a appelé et m'a dit : « J'ai entendu ce qu'a dit Monsieur Aron et je trouve ses propos inadmissibles ; je vous garantis que vous allez parler à égalité avec lui, mais pas dans la même séance. » Jusqu'à aujourd'hui (c'est maintenant un homme très âgé), nous sommes restés bons amis et il m'a demandé, peu après 1968, d'écrire un livre sur les universités américaines. Beaucoup plus tard, j'ai revu Aron, au moment où il travaillait avec Dominique Wolton à un livre d'interviews sur lui ; grâce à Wolton, les choses se sont calmées.

Je n'ai jamais partagé les vues d'Aron, mais c'est un homme qui a fait preuve d'intégrité et de courage. Cela vaut bien qu'on oublie l'idée trop favorable qu'il avait de lui-même.

F.K. : *N'y a-t-il pas une certaine convergence politique entre lui et vous ? Vous, vous avez lutté pour une sociologie démocratique de gauche, et lui pour une sociologie démocratique de droite...*

A.T. : Non. Aron, pour l'essentiel, n'est pas un sociologue et ne s'est jamais défini comme tel. Le rôle d'Aron a été autre. Il est l'une des deux ou trois figures intellectuelles qui ont fait renaître en France l'idée du politique. Pour le monde marxiste, la politique n'était que l'ombre du social. C'est Hannah Arendt qui a affirmé la première le primat du politique, mais en France deux hommes ont joué ce rôle : Raymond Aron et Claude Lefort. Ensuite est arrivé François Furet, qui nous a convaincus qu'il fallait lire la Révolution française non pas en termes de lutte des classes mais en termes politiques. Là encore, intellectuellement, dans ce monde marxisant mou, Raymond Aron s'est comporté d'une manière créatrice, en étant presque le seul en France à oser parler du totalitarisme, alors que les Français ne voulaient pas qu'on en parle : certains continuent à s'y refuser. La notion qui a dominé la pensée française est celle d'antifascisme qui empêchait de rapprocher le stalinisme du nazisme, comme François Furet l'a clairement expliqué.

Professionnellement, j'ai créé plusieurs centres de recherche. D'abord le Laboratoire de sociologie industrielle, en 1950. Après 1968, le centre s'est cassé car une partie de ses chercheurs a jugé qu'il fallait continuer à s'occuper du monde ouvrier et de la société industrielle, tandis que moi j'ai préféré me réorienter vers une analyse plus générale des mouvements sociaux. Les deux groupes ont vécu leur vie. Claude Durand, qui était un bon sociologue du travail, a dirigé ce groupe jusqu'à ce qu'il se dissolve. Appartenait en particulier à ce groupe Nicole de Maupeou, qui venait de Sciences Po, à qui j'avais été très attaché ; elle est partie elle aussi. Cette crise a contribué à m'éloigner de la sociologie du travail et je crois pouvoir dire objectivement qu'après 1968, ce sont d'autres groupes, surtout les économistes de l'école de la régulation, qui ont renouvelé la pensée dans ce domaine. Le Centre d'étude des mouvements sociaux, que j'ai créé ensuite, n'était pas vraiment un centre intégré ; c'était un refuge pour s'abriter du vent mauvais soulevé par le déferlement de l'idéologie. J'avais réuni là des chercheurs variés ; certains étaient communistes, d'autres pas du tout, mais tous voulaient être tranquilles pour travailler, communiquer entre eux et ne pas être soumis à des manipulations. C'était un centre essentiellement défensif, mais où il y avait de très bons chercheurs.

F.K. : *Avec qui aviez-vous le plus d'atomes crochus dans ce centre ?*

A.T. : Je n'ai pas eu encore l'occasion de parler de mon côté latino-américain. Évidemment Daniel Pécaut était proche de moi, parce qu'il travaille sur l'Amérique latine. Avec Jean Lojkine, qui était très loin de moi, j'ai toujours pu entretenir les meilleures relations. Bernard Mottez était mon plus vieux compagnon de travail ; il a développé une œuvre originale sur les sourds, c'est-à-dire sur une minorité dominée. L'homme qui était à mon avis le plus créatif dans ce groupe, c'était Daniel Vidal, qui a fait de beaux livres sur des situations extrêmes, sur la décomposition des groupes protestants au moment de la révocation de l'édit de Nantes, puis sur les possédés de Loudun. C'est un chercheur original, sensible. Manuel Castells était très althussérien, poulantzasien même, mais il a toujours été pour moi une sorte d'enfant chéri. Je l'ai beaucoup aimé et admiré et je continue à le trouver un homme exceptionnel. Bien qu'il ait écrit au début des livres qui ne me convainquaient pas, je le trouvais tellement créatif, tellement vif, que je lui ai toujours pardonné nos désaccords et que j'ai gardé une profonde affection pour lui, qu'il a la gentillesse de partager. Il a même fait un geste généreux, lorsqu'il est devenu professeur à Berkeley : il a tenu à revenir à Paris pour présenter en français une thèse d'État, sous ma direction. Beau remerciement. Son œuvre est tellement personnelle, inventive et imaginative, que c'est à juste titre une des figures les plus connues de la sociologie mondiale.

Après 1974-1975, l'horizon s'est éclairci. La révolution au Portugal, puis la défaite de Cunhal m'ont redonné de l'espace. J'ai conçu alors un programme de recherche sur les nouveaux mouvements sociaux. J'ai formé une équipe de travail avec François Dubet, Michel Wieviorka et Zsuzsa Hegedus. Nous avons mené une vie fatigante et passionnante, en appliquant une nouvelle méthode de recherche. Nous avons fait cinq livres ensemble ; j'en ai ajouté un ou deux à moi. Ce fut vraiment ma maturité. Le début fut difficile, parce que Wieviorka a vécu un accident dramatique ; il a perdu un jeune enfant. Notre équipe l'a accompagné au plus près. Cela a créé un lien fort entre nous. Comme toujours, c'est ma femme, plus que moi, qui a joué ici le rôle capital...

F.K. : *Comment cela ?*

A.T. : Par sa capacité de comprendre les individus. Wieviorka a eu plusieurs périodes très difficiles. Il est comme moi un homme qui travaille beaucoup, mais qui est fragile. Si vous le critiquez, ça lui fait mal ; si vous êtes injuste avec lui, ça lui fait très mal.

Wieviorka a maintenant créé une œuvre considérable. Son thème principal est l'envers ou la destruction du sujet. Qu'il parle du racisme, de la violence, des banlieues ou du terrorisme, il apporte un éclairage nécessaire sur cette désubjectivation qui vous attire aussi.

François Dubet est à peu près le contraire de Wieviorka. C'est un personnage renfermé, encore moins sociable que moi, mais extrêmement actif et créatif. L'œuvre de Dubet est considérable, à la fois par de très grandes études de terrain comme sa célèbre *Galère*, ou ses études sur l'école, les lycéens; et par sa volonté de mise en forme théorique, qui se voit dans son livre sur *L'expérience* et dans sa synthèse plus récente, écrite avec D. Martuccelli, *Dans quelle société vivons-nous?* Si j'avais à nommer dans cette génération les meilleurs sociologues, dans cette courte liste je mettrais certainement Dubet et Wieviorka.

Il est plus difficile de parler de Zsuzsa Hegedus, femme très intelligente, qui s'est mal intégrée partout. Elle avait quitté son pays, la Hongrie. Agressive au mauvais mais surtout au bon sens du terme, elle a quitté notre équipe bien avant la fin de nos recherches et a surtout vécu en Hongrie. Elle est toujours présente parmi nous.

J'ai travaillé à ce moment-là avec une vraie équipe de recherche : quatre personnes plus trois assistantes administratives successives de qualité exceptionnelle. Ces équipes ne peuvent pas exister s'il n'y a parmi leur membres des assistantes administratives qui sont beaucoup plus que des secrétaires. J'ai eu, comme tout le monde, des assistantes très diverses. Mais par trois fois, j'ai travaillé avec des femmes qui s'appelaient toutes trois Jacqueline et qui se sont révélées des femmes, des êtres humains, des travailleuses exceptionnels. Elles auraient été des responsables administratives de haut niveau dans n'importe quelle entreprise moderne. La première, Jacqueline Lanfant, était là pendant la guerre d'Algérie et elle faisait partie d'un réseau qui aidait les Algériens; elle a dû partir un jour rapidement. Je l'ai conduite en Belgique en voiture, et de là elle est passée en Algérie où elle a eu de mauvaises expériences. Elle a fini par revenir en France et je l'ai rarement revue. Mais je la considère encore, trente ans après, comme un des êtres humains les plus remarquables que j'ai rencontrés. Ensuite Jacqueline Longérinas, qui est une femme éblouissante. Elle a une personnalité du feu de Dieu. Quand elle travaillait avec moi, elle aimait se promener en rollers la nuit dans Paris pour prendre des photos. Et puis, depuis de nombreuses d'années, je travaille avec Jacqueline Blayac que je surcharge de travail, mais qui est une femme si intelligente qu'elle sait jauger tous mes correspondants, aussi bien en anglais ou en espagnol qu'en français. Elle est maintenant connue et admirée dans beaucoup de pays. Ma vie de sociologue n'aurait pas été ce qu'elle a été sans ces assistantes. Je suis très faible en technique administrative et dans les relations avec l'extérieur : elles me rendent le travail possible. Mais surtout ce sont de grandes personnalités en elles-mêmes. Je les trouve supérieures à la plupart des chercheurs.

F.K. : *Il y a eu un lien affectif fort avec François Dubet et Michel Wieviorka pendant cette période. Un travail de recherche mené avec passion, le travail avant tout ?*

A.T. : Absolument. Lorsqu'on était dans ces interventions sociologiques, le confort était souvent limité, mais l'intensité de travail très grande. Nous avions le sentiment de mener un travail important et d'élaborer une recherche originale.

F.K. : *Quelle a été votre meilleure période de production intellectuelle ?*

A.T. : Le début et la fin provisoire de ma « carrière » : quand je me suis inventé un monde intellectuel en écrivant *Sociologie de l'action*, et depuis les années quatre-vingt-dix. Depuis longtemps j'ai conscience d'être passé d'un type de société à un autre, à travers une période de confusion collective et en partie personnelle. De passer aussi d'une économie administrée nationalement, créée après la guerre, à un capitalisme mondial. On recommence heureusement à s'intéresser aux grands problèmes de la nouvelle société et à prendre des distances croissantes avec la bonne conscience capitaliste des vingt dernières années. Mais dans tout ce tohu-bohu, à côté de la passion pour comprendre ce qui naît et pour critiquer les idéologies qui ignorent ou détruisent les réalités sociales, que de déceptions en constatant tant d'efforts pour ne pas voir ce qui se passait. C'est au milieu de ma vie que j'ai le plus bataillé. J'ai vraiment eu le sentiment de vivre à la fin d'une ère plutôt qu'au début d'une autre, alors que depuis trente ans je défends l'idée contraire.

F.K. : *Mais si vous avez cherché à construire de petites équipes, c'est aussi parce que vous aimiez avoir votre liberté d'action ?*

A.T. : Affaire de caractère, peut-être. J'ai plus l'esprit de contradiction que l'amour du consensus. Mais, aujourd'hui, même si je subis encore des attaques et si j'ai souvent des doutes profonds sur moi-même, j'ai l'impression d'avoir pensé juste. Par tempérament, je suis plus à l'aise seul, ou alors avec mon groupe, ma bande, dans un ensemble peu institutionnel. Je n'aime pas les grandes institutions ; je n'ai jamais mis une robe de professeur d'université sauf à l'étranger, pour recevoir des doctorats *honoris causa*. Donc, à la fois, j'ai toujours voulu être seul et j'ai toujours voulu être écouté.

F.K. : *Pouvez-vous, en complément de ce que vous avez dit sur les personnes qui vous ont entouré, parler du rôle de vos intimes, celui de votre femme défunte, Adriana ? Ou de Simonetta, votre compagne actuelle ?*

A.T. : Adriana était chilienne. Elle avait été biochimiste à l'origine et avait interrompu une carrière prometteuse pour vivre avec moi à Paris. Notre relation était très forte sur le plan personnel, mais elle n'aimait pas beaucoup parler de mon travail. Donc, je ne peux pas dire qu'elle a eu une influence intellectuelle sur moi. En revanche, j'ai été entraîné par sa beauté, sa vitalité, sa séduction, sa générosité. Tous ceux qui l'ont connue l'ont aimée. Mais vous ne me demandez pas de parler de mes sentiments... Elle m'a en revanche transformé, à partir du moment où elle est tombée malade, lorsqu'on s'est aperçu qu'elle avait un très mauvais cancer du sein. Sa maladie, sa lutte ont duré six ans – de 1984 à 1990 – et j'ai consacré une bonne partie de mon temps à cette époque-là à vivre avec elle. C'est alors qu'elle m'a profondément influencé, parce qu'elle a traversé une période extrêmement difficile et douloureuse, jusqu'à un mois avant sa mort, avec une grande capacité d'être heureuse. J'ai admiré la manière dont elle s'est comportée (j'ignore ce qu'elle savait sur la nature même de sa maladie, car la précision des informations que j'avais reçues, je ne la lui avais pas transmise, mais enfin un cancer au sein aussi métastasé...). Je crois qu'elle a su, pour l'essentiel, mais qu'elle a gardé en elle la force de vivre, de faire vivre, de rendre les autres heureux autour d'elle et de profiter de la vie au sens d'être capable d'apprécier les individus et les situations.

Comme j'étais moi-même un peu déséquilibré, après la chute des nouveaux mouvements sociaux et l'orientation du gouvernement Mitterrand pendant les années 1981-1984 que je trouvais absurde, je me suis tourné très nettement vers une réflexion où je cherchais le sens des choses plus dans le privé que dans le public. Ce que je vivais avec Adriana me paraissait plus important que tout ce qui était social.

Moi-même n'ayant pas une grande capacité à établir une relation avec l'autre, au moins extériorisée, visible, et Adriana l'ayant au plus haut point et de la manière la plus intelligente et la plus profonde qui soit, j'ai été de plus en plus convaincu de la supériorité absolue de son comportement orienté avant tout vers le rapport à elle-même et aux autres. La manière dont elle a enduré ces années de traitements très pénibles m'a rempli d'admiration et m'a fait penser que les valeurs privées sont en fin de compte, du point de vue de la vie sociale elle-même, plus importantes que tous les services qu'on rend à la société. Ce n'est pas un hasard si j'ai publié *Critique de la modernité* en 1992 ; ce livre a été écrit pour la plus grande partie l'année avant sa mort. Je passais l'après-midi à l'hôpital avec elle et le matin j'écrivais. J'étais transformé par son exemple. J'ai toujours eu une admiration extrême pour certains comportements privés. Un beau discours, une belle loi, une belle entreprise n'arrivent pas, pour moi, à la cheville d'une belle action privée. Tant de gens ont des conduites sublimes !

F.K. : *Une sorte d'héroïsme silencieux ?*

A.T. : C'est peut-être ça. Mais elle avait surtout une capacité d'aimer, et de s'aimer elle-même en tant qu'aimante, si je peux dire. Elle portait la lumière, elle donnait de l'amour à tout le monde. En plus, son origine chilienne, ses gestes, son rire, ses vêtements, la rendaient un peu étrangère à nos habitudes françaises. Elle avait une luminosité, une attention aux autres, une capacité constante d'amour qui en ont fait l'être humain le plus humain que j'aie rencontré.

F.K. : *L'idée du sujet...*

A.T. : À partir du moment où elle est tombée malade, elle s'est posée comme sujet hors de tout rôle social. Ce qui lui était propre, c'était la joie de vivre et d'aimer dans la quotidienneté. Son comportement a été admirable. Si ce que j'appelle sujet n'a pas quelque chose d'elle, il reste un fantôme.

Il est plus difficile pour moi de parler de Simonetta en sa présence. Impossible de penser en même temps à Adriana et à elle, sauf pour dire que j'ai toujours senti à la fois comme un privilège inouï et comme une difficulté le fait de vivre avec l'une puis avec l'autre. L'influence de Simonetta sur ma manière de vivre et de penser ne tient pas, je crois, à sa beauté, à son élégance – j'aime le mot et la chose –, à sa culture, qui s'imposent, mais à son détachement des grandes « machines » politiques et intellectuelles. Cette lectrice assidue du *Manifesto* – elle est italienne – est d'abord un individu et un penseur si original qu'il m'a fallu du temps pour comprendre l'importance de sa démarche, qui refuse le blanc et noir, qui se construit sur les idées d'ambivalence, de différence, d'étranger et qui est nourrie de sociologie allemande, de Simmel à Elias. Derrière ses affirmations, je trouve aisément non pas ses doutes, mais la sensibilité avec laquelle elle cherche à rapprocher ce qui est opposé, sans jamais tomber dans les fausses synthèses. Elle a aussi, comme moi, du mal à vivre et la volonté d'y parvenir. J'entre de mieux en mieux dans son univers qui est un mélange de classicisme, celui de Brunelleschi, de Piero della Francesca et de

Rossellino, mathématiciens et artistes, et de voyages initiatiques vers une sagesse porteuse de sérénité. Cette dualité, cet écartèlement même, est un des chemins possibles pour sortir de la plate réalité ; le bonheur et le malheur mis ensemble lui donnent du relief. On reconnaîtra de mieux en mieux l'importance de sa réflexion, à laquelle résistent tous ceux qui croient aux dialectiques de l'histoire et aux principes qui opposent le bien au mal. Son univers intellectuel n'est pas le mien, mais cela m'attire et me fait sentir ce que je n'ai pas su vivre. Elle me fait découvrir aussi les grands débats féministes américains de philosophie politique.

Ce dont j'ai souffert toute ma vie, c'est de l'absence d'un cercle d'amis. C'est probablement une des raisons pour lesquelles j'ai créé des centres de recherche, pour avoir des milieux de proximité avec lesquels je sois en confiance. Mais c'est moi qui, en fait, n'ai pas cherché à me construire une vie d'amitiés ; j'ai passé ma vie essentiellement à travailler, de manière passablement pathologique. Si j'avais travaillé une heure de moins chaque jour et si une fois par semaine je m'étais octroyé une soirée avec de vrais amis, je pense que la vie autour de moi et pour moi aurait été plus heureuse. Chaque année, je découvre mieux l'amitié de Serge Moscovici, qui a tant de grandes idées et tant de sensibilité, comme celle de Marie, qui porte encore son nom. Mes meilleurs amis sont en Amérique latine.

Ce n'est pas seulement la rareté de mes amitiés qui a donné dans ma vie tant d'importance à mes enfants. C'est d'abord que l'image d'Adriana et complémentairement la mienne les ont aidés à se construire comme des êtres exigeants et généreux. Marisol, l'aînée, a toujours réussi ce qu'elle a entrepris en s'imposant par son intelligence et son charme. Elle s'est engagée en politique mais sans cesser de s'occuper de ses trois enfants, qui ont la gentillesse de me dire que je suis un bon grand-père. Philippe est plus fragile, mais il a la chaleur et le rayonnement de sa mère. Depuis qu'il a commencé sa médecine, il s'y est donné passionnément, menant à l'hôpital une double carrière de clinicien et de chercheur. Dans ce milieu, souvent très fermé, il devrait enfin trouver la place élevée qui correspond à son travail. J'espère vraiment qu'il y parviendra dans un avenir proche. Nos relations ne sont pas démonstratives, nous ne sommes pas les groupies les uns des autres, mais quand l'affection est si fortement liée à l'admiration, elle devient le pilier d'une vie.

Mais je ne veux pas ici être trop personnel. Au-delà de mes rapports affectifs les plus forts, c'est de l'art, surtout de la peinture, que j'ai reçu les plus durables enseignements.

F.K. : *L'art, pour vous, c'est quoi ?*

A.T. : L'art est la voie de passage de la religion au sujet-pour-soi. L'art fut d'abord indissociable de la religion, mais il s'en est vite détaché et a acquis une autonomie de représentation (l'apparition du portrait sous l'Empire romain). Quand l'art refuse ce passage, ou il est purement critique, ou il « désenchante » le monde – je pense à Tapies –, ou il se supprime lui-même. Premièrement, au nom de l'argument très simple de Claude Lévi-Strauss : si un langage devient un idiolecte, il peut être extrêmement élaboré mais personne ne le comprend ; donc il faut qu'il ait une signification sociale, qu'il soit un discours communicable. Mais la grande transformation, c'est surtout que le peintre n'essaie plus de faire apparaître le sujet dans le monde : il ne veut plus faire apparaître que son regard sur le monde. C'est le renversement du siècle achevé : ce que nous regardons n'est plus un objet mais un regard sur un objet. Ça commence avec les impressionnistes, puis se produit le grand éclatement qui sépare la recherche de structures, du cubisme à Mondrian ou même à Klee, et de l'autre côté, la libération des règles sociales, chez les fauves et dans l'expressionnisme, plus présente en Allemagne qu'en France. La grande affaire qui a occupé les peintres a été la suppression de l'objet, de la représentation, et par conséquent largement la suppression du portrait, du visage humain. La destruction systématique du visage chez Bacon indique bien que je ne peux pas projeter un visage sur la toile et que je ne peux pas davantage voir mon visage.

F.K. : *La peinture montre à la perfection cette proximité entre la capacité de réalisation du sujet et la facilité avec laquelle ce sujet peut se décomposer. Or cette proximité n'existait pas avant, puisqu'il y avait d'autres médiations.*

A.T. : Oui, la disparition des médiations libère et fragilise. Rien n'est plus faux que de penser le sujet comme la statue en marbre qui serait au cœur de chacun d'entre nous. Le sujet est ce qu'il y a de plus faible, de plus intermittent. Il n'est pas un ensemble de rôles sociaux mais plutôt un effort pour se désocialiser sans se perdre, en se recréant dans le non-social. Il s'agit du passage d'une définition sociale à une définition non sociale de l'acteur, de l'individu, du groupe. Donc il y a ici à la fois fragilité, désir et combat : un énorme désir d'être un sujet, qui a augmenté à mesure que nous vivions la décomposition des religions et des idéologies.

F.K. : *Le sujet ne peut pas se voir lui-même.*

A.T. : Non, on ne peut pas se voir, mais on peut se connaître. Si je me regarde dans la glace, je me vois comme individu. Je ne pense pas qu'on puisse voir le sujet, mais on peut voir le mouvement de pénétration du sujet dans un être ou le rejet du sujet par cet être. Un nu peut être un corps triomphant à la Rubens, mais peut révéler aussi le désir de se trouver soi-même, dans le plaisir ou autrement.

F.K. : *Prenons Rembrandt. Dans ses nombreux autoportraits, on voit un visage avec un front sombre. Le visage transparaît. On est dans le monde du pur sujet, et celui-ci se surprend en flagrant délit d'exister ; il renvoie à quelque chose d'immatériel, un regard, un corps, qui n'est pas un visage, ni un corps matériels. Cette capacité de se voir avec sérénité dans cet acte de représentation de soi, n'est-ce pas précisément le sujet ?*

A.T. : Le moment Rembrandt est celui où le sujet est encore lié à la représentation, qui est elle-même liée à la religion. Il y a beaucoup d'attributs religieux dans la peinture de Rembrandt : le Philosophe, la Vieillesse, la fiancée juive. C'est un moment où le religieux se transforme en personne. Vous avez raison de dire que ce qu'on aime, trois siècles après, chez lui, c'est qu'on voit déjà assez de sujet pour que le moderne s'y retrouve, mais qu'il est encore assez appuyé sur la société et la religion pour nous apparaître solide. C'est le cœur de notre histoire de l'art. Ce dont nous souffrons, c'est de la difficulté d'être soi quand on n'a plus du tout d'appui. On ne peut plus voir le sujet, on ne peut plus le représenter. J'ai beaucoup aimé le monde des portraits. Je l'aime encore ; je me sens issu de lui.

F.K. : *Quel est le peintre pour lequel vous avez la plus grande admiration ?*

A.T. : Il n'est pas sûr que les tableaux qui me touchent le plus relèvent de l'affirmation du sujet. Je prends l'exemple d'un peintre qui n'a pas toujours très bonne réputation : Manet, dont j'aime énormément l'*Olympia*. Un autre exemple : l'autre jour, à la West Wing de la National Gallery, à Washington, j'ai retrouvé un de mes tableaux préférés, le portrait d'une jeune femme de la haute société, par Van der Weyden. Elle est très contrôlée, sa coiffe est bien repassée, mais sa ceinture est un peu trop rouge et ses lèvres sont gonflées. Elle est à la fois sensuelle et retenue. Peu après, au Metropolitan de New York, j'ai retrouvé l'autoportrait de Van Dyck, un des amours de mon adolescence. Là aussi, séduction. Comme chez une duchesse de Gainsborough que je retournerai voir à Londres. Mais tout cela, c'est des coups de cœur d'une première jeunesse lointaine. Mais revenons au plus sérieux : les portraits de Rembrandt, ou Michel-Ange, la Sixtine et les tombeaux des Médicis.

F.K. : *Ce qui vous intéresse dans l'art, n'est-ce pas ce qui s'écarte le plus du sujet ? Rembrandt, c'est toujours le mystère de la personne, la vieillesse, l'énigme d'une existence qui est toujours dans une sorte de pénombre. La peinture procède-t-elle du plaisir chez vous ?*

A.T. : Je me méfie du plaisir recherché pour lui-même. Ayant été élevé dans le milieu culturel européen, j'ai depuis toujours été attiré par tout ce qui peut remplir le sujet de tout ce dont le rationalisme l'a privé. Tout ce qui a été détruit par les transcendances, il faut en remplir le sujet. Le livre offert à Jacques Le Goff s'intitule *L'ogre historien*; j'aimerais bien dire que je suis un ogre sociologue, et même un cannibale. J'aime m'approprier des expériences.

Permettez un mot, en passant, sur un aspect surprenant de mes goûts. J'aime les défilés de mode, et j'aimerais que le sujet soit considéré comme élégant – le mot revient sous ma plume. La mode a été un signe de distinction sociale, ce qui n'a plus d'intérêt aujourd'hui. La question nouvelle c'est : à quoi sert la mode à partir du moment où elle perd son rôle de symbole de niveau social? Je vois deux réponses possibles. La mauvaise réponse est postmoderne; c'est le jeu, le spectacle pour la télévision; et l'autre, qu'on peut identifier à Yves Saint Laurent, qui domine la mode depuis plus de trente ans, consiste à révéler le nu en prenant des distances avec lui. J'admire Alexander McQueen, styliste plus jeune, fantasque, et parfois magnifique, au moins dans ses collections parisiennes pour Givenchy. Le thème du «tenu à distance» revient pour moi à désocialiser, à sortir des normes, parce qu'une femme élégante prend une double distance par rapport au social : par l'art et la construction d'un langage d'une part, par le corps, le nu, la sensualité d'autre part. Le moi social est envahi de deux côtés, par le corps et par l'art. Parallèlement, les vêtements pour un large public, surtout jeune, sont déstructurés, donc désocialisés, ce qui me plaît.

F.K. : *Il me semble que les tableaux que vous aimez sont liés à la présence de l'être humain. Vous n'avez pas cité par exemple Ruysdael dont les trois quarts des tableaux sont occupés par le ciel. Dans tout ce que vous dites de l'art, il y a un être humain et celui-ci est marqué par un parcours tragique ou dramatique...*

A.T. : En effet, je ne porte pas d'intérêt particulier aux paysagistes et Ruysdael provoque mon ennui autant que mon admiration. À l'opposé, j'aime les abstraits, comme Pollock ou Soulages.

F.K. : *Ce ne sont pas des peintres de la mimétique, de la reproduction...*

A.T. : Ce que j'attends de la peinture, qu'elle soit abstraite ou figurative, c'est qu'elle soit non réelle.

F.K. : *Cézanne, pourquoi vous ne l'aimez pas ? C'est quand même un grand qui transforme les êtres en sujets ! Il y a aussi des personnages chez lui...*

A.T. : Non, les baigneuses sont des non-personnages. La volonté de Cézanne, c'est de peindre à plat, sans perspectives. C'est une rupture décisive avec la représentation, ce qui donne à Cézanne une place centrale dans l'histoire de la peinture, mais il me touche peu. Le seul tableau du XIXe siècle, avant la grande transformation de la peinture, qui m'ait attiré, c'est celui de Géricault où le regard d'un lancier dit : je suis le cavalier qui va tuer l'ennemi mais mon geste, mon regard, mon sabre sont suspendus et je suis pour un instant autre chose qu'un soldat qui va tuer... Cet instant d'arrêt, de réflexion, surtout chez un combattant, a marqué mon esprit.

Le portrait porte en lui le meilleur et le pire. Je comprends qu'on reproche à tant de peintres de faire des portraits de type officiel, et à Frans Hals également, qui est très loin de Rembrandt tout en étant un bon peintre. J'aime surtout les peintres italiens, hors portraits, qui dégagent l'élégance et la sensualité modernes. *La naissance de Vénus* et *Le printemps* de Botticelli m'enchantent, mais c'est Piero della Francesca, mathématicien et poète, qui est le plus grand. Simonetta est encore plus enthousiaste que moi à son égard, parce qu'il est l'homme qui a fait se retrouver dans sa peinture, après leur séparation réelle, le monde de la science et celui de la conscience et de la spiritualité. Rencontre que je ne vois pas chez Uccello, tout occupé au déploiement des lances dans les batailles. Je dois avouer que, par ma formation, je donne de manière excessive une grande priorité à la peinture italienne et hollandaise. Si j'avais été élevé davantage dans la peinture espagnole, par exemple, j'aurais probablement des goûts différents. J'entre chez Velázquez, mais je n'y reste pas.

F.K. : *Vous aimez Botticelli pour son élégance, mais il y a aussi chez lui une beauté mortifère. Chaque fois que je regarde ses femmes, que je trouve admirables, je pense à la mort parce qu'elles sont trop parfaites.*

A.T. : La femme du centre dans Le printemps – elle s'appelle d'ailleurs Simonetta – était la courtisane la plus brillante de son époque. J'ai du mal à la trouver mortifère...

F.K. : *La perfection absolue présente une analogie avec la mort...*

A.T. : Pour moi, la mort est le non-sens et donc je ne fais pas grand place au thème de la mort dans ma vision de la vie, de l'existence. Évidemment, la mort est dans ma pensée, comme dans celle de tout le monde, omniprésente, c'est-à-dire que cette distance de moi à moi qui forme le sujet n'existerait pas si je ne pensais pas à cette chose impensable.

F.K. : *Degas, ses ballerines, c'est vraiment l'élégance, cette gaze que portent les corps.*

A.T. : Je parviens à trouver parfois mon chemin dans Degas ou dans Renoir mais je reste convaincu que le grand peintre de cette génération, c'est Monet. Car il est un peintre du regard, celui qu'il porte sur la cathédrale de Rouen, sur la gare Saint-Lazare, sur les nymphéas, sur son jardin. Monet a bouleversé notre vision. Laissez-moi remonter en arrière : dans la peinture moins innovante de Manet, il y a une qualité du noir qui est très extraordinaire.

F.K. : *Cette femme qui s'étend, Olympia, il y a un petit chat noir...*

A.T. : ... et le bouquet qu'a envoyé le monsieur !

F.K. : *Ça vous plaît ?*

A.T. : Immensément, trop, peut-être !

F.K. : *Chez Goya, il y a les monstres, les horreurs...*

A.T. : Chez Goya, je suis écrasé entre deux mondes qui me rejettent l'un et l'autre. Goya est un peintre immense, et il me restera toujours dans la mémoire le *Tres de Mayo*, cette fusillade à bout portant. Je croyais qu'on fusillait à cinq ou dix mètres ; l'horreur est plus grande quand on voit ce corps en chemise blanche au bout du fusil. C'est de tableaux qu'il faut parler, plus que de peintres.

F.K. : *Mais Goya, n'est-ce pas parce que c'est la destruction du sujet que vous vous en méfiez ?*

A.T. : Je ne m'en méfie pas, il m'envahit au contraire !

F.K. : *D'un côté, c'est le ridicule, le dérisoire de la famille royale, et de l'autre, c'est les monstres qui le hantent...*

A.T. : C'est un peintre trop extrême pour moi. J'ai besoin qu'il y ait un certain espace de respiration entre la cour et la folie.

F.K. : *Et le Greco ?*

A.T. : C'est un des peintres que j'ai le plus aimés au début. Surtout quand il se leste de cérémonie sociale. *L'enterrement du comte d'Orgaz* et tous ces saints les yeux tournés vers le ciel, le corps allongé, la barbe en désordre, je les ai énormément admirés quand j'avais dix-huit ou vingt ans. J'ai maintenant un peu le sentiment de m'être fait avoir par ces saints aspirés par le ciel.

F.K. : *Goya, c'est l'omniprésence de la mort dans sa dernière phase, et avec le Greco on dépasse la mort...*

A.T. : La vision du monde religieux est importante quand c'est un monde que les religieux tiennent bien en main. Chez le Greco, je ne suis pas sûr que tous ces saints montent au ciel ; j'ai l'impression au contraire qu'ils fichent le camp, qu'ils rentrent chez eux, ailleurs. Pour moi, il y a là trop de discours et même d'emphase. C'est ce qui explique probablement mon goût pour les Hollandais et les anciens Flamands.

Sachez que dans cette conversation, je n'ai aucune prétention à parler de l'art; je vous livre seulement quelques réactions face à des tableaux. D'ailleurs, si j'avais eu quelque talent, ce n'est pas peintre que j'aurais voulu être, mais sculpteur. J'ai besoin de voir et de toucher les créations de Donatello ou de Michel-Ange, autant que celles d'Arp, de Brancusi ou de Moore, mais aussi les personnages éclatés de Zadkine qui me rappellent la brûlure non éteinte de la guerre. Sans parler, bien sûr, de Rodin, le sculpteur dans l'œuvre duquel j'entre le plus facilement parce que le sujet est chez lui encore historique. Un bronze bien patiné m'attire, j'ai tout de suite envie de le toucher.

Pourquoi suis-je tant enfermé dans le monde du regard ? Pour aucune raison théorique. Je ne vois aucun intérêt à placer les «arts plastiques», y compris l'architecture, au-dessus de la littérature ou de la musique. Idée absurde et sans intérêt. Mais il me semble qu'ayant passé la plus grande partie de ma vie dans le monde de l'écrit, j'ai trouvé dans la peinture et la sculpture la distance dont j'avais besoin pour me dégager de l'écrit auquel j'appartiens tout entier et pour entrer dans le sujet par le corps.

4

L'Amérique latine

F.K. : *Abordons maintenant un des thèmes essentiels de votre recherche depuis plus de trente ans, l'Amérique latine. Pourquoi avez-vous choisi d'étudier le sous-continent américain ?*

A.T. : Je suis allé au Chili à la demande de Georges Friedmann et du recteur de l'Université du Chili pour créer dans cette université un centre de recherches sociologiques, en 1956. Et comme je ne savais pas l'espagnol à ce moment, au lieu de faire des cours, j'ai proposé au petit groupe des chercheurs d'aller sur le terrain. J'ai ainsi passé la plus grande partie de mon temps dans les mines et la sidérurgie à étudier la conscience ouvrière. J'en ai gardé le meilleur souvenir.

Entre-temps, six semaines après mon arrivée, j'ai rencontré une jeune Chilienne rayonnante ; nous nous sommes mariés trois mois plus tard. Elle a quitté sa famille, son métier, sa langue : elle est venue en France et y est restée, non sans difficultés à cause du changement de culture qu'elle vivait et probablement surtout à cause de moi. En retour, j'ai voulu me «chiléniser», alors qu'elle se francisait beaucoup. Évidemment, ces efforts étaient asymétriques puisqu'elle avait quitté son pays et que moi je ne quittais pas le mien. J'ai ainsi toujours eu mauvaise conscience ; j'ai voulu retourner en Amérique latine pour qu'elle voie sa famille et les voyages étant coûteux, j'ai continué à m'occuper de l'Amérique latine pour recevoir au moins un billet d'avion. Moyennant la disparition de mes vacances un an sur deux, je pouvais aller passer là-bas l'été français qui était l'hiver chilien. J'ai publié un livre sur *Les sociétés dépendantes*, puis je me suis pris au jeu, en particulier pour le Chili. Au moment du coup d'État, j'étais à Santiago et j'ai écrit un livre sur la crise et son issue, *Vie et mort du Chili populaire*. Plus tard, au cours d'une période difficile pour moi en France (1981-1985), j'ai décidé de consacrer une grande partie de mon temps à l'Amérique latine. Nous avons passé environ cinq mois par an à Santiago, tout en circulant sur le continent, et il est sorti de ces séjours un petit livre publié en espagnol, que j'ai repris, transformé et augmenté ; il a paru en France en 1988 sous le titre *La parole et le sang*. Dans ce livre se trouve l'essentiel du travail que j'ai fait en Amérique latine. Sans être un latino-américaniste exclusif, je continue à appuyer ma pensée sur des faits et des idées d'Amérique latine autant que sur ceux du « Nord ».

F.K. : *Quelle est la place du sujet dans les sociétés latino-américaines ?*

A.T. : L'Amérique latine est une région où l'idée de sujet n'a jusqu'à présent pas beaucoup pénétré. Pendant trente ou quarante ans après la guerre, la pensée dominante en Amérique latine a renvoyé au thème de la dépendance au sens fort, qui a conduit à dénoncer l'impérialisme, le néo-colonialisme et le colonialisme interne en des termes marxistes, léninistes, castristes. Parmi les intellectuels vénézuéliens, argentins et mexicains, la grande idée a longtemps été que la dépendance extérieure expliquait tout. À quoi bon l'idée de sujet, alors que la grande affaire, pour ces nations, était la tentative de créer leur intégration – tentative qui se solda par un échec ? La pensée qui est le plus facilement reçue par la gauche en Amérique latine est celle du *Monde diplomatique*. Il est d'ailleurs significatif que Chavez, le président vénézuélien, en soit un lecteur attentif. Donc, s'il y a une partie du monde où ce thème du sujet a été peu présent, c'est bien en Amérique latine.

Quelquefois, dans les pays les plus colonisés, des conduites de libération se sont rapprochées de ce thème. En Jamaïque, Bob Marley, personnage religieux, nationaliste, militant de la lutte des classes, en a appelé à une identité dynamique, et en même temps a défendu une culture : la chanson, la danse, les traditions caraïbes. Autre exemple : nous voyons dans le Nord des populations indiennes qui prennent conscience d'elles-mêmes. Les Indiens du Mexique, du Guatemala, de la Bolivie, de l'Équateur, ont créé des mouvements dont le plus célèbre est celui du sous-commandant Marcos et des zapatistes dans le Chiapas. Rigoberta Menchu a fait connaître la souffrance des Quichés du Guatemala. Le mouvement indigène est puissant en Équateur. Les néo-khataristes de Bolivie, eux aussi, ont essayé de lier la démocratie à la défense de l'identité culturelle. Partout, ils veulent subsister comme Indiens et ne pas être détruits par les sociétés forestières et pétrolières ou par l'armée. J'ajoute d'ailleurs qu'il y a eu et qu'il y a à nouveau maintenant un mouvement indien Mapuche, au sud du Chili. Ces mouvements pèsent relativement peu à l'échelle du continent. Le mouvement noir au Brésil, qui a eu aussi des causes économiques, a été fort et créateur, dans le port de Santos en particulier. C'est dans ces catégories-là, où une défense ethnique ou nationale se lie à une volonté d'entrer dans la vie politique dans un cadre démocratique, qu'on peut trouver l'affirmation des droits du sujet. C'est chez les Indiens qu'elle est le plus présente.

F.K. : *Prenons un cas spécifique, que vous connaissez bien : au Mexique, le mouvement plus ou moins dirigé par le sous-commandant Marcos. Comment l'analysez-vous ? Ce gauchiste qui vient prendre la tête du mouvement...*

A.T. : À un grand détail près. Oui, il est gauchiste, mais il s'est éloigné de cette idéologie, alors qu'elle se maintient encore dans d'autres régions. Il passe dix ans dans la forêt, établissant des liens avec la population de la Selva Lacandona, puis finalement les zapatistes déclenchent une petite guérilla avec peu d'armes et essaient de s'emparer de la ville la plus proche, San Cristóbal, la ville dont Las Casas, le théologien pro-indien, avait été peu de temps l'évêque et où monseigneur Ruiz appuie le mouvement indigène. Il y a quelques morts, mais, simultanément, Marcos d'un côté, le gouvernement mexicain de l'autre, comprennent que c'est une impasse. Au bout de quelques jours, c'est la fin de la guérilla et le début d'un mouvement tout différent. La conscience des peuples mayas se renforce et en même temps se lie à une volonté démocratique. Lors des grandes réunions organisées par Marcos, un drapeau mexicain est tendu sur l'estrade. Cette union des deux composantes est difficile : d'un côté existe le risque d'un fondamentalisme indien, et de l'autre celui d'entrer dans le jeu politique et de s'y faire manger. Mon thème principal de conversation avec Marcos à La Realidad fut celui-là. Je lui disais : il faut que vous participiez davantage à la vie politique ; il était d'accord et avait d'ailleurs créé un organisme politique, le Front zapatiste de libération nationale. Mais il en sentait la faiblesse car Cárdenas, candidat à l'élection, cherchait plutôt des voix au centre qu'à la périphérie. Marcos, étrangement, est resté silencieux pendant deux ans, même au moment des massacres de paysans à quelques kilomètres de sa base principale. Maintenant, il reprend la parole. Sa fragilité est grande et l'étau de l'armée se referme sur lui, mais l'écho de son mouvement, en particulier dans les grandes villes, à Mexico surtout, a été et est encore grand et il a reçu un soutien international important. Dans un cas comme celui-là l'intensité de l'action remplace son extension. Surtout si l'on se souvient que le Mexique officiel a toujours cru au métissage et a fait une politique « indigéniste ». Le mouvement indigène est une réponse à l'ouverture économique, aux effets des deux crises mexicaines de 1982 et de 1994-1995 et à l'entrée du pays dans l'Amérique du Nord, mais il a besoin de se trouver un allié ou un appui politique. Face aux mécanismes de rupture interne, il est difficile, pour l'ensemble du continent, de parler d'une politique du sujet, telle que je l'ai définie. Les grands pays vont plutôt vers le centre-droit, et il faut souligner la faiblesse de la droite et de la gauche classiques.

F.K. : *On observe une affirmation des mouvements protestants. Agissent-ils dans le sens d'une affirmation du sujet ?*

A.T. : Les Églises protestantes sont en croissance très rapide, surtout dans certains pays, du Guatemala au Chili. Le terme le plus adapté pour les désigner est celui de « cultes », souvent formés autour d'un prédicateur. Il y a deux analyses possibles de ce phénomène, en dehors de l'explication assez courte qui consiste à dire que tout vient de l'influence américaine. La thèse défendue depuis très longtemps par Christian Lalive d'Épinay et bien développée par Jean-Pierre Bastian, est très originale : elle soutient que cette montée du protestantisme prend la suite des communautés rurales catholiques maintenant affaiblies par l'urbanisation. Le catholicisme populaire se transforme en nouveaux cultes ou en nouvelles Églises protestantes. Le catholicisme avait été pénétré par un syncrétisme important avec des cultes locaux (la Vierge de la Guadalupe est indienne en même temps qu'espagnole) ; il en va de même, du côté protestant, dans les rites de possession. Donc ce protestantisme, essentiellement urbain, est la suite du catholicisme populaire pris dans un climat d'échec et même de répression des mouvements collectifs.

Mais on peut ajouter une autre idée à celle-là. Ces groupes dans lesquels la conversion, la possession, le prophétisme sont si importants, marquent une individualisation de la religion. Ils insistent fortement sur l'expérience religieuse vécue et sur la moralité. Un texte brillant de Bottero à propos de la Bible oppose Ézéchiel, qui est un « traditionaliste » et veut recréer la communauté menacée, à « Isaïe II », qui insiste à la fois sur l'individualisme et l'universalisme ; opposition qu'on retrouve ensuite dans le différend entre Pierre et Paul. Tout en reconnaissant le transfert du catholicisme populaire vers les cultes protestants, c'est davantage cette individualisation du religieux, qui devient de plus en plus une aventure religieuse et morale personnelle, qui retient mon attention.

F.K. : *Pourquoi y a-t-il rupture avec le catholicisme ? Cette individualisation ne pourrait-elle pas se produire au sein même du catholicisme ?*

A.T. : Parce que le catholicisme, là-bas comme dans beaucoup d'endroits, y compris en France ou en Espagne, a été très fortement lié à une organisation communautaire et ecclésiastique. Or la population a été chassée de la campagne vers les villes, et l'alliance du social et du religieux, qui constituait les communautés dans le monde catholique (on peut dire la même chose encore aujourd'hui du monde islamique) se décompose.

Ces Églises et ces cultes protestants ont souvent des attitudes très conservatrices. Lorsque le cardinal chilien Silva a refusé à Pinochet de célébrer dans sa cathédrale un *Te Deum* pour l'anniversaire de son coup d'État, c'est dans une cathédrale protestante que celui-ci l'a organisé. La soumission à l'autorité, l'hétéronomie sont très fortes dans ces cultes qui, parfois, sont mis au service de l'enrichissement des pasteurs. Mais il faut insister sur le processus d'individuation qu'ils portent en eux. La communauté a éclaté, quelquefois les familles aussi, les regroupements dans les villes se défont et donc on voit se répandre l'anomie, l'éclatement urbain, la marginalisation et l'échec, mais en même temps une individualisation du religieux se fraie un chemin, y compris dans les pires conditions.

Si j'ai toujours été très réservé à l'égard de la théologie de la libération, tout en ayant une grande admiration et amitié pour le père Guttierez au Pérou, c'est qu'elle me semble aller dans le sens contraire d'une libération : ce sont des gens de gauche, qui veulent recréer une communauté sociale et même politique. Ils affirment l'identité de la lutte religieuse et de la lutte révolutionnaire, ce qui les a conduits à donner leur appui au castrisme et aux mouvements révolutionnaires de l'Amérique centrale.

F.K. : *Cette individualisation vous semble-t-elle aller dans le sens du sujet ?*

A.T. : Elle anime des gens d'un niveau social bas, voire très bas, comme les Indiens dont je vous ai parlé. Le sujet n'entre en Amérique latine ni par le haut ni par le milieu, mais par le bas ! Car ceux d'en bas sont jetés dans le monde moderne, urbain, ouvert, brutal, dans les pires conditions. C'est l'éclatement de la société qui leur impose la formation d'une identité individuelle. Je n'ignore pas que ces mouvements protestants sont souvent ultra-conservateurs, mais j'attache une grande importance à la naissance d'un lien entre l'individualisme, l'urbanisation et les nouvelles formes de vie religieuse.

F.K. : *Certains sociologues ou anthropologues vous reprochent de ne pas avoir suffisamment tenu compte de la religion, de sa signification au sein des sociétés latino-américaines et surtout de son impact sur la conscience des divers groupes constituant des mouvements sociaux ou participant au pouvoir.*

A.T. : Il y a du vrai dans ce reproche. Ma principale réponse est que mon objectif n'était pas de tout dire sur l'Amérique latine. Ma préoccupation était d'étudier les relations du social et du politique, et pendant cette période – de 1950 à 1990 –, l'action des mouvements sociaux et politiques urbains et même ruraux était peu marquée par la religion. Après 1910, le continent a été dominé par la révolution mexicaine, qui a déclenché une persécution antireligieuse, comme en URSS, en particulier dans l'État de Tabasco, ainsi que par le mouvement étudiant de Córdoba en Argentine, qui a eu des effets dans beaucoup de pays. Le continent a été dominé par des mouvements socio-politiques; la religion y a joué un rôle relativement faible, dans la mesure où la politique était essentiellement urbaine et où la population urbaine était très peu encadrée par un clergé peu nombreux et dont la moitié était d'origine étrangère. Le monde politique latino-américain a été un monde laïque. J'avais donc le droit d'isoler le couple formé par les acteurs sociaux et la vie politique.

J'avais tout autant le droit de ne pas considérer comme essentiel le problème de l'économie illégale et en particulier de la drogue. Si j'avais à faire aujourd'hui le même livre, il est évident que je serais obligé d'écrire de nombreuses pages sur l'économie illégale. On ne peut pas comprendre la situation de la Bolivie, de la Colombie et, dans une certaine mesure, du Mexique – ni celle de nombreux territoires dans les Caraïbes –, sans parler de ces phénomènes. Et je traiterais certainement beaucoup plus de la vie religieuse.

L'important est de comprendre que les explications *sociales* du religieux sont toujours médiocres; on ne peut pas se passer d'une explication *religieuse* du religieux, comme le souligne J.-P. Bastian. Vous pouvez parler de religion traditionnelle, de religion préchrétienne, mais si vous dites que ces cultes sont simplement une réaction à la décomposition urbaine, vous ne séparez plus la religion du trafic illégal de drogue ou des paris sur les chevaux, si importants au Brésil ! Les spécialistes du protestantisme en Amérique latine l'ont bien compris.

F.K. : *Il semblerait que cette économie illégale devienne une sorte de contre-économie, plus ou moins intégrée dans l'économie mondiale par le biais du blanchiment, à côté d'autres facteurs. C'est immoral, illégal, mais cela prospère...*

A.T. : L'économie de la drogue, c'est l'économie de marché sous sa forme pure. Le monde est pour une grande part dominé par des multinationales et par des institutions internationales comme la Banque mondiale ou le FMI, mais il y a au moins un secteur qui est organisé selon les lois du marché, c'est celui de la drogue et de la contrebande. On insiste sur la nécessité d'abaisser les barrières et d'agir selon les critères de marché ; or le *narcotráfico* agit tout à fait selon ces principes et répond à la demande des États-Unis ou de l'Europe occidentale. Ce qui apporte aux producteurs de coca des revenus supérieurs à ceux que donnent les autres cultures.

L'économie illégale est d'autant plus forte que l'État est plus faible, comme ce fut le cas en Bolivie, qui vivait des mines et où le pouvoir administratif, en dehors des régions minières et des grandes villes, était inexistant. La Colombie, de même, est un pays qui, certes, avait un État mais aussi une grande fragmentation, en particulier entre les régions de Cali, de Medellín et de Bogotá. Il n'y a pas de forces qui soient actuellement capables de lutter contre l'union de la drogue et des guérillas ou des groupes paramilitaires. La faiblesse des systèmes politiques et des États joue fortement en faveur de l'économie illégale. En ce moment, on assiste à une baisse de la consommation de drogue aux États-Unis grâce à un contrôle policier plus fort. Si les pays d'Europe en faisaient autant, on verrait la production baisser, car à partir du moment où les prix de la coca baissent, des cultures de substitution deviennent possibles. Mais cela est superficiel.

Nous avons nous aussi en Europe des pays comme l'Albanie, le Monténégro, le Liechtenstein et d'autres, où l'économie illégale joue un très grand rôle. Pour l'instant, la logique du marché, de la consommation et du profit, liée à une dose plus ou moins forte de corruption qui assure les soutiens politiques nécessaires, couplés avec la faiblesse des appareils d'État et de l'intégration nationale, explique le fort développement, dans cette partie du monde et dans d'autres, de l'économie de la drogue. Le démembrement des sociétés nationales est un phénomène général.

F.K. : *Est-ce qu'à travers ces phénomènes illégaux et souvent immoraux (économie de la drogue, de la délinquance, etc.), le sujet ne s'affirme pas ?*

A.T. : Non, vous ne me ferez pas faire un pas dans cette direction-là. Je vais exactement dans le sens contraire. L'économie illégale a deux aspects : l'économie de marché illégale et l'économie interétatique. Il n'y a pas de grands contrats d'armement ou de travaux publics où il n'y ait pas de corruption. Les Français connaissent bien la vente des frégates à Taiwan, un marché de 16 milliards sur lequel se répartirent 3 milliards de commissions ! La logique de l'État et celle des rapports entre États sont au plus loin de ce que j'appelle le sujet, et la logique du marché, séparée de toute autre considération, en est tout aussi loin. Ce qui est le contraire du sujet, c'est la logique interne et rationnelle des systèmes, la puissance de l'État ou du marché. Ces logiques qui se traduisent dans les médias, dans la consommation, dans tous les aspects de la vie, sont le contraire du sujet. Non, le sujet n'est pas dans le cartel de Medellín !

F.K. : *Pas dans le cartel, mais le petit paysan qui arrive à joindre les deux bouts...*

A.T. : C'est un calcul économique ! Les mineurs boliviens étaient très organisés et très à gauche. Un nombre non négligeable d'entre eux, après la fermeture des mines, se sont réemployés dans une région, le Chapare, près de Cochabamba, où ils produisent de la coca. Quand on attaque cette production, ils remontent la filière de la cocaïne, élaborant un produit de base dans de petits ateliers artisanaux, et si on les pourchasse, ils commencent à devenir des commerçants. Ici ne compte que l'intérêt : il produit du non-sujet.

F.K. : *Je suis personnellement de votre avis, mais, si vous le voulez bien, explorons un instant cette idée. Quand on vit dans un monde où la seule solution, pour s'en sortir, consiste à entretenir des relations avec la mafia, est-ce qu'on ne constitue pas son individualité en s'affirmant au sein des groupes voués à l'économie illégale ?*

A.T. : Ils sont fortement autoritaires ! J'ai visité un quartier de Saint-Domingue tenu par des dealers : certes, quand quelqu'un a des difficultés, ils donnent de l'argent à sa famille, mais c'est un paternalisme très autoritaire ; le trafic de drogue n'a pas d'élément démocratisant ! Il repose sur des méthodes de survie, voire de mobilité ascendante illégales, comme ce fut longtemps le cas aux États-Unis. De tels mécanismes de montée sociale sacrifient ou détruisent le sujet. La situation a été différente chez les Noirs américains, où bien des groupes se sont lancés à l'inverse dans le culturalisme et la rupture politique, comme l'a fait Malcom X. Jusqu'à ce que vienne Martin Luther King qui était surtout soucieux d'égalité et d'intégration mais a défendu efficacement les droits de ceux qu'on appelle maintenant les Africains-Américains.

Il ne faut à aucun prix confondre les efforts d'intégration sociale avec la recherche du sujet. On pourrait presque dire le contraire : est-ce qu'il est possible, dans une situation d'exclusion, de se constituer en sujet ? J'ai toujours répondu que ce n'était possible que si, à côté du manque, se maintient une identité politique, religieuse, ethnique, professionnelle et locale. Il faut qu'existe un principe d'identité et la défense d'attributs positifs pour que se forme un mouvement de libération.

F.K. : *Pour le Brésil, il y avait une spécificité : la langue, les dimensions mêmes du pays, la décentralisation de l'État. Vous parliez aussi d'un mouvement de type religieux ?*

A.T. : Le Brésil a été, depuis le XIXe siècle, un pays où, de par son immensité et l'isolement de beaucoup de populations ou de communautés, sont apparus beaucoup de mouvements millénaristes ou messianiques. Le Brésil est le pays des messies. Dans une période plus récente, des mouvements sociaux ont été coiffés par des militants religieux. Au début j'ai pris position en faveur du MST, le mouvement des sans-terre et de ceux qui se sont emparés illégalement de lopins de terre, les *posseiros*, alors que des riches du Sud s'emparaient, de manière tout aussi illégale, de territoires très vastes et faisaient assassiner ces *posseiros*. Certes des personnalités religieuses sont intervenues depuis longtemps pour soutenir les mouvements populaires : monseigneur Helder Camara, l'archevêque de Recife ou, dans une orientation plus marxisante, le cardinal Arns, de São Paulo, que le pape a mis à l'écart. Mais le mouvement des sans-terre, qui est dans son principe un mouvement social, a été repris en main par les politiques et en est venu à occuper des terres productives.

Ce qui est très frappant dans l'Amérique latine d'aujourd'hui, c'est donc la faiblesse des mouvements sociaux face à l'importance des phénomènes de crise urbaine et d'émigration intérieure ou internationale. L'Amérique latine est un continent plein de situations révolutionnaires mais qui a connu très peu de révolutions proprement dites : la révolution mexicaine, la révolution bolivienne de 1952, la révolution sandiniste. Le castrisme fut plutôt une guérilla victorieuse. Ailleurs, on voit du désordre, des coups d'État militaires, de la corruption. Pourquoi si peu de mouvements sociaux ?

Je vous ai donné la moitié de la réponse tout à l'heure ; je vais vous donner l'autre moitié maintenant. La première moitié de réponse, c'est la domination extérieure qui dirige la protestation vers un ennemi extérieur. La deuxième, c'est que pratiquement tous les pays d'Amérique latine ont eu pendant longtemps une forte capacité d'extension de la classe moyenne : fonctionnaires, employés, ouvriers, commerçants ont eu leur part d'un gâteau dont la taille a augmenté. Partout où la logique politique l'emporte, le sujet, le mouvement social, la démocratie perdent la bataille. Ces deux facteurs, domination extérieure et capacité d'intégration intérieure associée à la prédominance de l'État sur la société, expliquent la faible formation d'une politique du sujet. Mais j'attends un réveil de l'action collective.

F.K. : *Est-ce que dans les sociétés latino-américaines, les femmes affirment une subjectivité autonome ?*

A.T. : Les mouvements dits féministes, qui sont d'origine nord-américaine dans certains pays, européenne, en particulier française, dans d'autres, sont restés des mouvements élitistes, de peu d'influence, et qui ne marquent pas aujourd'hui la vie nationale. En revanche, lorsque François Dubet a fait une étude dans des faubourgs de Santiago, il a pu voir que les femmes jouent un rôle central dans la vie sociale. Pour deux raisons, déjà signalées par des chercheuses chiliennes : tout d'abord, il se trouve que souvent les hommes font des enfants puis partent et que donc la cellule familiale est formée d'une mère et de ses enfants, souvent de différents pères. Dans les quartiers, les demandes pour un dispensaire, une école, un poste de police sont formulées par les femmes. On voit d'autre part se former des groupes de femmes qui parlent de leur vie personnelle et même de leur vie sexuelle. Il y a donc en bas de la société une capacité d'action féminine que je crois supérieure à ce qu'elle est en Europe ou aux États-Unis, alors qu'en haut de la société, ce sont les femmes des États-Unis et d'Europe qui sont les plus actives et les plus visibles. C'est vraiment en bas de la société que les femmes d'Amérique latine construisent, à partir d'actions de survie, leur volonté d'agir comme des sujets. L'idée de l'homme comme autorité et de la femme comme amour devrait être suspecte aux yeux des Latinos. Telle n'est pas leur culture. Chez eux, c'est la femme qui a l'autorité.

5

L'émergence du sujet

F.K. : *À vous écouter et à vous lire, on a le sentiment que vous montrez les voies par lesquelles se fabrique de la subjectivation : l'amour, la contestation, la participation aux mouvements culturels et sociaux. Pourtant, il y a aussi de la désubjectivation. Pourquoi le sujet n'hébergerait-il pas une part d'ombre en lui-même? J'ai l'impression que vous répugnez à parler de cela. Vous avez lu Les particules élémentaires de Houellebecq. On voit très bien que cette démultiplication d'expériences sexuelles sans amour est destructrice pour le sujet.*

A.T. : La priorité est d'abord de rejeter toute définition de l'être humain qui se fonde sur le respect des règles, des normes, etc. Quand quelqu'un casse les belles définitions et dit, comme le dit Houellebecq : d'un côté, il y a la science ou Dieu, de l'autre côté, il y a le sexe, cela devrait me désespérer professionnellement, puisqu'il nie l'existence du social, des niveaux intermédiaires. En fait, je suis heureux, parce que je refuse que ce monde intermédiaire commande, impose ses normes et ses idéologies. Je veux que ce soit le sujet qui soit libre. Je ne souhaite pas du tout qu'on s'en tienne à une rupture à la Houellebecq; il faut reconstruire, et cette reconstruction doit se faire d'abord au niveau de l'individu qui devient sujet. Mais ce n'est jamais complètement réussi, et comme il y a toujours tendance à la moralisation, à la création et à l'imposition de normes, c'est le rôle de l'écrivain ou de l'artiste d'insister sur le geste et la nécessité de la rupture. *Si le grain ne meurt.* Mais il faut bien tout de même que la graine fasse pousser la plante !

F.K. : *En même temps, le livre de Houellebecq montre un arrière-plan de désespoir inexprimé, de désarroi. N'est-ce pas cela qui empêche la construction du sujet ?*

A.T. : Je ne le sens pas ainsi. À partir du moment où vous souffrez de cet éclatement, vous cherchez par l'individu ou par le groupe à devenir un sujet. Vous comprenez surtout que vous ne pourrez pas réunir le sexe et Dieu ou le sexe et la science dans une cité idéale, que vous ne pourrez le faire que de manière limitée et fragile, et dans un effort individuel, interindividuel et collectif visant à rapprocher, combiner, ce qui a été séparé. C'est l'image qui, depuis une dizaine d'années, s'impose le plus fortement en moi. J'ai abandonné une image historique, héroïque et masculine. Car il faut avant tout s'opposer à la recherche du pur, de l'homogène.

F.K. : *Autre forme de désubjectivation, qui me paraît symptomatique : notre monde éradique la culpabilité...*

A.T. : Si vous êtes responsable, et que vous n'assumez pas bien votre responsabilité, vous éprouvez de la culpabilité. Si vous vous sentez responsable, c'est par rapport à une valeur ou à une loi de quelque type qu'elle soit. Il n'y a plus de loi divine, donc plus de culpabilité dans ce sens ; mais à sa place apparaît l'idée de sujet. Ce que tous les êtres humains ressentent plus ou moins, c'est la *honte* de ne pas s'être comportés en sujets. De Gaulezac l'a bien vu. Exactement comme si d'un pont de la Seine vous aperceviez quelqu'un en train de se noyer. Vous avez peur de sauter de si haut, mais vous avez honte si vous ne sautez pas. Je ne dis pas pour autant que vous êtes coupable...

F.K. : *Mais comment construire une vraie éthique sans sentiment de culpabilité ? Est-ce possible ? Dans l'amour, on retrouve le même dilemme : comment construire un amour à deux tout en préservant l'autonomie totale de chacun ? L'instabilité de l'ego moderne ne trouve-t-elle pas là l'une de ses sources ?*

A.T. : La fragilité, l'instabilité du sujet, c'est évidemment la disparition progressive des normes de stabilité qui étaient maintenues à la fois par la loi et par l'opinion publique. Une conception religieuse crée une société où il y a moins de divorces qu'une société hédoniste sans aucun principe supérieur; c'est vrai. Mais la question que vous posiez est : ne faut-il pas une culpabilité par rapport à l'extérieur ? Je vous réponds que cela ne peut être remplacé que par la culpabilité par rapport à soi. La honte, c'est ça : je ne me suis pas bien comporté, je ne peux plus me regarder dans la glace. Nous vivons tous sous cette menace.

Comment peut-on traduire juridiquement ce que j'ai défini jusqu'ici en termes psychologiques ? Comment peut-on traduire dans le droit un point de vue moral ? Je vous donne ici ma position générale : une institution, c'est une avancée faite par le sujet dans et contre les logiques opposées qui dominent le social. Ce qui veut dire qu'il faut des institutions protectrices, des « libertés » négatives, à l'anglaise. Est-ce qu'on peut aller plus loin ? Oui. Je m'étais associé au mouvement de Kouchner et Bettati pour le droit à l'ingérence, que nous pratiquons au Kosovo, et je soutiens l'action judiciaire espagnole et française contre Pinochet. L'ingérence, oui, lorsqu'il y a expression par les acteurs de leur volonté de liberté et de responsabilité. Alors, celui qui est extérieur peut s'ingérer pour faire respecter leur droit à la liberté et à la vérité. Il est important de faire respecter la volonté des peuples et la dignité des individus. C'est vrai qu'on a souvent utilisé ce prétexte pour mener des entreprises coloniales, mais nul ne s'y trompe. Il faut absolument maintenir le droit de chacun à être reconnu comme sujet. Sans Garzón, il n'y aurait pas eu de procès chilien de Pinochet.

F.K. : *Est-ce qu'un même sujet peut à la fois s'efforcer de se réaliser et s'imposer des normes morales ?*

A.T. : Le sujet n'est pas un individu concret. Un individu peut ou non se comporter comme sujet. Au centre il faut placer le vide, non les normes ; donc l'être humain en tant que sujet face à lui-même. Vous pouvez trouver ici une vision un peu protestante de l'homme face à sa conscience. Enlevons la référence divine qu'il y a dans le mot « conscience », je dirai : la capacité de se regarder. Cet espace est constitué par cet acte même. Si je me laisse aller dans le divertissement, alors tout l'espace intérieur est rempli. Il faut que je m'écarte de mes activités, de mes divertissements, de mes devoirs pour définir mon rapport à moi-même.

F.K. : *Je reviens sur l'amour, parce que je crois que c'est fondamental. Dans le dialogue platonicien* Phèdre, *Socrate commence par tenir un discours très négatif sur l'amour : l'amour, c'est la jalousie, l'impossibilité d'être lucide, etc. Puis il change totalement de discours et propose une seconde version de l'amour qui est exactement la vôtre : l'amour nous rend capable de nous ouvrir à l'autre, de nous constituer comme être humain. Mais il le fait parce qu'il a un démon intérieur qui le met en garde contre ce péché qui consiste à dévaloriser l'amour et à vouloir briser sa dimension fondamentale qui procède du sacré. Or, votre sujet n'a pas ce démon à sa disposition !*

A.T. : Je vous répondrai avec Jean-Pierre Vernant : les Grecs ont un *daimon* parce qu'ils n'ont pas de Je. L'individualisme, l'idée de conscience individuelle sont tout à fait étrangères à la pensée grecque. Je pense que cette notion nous est davantage venue d'un monde religieux monothéiste.

F.K. : *En même temps, il dit : cet amour me donne la capacité de délirer, dans le sens positif.*

A.T. : En Grèce, je ne suis pas amoureux, l'amour me transperce avec sa flèche.

F.K. : *La positivité de l'amour est aussi liée à la présence de ce* daimon. *Comment le sujet peut-il s'assurer de la positivité de l'amour ? On en voit surtout les tribulations, l'instabilité, bref tout ce qui contribue à la désubjectivation.*

A.T. : Si une relation amoureuse, satisfaite ou non, vous fait vous découvrir vous-même à un niveau d'intensité ou de particularité non encore connu, vous devenez un sujet. Pour moi, un sujet amoureux, c'est une expression presque redondante. L'amour a pour premier contenu d'être un rapport entre sujets. Les amants vivent dans le non-social, le non-assuré, le non-institutionnel; ils partagent un désir d'amour qui, le plus souvent, c'est vrai, se termine mal. Le vrai problème est : est-ce que l'amour, en ce sens-là, est une passion? Non! *La passion est la désubjectivation.* Elle m'emporte hors de moi. Elle est destruction de soi. Mais il n'y a pas d'amour sans passion, pas de subjectivation sans désubjectivation. On pourrait le dire probablement pour tous les niveaux du sujet : le narcissisme, c'est de la désubjectivation. La démocratie, si elle devient la corruption générale ou la démagogie, se transforme en désubjectivation. La plupart du temps on ne vit pas dans la démocratie, mais dans un libre marché politique, qui n'a pas grand-chose à voir avec la démocratie, et qui permet seulement à plusieurs entreprises politiques de s'organiser pour gagner le pouvoir par l'intermédiaire d'un vote, d'une enquête d'opinion publique en grandeur nature. Donc j'accepte votre idée de désubjectivation, essentiellement quand la combinaison, la synthèse, l'intégration ne s'opèrent pas. Vous avez raison de souligner qu'il n'y a pas de subjectivation sans désubjectivation.

F.K. : *Oui, mais vous convenez avec moi que les repères sont en voie de déliquescence?*

A.T. : Non! Les repères religieux, coutumiers ou institutionnels disparaissent. Mais inversement, nous voyons se renforcer des impératifs intérieurs : respect de l'autre, dignité, solidarité. Tout ça n'est pas du bidon. L'humanitaire n'est pas seulement une comédie ou une manière de cacher l'impérialisme, même si la critique de Rony Brauman est forte!

F.K. : *Mais l'instabilité, qui est inscrite au cœur du sujet moderne...*
A.T. : Je vous rappelle la définition de Baudelaire : la modernité, c'est l'éternité dans l'instant; ce n'est pas uniquement l'instant, le changeant, le fuyant, les jeux de la mode. Dans le cas de Baudelaire, c'est essentiellement par l'esthétique que l'éternité

entre dans l'instant. Pour moi, le sujet est non pas l'éternité, mais un jeu de regards dans l'instant. Si je suis dans l'instant un sujet, je suis d'une certaine manière au-delà du temps.

F.K. : *Vous pensez que l'instabilité n'est pas désubjectivation ?*

A.T. : C'est le contraire ! La subjectivation suppose l'instabilité, la désinstitutionnalisation, la désorganisation, la crise, la foi, la découverte, l'affirmation d'un idéal : tous ces mots qui défient l'ordre du temps et de l'espace définissent le sujet. Ce qui me fait faire une parenthèse : je pense que l'utopie est le contraire de la construction du sujet. L'utopie crée un espace total, c'est le monde de la communauté, c'est le maximum de stabilité, le phalanstère de Fourier ou même l'île heureuse de Thomas More ; c'est dangereux. Au contraire, il faut voir le sujet comme l'extrême pointe de l'individualisme, c'est-à-dire l'extrême limite du temps et de l'espace.

F.K. : *Mais vous n'avez pas le sentiment que le sujet, c'est celui de* La métamorphose *de Kafka ?*

A.T. : Un monde où vous êtes enfermé et qui n'a pas d'autre règle que de vous enfermer ne peut faire naître le sujet que par l'angoisse.

F.K. : *Je pense au* Cri, *d'Edvard Munch. On y voit un sujet seul, totalement abandonné, brisé par la douleur, entre la mort et la folie.*

A.T. : Ce tableau me touche tant que j'en ai une reproduction chez moi. Vous êtes là dans l'intensité de la désubjectivation. Je crois à l'existence d'une désubjectivation interne, et pas seulement par la conquête du pouvoir. Nous sommes alors dans l'impossibilité de gérer nos sentiments, nos réactions. À mesure que nous devenons potentiellement, plus directement des sujets, nous devenons plus fragiles, plus exposés à la désubjectivation.

L'émergence du sujet

F.K. : *Je pense aux tableaux de Bacon où l'on voit un sujet tuméfié, et quand deux personnes se trouvent ensemble, il s'agit de deux solitudes en présence.*

A.T. : Je considère Bacon comme un des plus grands peintres de son époque. Il décompose le visage. J'ai fortement le sentiment qu'en détruisant le personnage et en particulier le regard, il marque un vide, un non-sens qui appelle quelque chose que je ne peux ou ne veux réaliser ; c'est un appel à un sujet constamment désocialisé, mis en crise. Depuis cent ans, nous vivons la destruction des rôles sociaux établis. Nous avons la volonté de détruire non pas le sujet, le regard, l'inconscience, mais la réduction de cet invisible à des formes socialement réglées. Si vous prenez Baudelaire comme le point de départ de la modernité, apparemment vous n'y trouvez que de la sexualité, du mystère et de l'absence, mais les lecteurs de Baudelaire lisent surtout sa souffrance et sa recherche de l'amour à travers la sexualité et le vide social.

F.K. : *Vous avez une immense capacité de convertir le négatif en positif!*

A.T. : Un peu trop! C'est probablement ma formation catholique qui me pousse à tout prendre en charge. La notion de péché ne m'intéresse plus depuis longtemps, mais j'ai toujours aimé le caractère à la fois dramatique et sensuel du monde catholique. Je devrais, moi, être protestant ; mais je préfère les catholiques, même si je suis extérieur au monde religieux!

F.K. : *Quelle est la relation du sujet moderne avec l'histoire, avec le passé, avec l'avenir ?*

A.T. : Est-ce que l'image d'une humanité emportée par le fleuve du temps est une définition suffisante de la modernité ? Non, et à bien des égards, la modernité est le contraire. C'est une sortie du temps, contre une idéologie progressiste de l'évolution des choses à la Victor Hugo. L'individu est privé de son temps, il court après le temps, il ne peut plus prendre son temps. Au niveau collectif, le poids du présent a largement remplacé la prévisibilité à long terme que nous avions quand nous faisions des plans à cinq ans ou à trente ans. Mais j'ai envie de dire immédiatement : le dieu, autrefois, c'était le passé, puis ça a été l'avenir et maintenant il n'y a plus de dieu et tout s'analyse dans le présent en fonction des rapports des uns avec les autres.

Donc, ma première réaction est de dire que nous sommes dans une période peu intéressée par la durée historique, où les enfants confondent les siècles. Dans le cours du dernier siècle, nous avons saisi notre société essentiellement en termes de temps ; maintenant, je la définirai davantage en termes d'espace et de relations, puisque nous disons le premier, le deuxième, le troisième monde, le centre et la périphérie, les banlieues. Les références spontanées aujourd'hui sont des références spatiales, ce qui vient en partie de la proximité du lointain que crée la télévision.

F.K. : *Mais cela ne change-t-il pas la nature du politique, qui était la gestion de la société dans le temps ? N'est-ce pas une des raisons du désintérêt partiel pour le politique ? Comment reconsidérer le politique ?*

A.T. : J'hésite à parler de disparition du politique. Il y a une crise de la représentativité politique, parce que d'un côté l'avenir est constamment changeant et qu'il est mal contrôlé et mal connu. Et de l'autre, nous avons l'impression d'être enfermés dans des ensembles très difficiles à mouvoir. Savoir, dans ce monde complexe, ce qui va se passer à long terme est quasiment impossible. L'arrêt sur image ne veut pas dire que le temps est tout à fait arrêté et qu'il n'y a pas de dimension temporelle dans l'expérience, mais cela veut dire, je crois, que nous raisonnons non pas en termes d'évolution de l'objet, mais à la fois en termes d'orientations personnelles et de ruptures soudaines dans le monde de l'objet. Nous sommes moins intéressés à dire : «dans dix ans, les voitures seront comme ceci ou comme cela», et plus à choisir entre divers avenirs.

F.K. : *Mais en fait, c'est entre les générations qu'il y a rupture, puisqu'une génération s'adapte et l'autre pas. Donc, l'arrêt du temps c'est pour la génération qui ne s'adapte pas...*

A.T. : Pour les jeunes, il y a aussi un arrêt du temps puisque, tout d'un coup, une grande partie de l'héritage culturel et technique devient périmée et que les techniciens et les scientifiques proposent constamment de nouvelles solutions. Cette perte du sens de la durée, ce difficile passage entre le passé et l'avenir sont des effets de la domination des marchés. Si nous vivons dans un présent sans épaisseur, nous ne pouvons pas poursuivre les lignes du passé vers l'avenir, nous sommes immobiles et disposés à suivre n'importe quelle technologie ou le mouvement du profit.

F.K. : *Ce privilège accordé au discontinu, est-ce que ça n'affaiblit pas le sujet ? La trame du temps, c'est celle de notre conscience, de notre vécu ; on ne peut pas se défaire du temps. Le temps est malmené. Comment un sujet peut-il se construire, dans ces univers de discontinuités, et avoir une certaine permanence ? On ne peut pas être tel sujet et puis, l'instant d'après, tel autre !*

A.T. : Bien sûr, nous avons une certaine continuité, nous cherchons à faire de notre vie une histoire. Le règne du présent nous place dans un certain contexte, intellectuel encore plus que technique, et il est très difficile de passer d'un monde à l'autre. Je sais très bien que j'appartiens au passé, dans la mesure où je n'ai pas la maîtrise des techniques de communication modernes et des modes de pensée qui les utilisent. Est-ce que cela change ma conscience et mes moyens de travailler ? Assurément oui. On peut se procurer plus facilement qu'avant des textes étrangers, des bibliographies, et tout cela nous désenclave. C'est positif.

Mais le résultat principal de ces évolutions est que l'union de la nature et de l'esprit qui a caractérisé les deux derniers siècles a disparu, parce qu'on se retrouve tout d'un coup face à un noyau dur de sciences de la nature et, de l'autre côté, à une définition de soi non plus comme *homo faber* ou même *homo loquens* mais comme sujet. D'où la dissociation accélérée de la situation et de l'acteur, alors que nous avons toujours, et surtout au cours des deux derniers siècles, défini l'être humain par sa place dans l'histoire, par l'infrastructure dont sa société dispose.

F.K. : *Le sujet peut-il avoir la prétention de s'autofonder de manière conceptuelle ou émotionnelle, ou doit-il être constamment plongé dans un univers de sens concret ?*

A.T. : Le sujet ne peut pas se référer à un être absolu ou transcendant. Une fois l'image religieuse du monde disparue, on l'a remplacée à l'époque des Lumières par l'idée d'un sujet ou d'une raison abstraite et ensuite par un esprit qui se réalise à travers l'histoire. Je me sens loin de cette manière de penser. La réflexion moderne dans les sciences humaines est née du grand bouleversement de la fin du XIXe siècle, qui a consisté à casser cet esprit absolu, ce Moi transcendantal, et à reconnaître la rupture entre le système et l'acteur. Ce fut la deuxième étape de la modernité, après la première qui fut la rupture du monde religieux et la séparation entre le monde de l'intellect et le monde de la volonté. Rupture manifestée par le dualisme de Descartes. Nietzsche, Freud et aussi Max Weber nous ont fait entrer dans une troisième étape.

Désormais il n'y a plus d'ordre, plus d'intégration du système et des acteurs. Or à quoi sert la notion de sujet transcendantal si ce n'est pas pour permettre l'intégration du système et des acteurs ? La main invisible, dont parlaient Smith et Bentham, leur permettait de dire que l'acteur et le système sont les deux faces de la même réalité. À partir du moment où toute unité supérieure de ce type disparaît, on va ou vers une décomposition postmoderniste des ensembles, ou vers la reconstruction autoritaire ou communautaire d'un principe d'unité ou enfin vers la recherche d'un sujet personnel.

Lorsque je parle du sujet, c'est d'un point de vue exactement opposé à celui de la transcendance. Je recours à ce qui résiste à la société, c'est-à-dire au singulier, à la conscience de l'individuel, au désir d'être un acteur individuel. Voyons plus large : ce qu'il y a de commun entre anciennes et nouvelles sociétés, c'est que toutes reposent, au moins en partie, sur un principe non social. Il n'y a pas

L'émergence du sujet

de société purement « sociale », sauf les sociétés totalitaires, qui détruisent tout. Mais longtemps les sociétés ont été limitées par en haut, par un universel religieux ou par les universaux de la raison, de l'histoire, de l'esprit. Maintenant, depuis Hiroshima, Auschwitz et le Goulag, le recours à la transcendance est devenu impossible. Mais après un siècle où nous nous sommes laissé enfermer dans la société, nous découvrons, sous mille formes, l'existence du non-contrôlable, soit dans la sexualité, soit dans la violence, soit encore en découvrant le sujet comme rapport de l'acteur, individu ou groupe, à lui-même.

Pouvoir dire « Je » devient la principale force de limitation de l'emprise du social sur l'acteur. C'est l'idée à laquelle je tiens le plus, celle dont ma vie intellectuelle entière a été la découverte progressive. Elle a toujours été présente chez moi, mais peinte à travers d'autres couleurs qu'aujourd'hui, celles qui correspondaient au triomphe des grands projets historiques. Depuis que cette idée a disparu – et pour moi elle a disparu très vite, en 1956 avec les soulèvements de Poznan et de Budapest, mais en fait avant –, je n'ai avancé ni vers l'individualisme marchand ni vers le vitalisme. Dans ce monde où il n'y a plus de structures, où il y a des actes, des processus, des changements, de l'imprévisible, des risques, l'individu et la société cherchent à être maîtres d'eux. Nous dominions la nature et par conséquent nous affirmions notre être par notre faire ; or ce faire échappe à nos mains. Nous avons peur des risques, nous parlons beaucoup du principe de précaution, c'est-à-dire que nous cherchons à nous garder de ces risques. Nous avons l'idée que nous sommes responsables face à ces risques et que le principe d'évaluation des situations est de savoir si elles aident ou non les sujets à donner sens et unité à leur vie. La difficulté est ici, je le répète, de se garder de tout retour à l'idée d'un besoin fondamental. Tant d'auteurs ont écrit sur le bien ; or je veux me passer de toute référence de ce type-là.

6

Le sujet comme rapport à soi

F.K. : *Vous insistez sur la dimension non réalisée, non réalisable, du sujet : il ne peut pas se réaliser entièrement, et en même temps vous dites que les moments où il se sent comblé ou réalisé sont minoritaires. Il y a du sujet, mais dans la société il n'y a pas que du sujet.*

A.T. : Je me suis d'abord battu pendant trente ans pour défendre l'idée d'*acteur*, mais aujourd'hui il me semble beaucoup plus pertinent d'insister sur l'idée de *sujet*, car on n'est acteur que dans la mesure où l'on se constitue soi-même comme sujet de sa propre vie et de ses actes. Il est important d'aller au cœur des choses, à la notion centrale – celle de sujet. On est dans l'erreur si on limite le monde du sujet à celui du héros moderne. L'homme en chemise blanche, à Tienanmen, devant les chars, est un héros. Mais évidemment, il n'y a pas que des héros dans le monde. Dans une société dite religieuse n'y avait-il que des saints ? Les autres n'étaient pourtant pas indifférents à la religion.

De même, la référence au sujet et sa mise en cause sont partout : nous vivons dans ce monde-là, comme nous avons vécu pendant un siècle et demi dans l'histoire. Le marxisme était une idéologie dominante, la manière dont notre société se représentait elle-même. Nous agissons en fonction des catégories qui organisent notre représentation du monde social. Ma vie a connu le passage d'une société industrielle, qui se pensait historiquement, à une autre société où tout se passe par référence à une forme plus directe, plus individuelle, plus fragile aussi, du sujet.

Aujourd'hui, le souci de soi comme valeur centrale est partout présent. En bien et en mal. Le sujet en est la version positive ; la version négative est la subordination des acteurs à un système de pouvoir qui casse les structures sociales pour laisser l'individu flexible sur le marché ou le soumettre à une idéologie. Je vous ai dit quelle importance j'attribue aux efforts pour réintroduire ce qui a été écarté, rejeté, infériorisé par le modèle européen rationaliste et en particulier pour réinventer le corps, l'imaginaire, la diversité culturelle, pour l'égale considération accordée aux hommes et aux femmes. Les références à de grandes valeurs ont disparu et sont remplacées par un individualisme de l'authenticité et de l'ouverture aux autres : responsabilité personnelle, responsabilité collective. Cela commence dans les conduites les plus proches : le souci du corps, de l'esthétique. Dans la gymnastique et la recherche de la forme, il n'y a pas qu'une dimension commerciale ; les femmes se font des soins pour elles-mêmes. D'où l'image de la beauté comme unité, comme rapport à soi. L'estime de soi suppose le regard du sujet sur lui-même. Le thème du rapport à soi est donc partout présent.

Quant au thème de la différence ou de l'altérité, il n'avait pas lieu d'être auparavant, puisque les principes transcendants imposaient une unité des êtres humains au-delà de leurs différences. Aujourd'hui, les transcendances ayant disparu, le problème est plutôt : comment pouvons-nous vivre ensemble tout en étant différents, c'est-à-dire comment peut-on communiquer entre gens différents ? Quotidiennement, nous faisons des choix qui nous définissent par rapport au problème de l'altérité. Prenons l'exemple utilisé par Simonetta Tabboni dans son étude sur une école italienne où les instituteurs reçoivent des enfants albanais et tunisiens. Que doivent-ils faire ? Leur permettre de parler albanais ou arabe : ils respectent alors leur identité, mais les marginalisent, voire les infériorisent ; ou bien leur dire : vous êtes des petits Italiens comme tout le monde. Vous leur donnez certes de meilleures chances, mais vous détruisez leur identité en leur disant : soyez comme tout le monde, c'est-à-dire comme nous. Ce sont là des dilemmes quotidiens, puisque nous voulons à la fois avoir accès à la scène mondiale et garder notre «personnalité».

Pendant la guerre de 14-18, des intellectuels français ont défendu la conception dite française de la nationalité et des intellectuels allemands la conception dite allemande de la nationalité.

Les choix se définissaient en termes de nation et la définition française était la seule démocratique. Aujourd'hui, nous sommes passés de la combinaison nation-État-universalisme au thème des impératifs moraux qu'il faut faire pénétrer dans le monde des relations entre États. Nous voici entrés dans le domaine des droits culturels, qui sont différents des droits nationaux ou sociaux.

J'ajoute que notre conception de l'éducation a changé et qu'elle est centrée sur l'enfant et non plus sur les valeurs à transmettre. Je tiens à le redire. Nous sommes dans une nouvelle culture, une nouvelle société, hypermoderne, néo-moderne, une société de l'information et de la communication. Il existe des liens très forts entre les techniques, les formes de vie économique et de nouveaux modes de représentation de soi, de la société, des autres.

Il y a trente ans, en 1969, j'ai affirmé dans un livre sur la société postindustrielle que nous étions en train de sortir du monde industriel. Avant, les acteurs sociaux les plus importants étaient les capitalistes, les industriels, les banquiers, les salariés, la classe ouvrière. Aujourd'hui, le danger le plus grave qui nous menace, c'est la volonté d'homogénéité ou de purification ethnique. Nous sommes de plus en plus attachés à l'hétérogénéité. Chacun d'entre nous vit des résistances à ces mutations, mais il est trop tard pour se demander si une nouvelle société va naître ; nous sommes dedans.

F.K. : *J'ai l'impression, à l'inverse, qu'autrui n'a jamais été aussi inaccessible, aussi opaque. Il y a une fragilisation de la personne humaine qui se demande quelle est son identité, où elle est et si elle arrive à communiquer avec l'autre. Cet envers remet en cause son unité.*

A.T. : Ce que vous dites, je le reprends à mon compte. Vous dites bien que c'est la face d'ombre, mais *de la même médaille*. Ce que je pense, c'est que ces creux, ces trous sont de même nature que ce dont je parle en termes positifs. Vous avez raison de dire qu'il faut définir les choses en termes négatifs autant qu'en termes positifs. Quand je parle du sujet, je commence par parler du sujet vide, écrasé par le monde des marchés et des communautés, dépersonnalisé, déprimé. Il faut d'abord dire en termes négatifs ce qu'on doit dire ensuite en termes positifs ! Toutefois, dans tous les systèmes de culture, le négatif a été défini comme l'inverse du positif et non pas le contraire. Qui dit encore que l'homme est fondamentalement mauvais, mais que Dieu le sauve par sa grâce ? Si vous le dites, vous êtes dans un monde mortifère. Vous en sortez quand vous dites, en restant sur le registre religieux : Dieu nous a créés à son image, Dieu est amour. Les sensibilités négatives sont douloureuses, parce qu'elles sont conçues comme des pertes, des privations. S'il n'y avait pas l'idée de sujet, il n'y aurait pas l'idée de désubjectivation, de massification ou de communautarisation. Le positif et le négatif se mêlent toujours. Si l'homme parfait existait, il n'y aurait plus de sujet, de distance de soi à soi. Le regard qui constitue le sujet est chargé de drames, d'espérances, de colère, ce qui fait qu'aucun d'entre nous ne peut se dire : je suis ce que je suis.

F.K. : *Il n'en demeure pas moins que le soi empiète sur l'autre. Le rapport à l'autre est souvent très intense et en même temps très précaire. L'autre devient par moments l'impossibilité d'être soi. Les civilisations traditionnelles avaient des normes qui faisaient que le soi et l'autre s'entendaient parce qu'il y avait une transcendance qui articulait les deux. Or il n'y a plus cette transcendance et le centre de gravité est le soi. Autrui devient alors problématique, fantomatique. Comment pouvons-nous vivre ensemble, ou plus exactement, vivons-nous vraiment ensemble ?*

A.T. : On peut se demander, dans les relations amoureuses, si le thème que j'ai évoqué, celui de la réciprocité, est vraiment tenable. On peut même dire qu'il est si difficile d'y arriver que souvent l'un tend à être sacrifié à l'autre. Un jour, après un séminaire sur ce thème, j'interroge une étudiante très active sur ce que signifiait pour elle le fait d'être amoureuse. Elle me répond : c'est me perdre et être possédée... Dans une société où chacun est à sa place, il est difficile d'être amoureux, sauf à déranger l'ordre établi, tandis que, depuis les troubadours, on sent la séparation de l'individu et du rapport interpersonnel par rapport aux cadres sociaux. Dans ce monde sans transcendance et en perte de normes, il y a plus d'espace pour la responsabilité, la liberté, le rapport à soi, le rapport à l'autre, et donc pour la démocratie.

Mais je veux avant tout insister sur les aspects positifs de notre culture, sur la responsabilité individuelle qu'elle nous donne. Certains ne veulent pas voir ces aspects positifs ; ils disent qu'on ne peut rien faire, qu'on est manipulé par la société de masse. Mais alors, d'où vient l'action, s'il n'y a pas de liberté ? L'important est de reconnaître qu'il existe pour l'individu, comme pour les collectivités, des moments de choix entre le bien et le mal. Les dangers qui menacent notre liberté peuvent être combattus, même si la victoire n'est jamais assurée.

F.K. : *Jusqu'à l'eschatologie sécularisée qui a disparu !*

A.T. : L'idée de sujet ne pourrait pas exister si la transcendance existait encore. Cette disparition de l'eschatologie fait que le monde peut être moral. Nous vivons un ordre moral ou immoral. Nous avons mauvaise ou – plus rarement – bonne conscience. Le thème du sacrifice est celui auquel il est le plus difficile de trouver un équivalent. On sacrifie ou on se sacrifie à un dieu ou à un devoir sacré. L'idée de sacrifice ne peut pas trouver sa place dans le monde d'aujourd'hui. En réalité, ce qui remplace le sacrifice, c'est l'exemplarité.

La notion de péché veut dire que le principe du mal est en moi et s'oppose à la règle divine ; seule la grâce divine peut m'en sauver. Le monde chrétien, celui du péché originel, est le monde de la chute. Nous avons remis le monde sur ses pieds. Le principe du mal, du non-sujet, n'est plus en nous mais à l'extérieur, dans le pouvoir, l'anonymat, le changement constant ou l'enfermement. Autrement dit, c'est le non-sens qui est au-dessus de nous et le sens ne peut apparaître que si nous nous reconnaissons comme fin principale de notre action.

F.K. : *Le mal, c'est le déni d'autonomie au sujet ?*

A.T. : Tout à fait ! Soit par la massification, soit par la communautarisation, soit évidemment par le totalitarisme, qui est le mal absolu. L'être humain se construit lui-même et s'il est détruit ou s'il se laisse détruire, c'est par le renoncement à soi, la lâcheté, l'abandon à l'ordre des choses, donc par une autodestruction. Nous nous donnons plus d'obligations morales aujourd'hui et par conséquent nous nous exposons plus à l'échec et à la fuite.

F.K. : *L'autonomie de la subjectivité et l'émergence du sujet induisent des transformations profondes au niveau du corps. Les civilisations précédentes avaient inventé des formes de corporéité : le corps transfiguré, le corps illuminé, le corps beau et esthétisé, le corps ascétique, le corps maléfique et en même temps, le corps comme parangon du bien. Le corps est omniprésent dans notre monde moderne, et il se trouve en même temps nivelé, soumis à des injonctions et échappe à l'emprise du moi. Ce corps fait problème car il est celui d'un sujet par définition inassouvi, insatisfait. Le sujet peut-il avoir un corps, est-il un corps ou est-il nécessairement désincarné ?*

A.T. : Essayons de changer de vocabulaire. La grande victime, en ce moment – mais aussi le grand espoir – c'est le corps. Ce qui en ce moment triomphe, ce n'est pas le corps, c'est, plus souvent, le sexe ou la violence comme marchandise, le non-corps. Quand vous dites « mon corps », vous parlez de vous comme sujet, tandis que quand vous regardez les affiches dans le métro ou dans la rue, vous voyez des corps décomposés. Plus élémentairement encore, le corps est ce qui reste au sujet quand il a tout perdu. Il est d'abord regard sur son propre corps ; il se découvre d'abord dans sa corporéité. Il se construit en liant son corps à la conscience de ce corps et donc en découvrant sa singularité. La société s'empare du corps, mais c'est à partir de lui que le sujet la déborde à son tour, par en haut et par en bas. Donc le corps est toujours du bon côté. Ce qui est du mauvais côté, c'est le corps séparé de l'individu qui pourtant « est » son corps.

Ce qui est destructeur, c'est l'extériorisation de la sexualité et de la violence, par rapport à la personnalité et donc par rapport au corps. J'éprouve trop rarement le sentiment, en croisant dans la rue des femmes ou des hommes, qu'ils sont beaux, qu'ils vivent leur corps, qu'ils en ont une expérience. Leur corps n'est pas une addition de jambes, d'un visage, d'une poitrine, c'est un ensemble. Or la notion de corps est menacée par la marchandisation de la sexualité. Regardez les affiches : l'attention est fixée sur une main, des seins, une tête, de manière fétichiste.

F.K. : *On dirait que vous ne vous sentez jamais en état de maladie, prisonnier dans un corps, dans une carcasse, avec une mémoire défaillante...*

A.T. : Bien sûr que si. De plus en plus souvent le corps me manque. Quand je suis en dépression, j'ai des accès de sommeil ; quand j'essaie de grimper, mes jambes ne me portent plus.

F.K. : *Ça, c'est le corps imparfait. On aimerait bien avoir un corps parfait...*

A.T. : C'est un désir très fort et très beau : faire de son corps ce qu'on veut, sauter au-dessus des arbres, nager au fond de la mer, séduire. Si vous y arrivez un peu... soyez-en heureux !

F.K. : *Mais il ne l'est presque jamais...*

A.T. : L'important, pour beaucoup d'entre nous, c'est de sentir que nous avons encore de la réserve, que nous pouvons marcher plus, aimer encore, écrire un nouveau livre.

F.K. : *Pouvoir plus...*

A.T. : Pouvoir plus, oui, mais c'est une utopie. Je voudrais pouvoir dire : mon corps, c'est moi, je suis mon corps. Mais il y a des tas de choses que je voudrais faire et que je ne peux pas. La fatigue ou l'absence de projet me paralyse. Je n'ai pas assez éprouvé la joie de vivre, mais je sens fortement sa nécessité. Si quelqu'un veut me remonter le moral, il peut me dire : quel est votre prochain projet ? Ou, plus simplement : regardez ce jeune enfant.

F.K. : *Jadis et naguère, sans vouloir magnifier le passé, le corps était porté par l'âme, donc quand il y avait des défaillances, il y avait une surcompensation par l'âme. On pouvait trouver toujours des succédanés à ce corps, il y avait aussi l'esprit : la chair est faible, mais l'esprit est vigilant. Or maintenant, on n'a plus d'âme. Qu'est-ce qui s'y substitue... ?*

A.T. : Mais le corps et l'âme sont d'abord inséparables dans le cerveau ! Dire que le corps est mauvais et qu'il faut me flageller pour sauver mon âme, c'est effrayant. Il ne faut pas parler de l'esprit ou de l'âme en dehors du corps. Sous toutes ses formes, je me méfie de l'idée du moi, de la personne comme unité centrale de mes conduites. Ce sont des formes nouvelles de l'idée d'âme. J'aime au contraire que les religions et la science attaquent l'idée de moi et s'en méfient. Quand j'affirme le sujet, je détruis le moi. Et si quelqu'un me dit qu'il a envie de faire ce qu'il veut, je lui réponds qu'il croit vouloir ce dont il a envie, alors que ses besoins changent constamment et qu'il n'en est pas maître. Là-dessus je suis du côté des religions et de la science.

F.K. : *J'ai du mal à séparer le sujet de l'individu. Affectivement, il y a tout de même un lien ?*

A.T. : Bien sûr qu'il y a un lien. Le sujet, c'est le sens trouvé dans l'individu et qui permet à cet individu d'être acteur. Le sujet est la conscience du désir, du travail de l'individu pour être un acteur, pour vivre sa vie.

F.K. : *Quand l'individu souffre, le sujet ne peut pas échapper à cette fragilité !*

A.T. : Quand l'individu souffre, il essaie de dominer sa souffrance et, dans la mesure où il y parvient, il peut être sujet ; s'il n'y parvient pas, il n'est plus que souffrance.

F.K. : *Mais s'il ne la domine pas, s'il se suicide ?*

A.T. : Se suicider, ça veut dire : je – comme sujet – ne peux plus m'incarner dans moi comme individu ; cet individu est invivable. Mais le sujet qui m'a habité n'a pas disparu, il est dans mes tableaux, mes livres, les souvenirs que quelques-uns gardent de moi. Et souvent le sujet, libéré de l'individu qui le portait, est plus visible.

F.K. : *Les capacités de notre réalisation comme sujet sont relativement faibles.*

A.T. : Elles n'ont jamais été aussi grandes ! Avant, les chances de réalisation semblaient grandes dans la mesure où elles étaient liées à un monde extérieur. On voulait monter au ciel. Aujourd'hui, il est impossible de monter au ciel, c'est-à-dire d'entrer dans le monde du sens. Il ne peut plus y avoir de gage d'éternité, mais le sommet à atteindre est la conscience de soi dans la résistance au mal et dans l'amour.

F.K. : *Avant, il y avait l'espérance de rejoindre le ciel. Maintenant, elle s'est évanouie. La frustration est plus importante, parce que le moindre écart par rapport à la réalisation de soi devient souffrance infinie.*

A.T. : Le monde religieux repose sur la culpabilité, la chute. Il n'y aurait pas de grâce s'il n'y avait pas eu la chute. Aujourd'hui, nous n'avons plus de culpabilité, de conscience de chute, mais nous avons une grande conscience du non-être. Avant, il y avait le non-sens de l'isolement, de la solitude, de la pauvreté. Maintenant, il y a l'isolement par le bruit, les encombrements, l'excès de messages reçus et envoyés. S'il y avait encore un Dieu, il n'y aurait pas de sujet. Le sujet est un enfant posthume. Il a toujours été souffrant.

F.K. : *Votre sujet arrive toujours à se rassembler en dépit de tout, il est triomphaliste !*

A.T. : Pas du tout. La grande souffrance aujourd'hui est de ne pas parvenir à être un sujet, d'être ballotté par les événements de la vie. Il y a toujours une dimension de révolte ou de combat dans le sujet, et je dis chaque jour qu'il se définit par sa capacité d'éloigner les forces qui menacent de l'écraser. Je mets l'accent sur cette nécessité pour le sujet de résister à sa propre décomposition. Le sujet n'est pas un idéal.

F.K. : *Avant, il y avait l'apocalypse dans l'au-delà, aujourd'hui l'absence d'apocalypse fait que plus rien ne va de soi.*

A.T. : Je m'en réjouis. Il n'y a plus de garantie, plus d'ordre, plus de chemin tracé. Le sujet d'autrefois était aliéné par Dieu, mais le sujet d'aujourd'hui peut être aliéné par lui-même.

F.K. : *Le sujet intimiste, dont les expériences fondamentales sont l'amour, l'esthétique et le travail, ne se met-il pas à l'écart des autres ? Dans l'amour je partage des moments intenses avec l'autre, mais cela me sépare des autres. Dans l'expérience esthétique, je transcende ma vie quotidienne, ce qui peut me conduire à m'enfermer dans la tour d'ivoire de l'*homo aestheticus. *L'intimisme du sujet peut le désocialiser et faire de lui un être à l'écart qui aurait du mal à construire une communication avec l'autre, donc à se voir dans un rapport intersubjectif avec son prochain. Le sujet est-il vraiment en mesure de construire une intersubjectivité et d'aller au-delà de soi ?*

A.T. : Le point de départ, c'est le rapport de soi à soi. Mon œil regarde et dit : c'est mon corps. Donc je ne suis pas moi, je suis celui qui nomme le moi. C'est une expérience fondamentale. A partir du rapport de soi à soi, on passe au rapport de soi à l'autre, et parallèlement on construit un Je à travers le travail et les croyances. Tout cela se construit, mais, même si c'est au niveau le plus global, au niveau d'un système d'institutions interconnectées, cela suppose qu'il y ait au fond de tout, et le plus directement et le plus souvent possible, l'individu face à lui-même. Pour l'individualisme moral, la conscience individuelle, les droits de l'homme, c'est d'abord les droits de chaque homme ou femme. La télévision ne montre pas l'Homme, elle montre un homme, une femme, un enfant en train de souffrir, d'espérer, etc. Donc je veux pousser le plus loin possible le thème de l'individualisation, de l'individuation, de la singularité, de la subjectivation. C'est le chemin qui conduit le plus directement à la solidarité, à la fraternité.

Si je dis seulement « le prolétariat », l'idée de sujet risque d'être étouffée par la dénonciation du capitalisme. Si je dis « les travailleurs », c'est mieux, parce qu'il y a un pluriel : tous ont en commun d'avoir une expérience de la domination et de rechercher de l'autonomie dans leur travail. Si je dis « la classe ouvrière », qui est supposée être le contraire de la classe capitaliste, je donne priorité à un rapport de production, je suis dans un autre monde car je donne alors forcément la priorité à l'action politique, à l'action sur la structure. Tandis que comme travailleur, je suis très attaché à maintenir constamment une pression sur les systèmes techniques ou les systèmes de pouvoir et de domination.

Il faut maintenir le maximum d'espace libre pour la construction du sujet par lui-même. J'ai la plus grande méfiance, la plus grande hostilité même à l'égard de toutes les définitions de l'action collective qui ne se réfèrent pas à une expérience, personnelle et vécue, de défense de la liberté, de la dignité et même certainement de la justice. S'il n'y a pas une expérience personnelle fondatrice, les actions collectives sont manipulées par des appareils de pouvoir. Je déteste le langage de type militaire utilisé pour parler de l'action collective : la mobilisation, l'action de masse, la prise du pouvoir, vocabulaire qui nous vient, dans notre partie du monde, des partis totalitaires. J'ai peur de l'unanimisme. Si je vois cent mille personnes qui lèvent la main, je me sens prisonnier d'elles car je ne suis pas sûr que ce soit cent mille fois une personne qui s'engage personnellement et qu'on passe ainsi de l'individu au groupe primaire puis à l'action collective, par une logique du bas vers le haut. Et je ne lève pas la main.

F.K. : *Dans la société moderne, il y a énormément de trous où l'on peut tomber et d'où l'on peut ne plus sortir, non pas parce que nous subirions une logique de domination écrasante, ni parce que serait à l'œuvre une répression féroce, mais tout simplement parce que l'individu est livré à lui-même. C'est toute l'ambiguïté de ces expériences fondatrices de la subjectivité dont vous parlez, ambiguïté qui tient aussi à la façon de construire le sens. Prenons l'esthétique. Kant disait qu'elle était une intersubjectivité sans concept. Le beau est censé être partagé par tout le monde, même si l'on n'arrive pas à spécifier conceptuellement ce qu'il est. Mais inversement, on peut dire que le beau est une façon de s'enfermer dans un univers éthéré et d'oublier l'autre, puisque avec le beau je peux très bien m'isoler des autres : il devient mon seul interlocuteur. De même, dans l'expérience religieuse, Dieu peut devenir mon interlocuteur privilégié et je peux ainsi faire en sorte de ne plus avoir besoin de mon prochain. Je me détache des autres mentalement. De même en amour. Toutes ces expériences fondatrices de notre subjectivité sont ambiguës dans leur essence, elles peuvent très bien pousser à la désubjectivation. D'où, me semble-t-il, les troubles propres à la modernité.*

Comment le sujet peut-il s'arracher à l'oubli de soi dans la fascination de l'autre ? Pour ce qui est de l'amour, la séduction de l'autre peut très bien se substituer à la construction d'un vrai rapport intersubjectif. À chaque fois que je séduis quelqu'un, je constitue mon identité, mais ce n'est certainement pas le sujet qui se constitue. Il y a cette négativité de la phase fondatrice de notre expérience en tant que sujet qui me paraît tout aussi importante. Comment arrive-t-on à dépasser cette phase ?

A.T. : On ne peut pas s'appuyer sur la subjectivité. La subjectivité est l'intériorisation du monde extérieur : la langue que je parle, les catégories d'expérience sensibles ou intellectuelles que j'emploie, la pression des communautés et des collectivités, l'appartenance à un sexe, un âge, une classe. Par conséquent, ne cherchons pas au fond de nous une subjectivité fondée sur elle-même. C'est pourquoi je reviens si souvent sur le thème du sujet vide. À la base de tout, il n'y a pas la subjectivité, mais un regard sur soi, qui libère la subjectivation. Ce dont vous parlez si volontiers, la désubjectivation, consiste surtout à se laisser envahir par les forces extérieures qui commandent la subjectivité.

Quant à la deuxième partie de votre question, il est vrai que nous pouvons être envahis par l'Autre, par l'Art, par Dieu. Le sujet peut s'objectiver complètement dans des valeurs, des religions, dans l'art, dans l'amour, et se détruire ainsi lui-même. Vous pouvez vous perdre en Dieu, en l'amour ou en un parti. Il s'agit bien alors du contraire de la subjectivation. Il n'y a pas de construction de subjectivation sans ces moments de perte de soi, même si l'on risque de jeter le Je avec le Moi. Qu'est-ce qui me rappelle à l'autre ? Pas l'autre individuel, puisque je peux me perdre dans l'autre. La subjectivation consiste à transformer en sujet des expériences de routine, de passivité, ou au contraire d'exaltation. Le sujet n'ayant pas de référence transcendantale, s'il ne se définit pas par son travail, par ce qu'il fait, il vit probablement à un certain moment une séparation de soi qui est très fondamentale, mais qui doit conduire à revenir à soi, à ne pas perdre la conscience de soi.

Le rapport du sujet à lui-même est plus fondamental que le rapport du sujet à l'autre ; il y a une solitude de chaque sujet qui ne peut pas être abolie. La relation de type fusionnel n'est pas une bonne relation, parce que l'un se fond dans l'autre, ou encore tous deux se fondent dans une abstraction amoureuse ou sexuelle. Parler de la réciprocité ou de la reconnaissance mutuelle, c'est tout autre chose. Mais dans aucun type de relations, qu'elles soient interindividuelles ou collectives, l'unité, l'ensemble, ne doit l'emporter sur les individus et la singularité de leur expérience.

Cela ne mène pas du tout à privilégier l'individu concret, mais au contraire à décomposer le moi social, celui qui se définit par sa capacité d'intérioriser les représentations que les autres ont de moi. Il faut décomposer le moi pour construire le sujet. Nous savons qu'un sujet complètement séparé du moi devient narcissique ; toutefois la fragmentation du moi est positive. Mes rôles professionnel, familial, amoureux, politique, sont de plus en plus autonomes les uns par rapport aux autres. Nous ne sommes plus dans une situation où quelqu'un était défini par un rôle global, comme étant l'oncle maternel, le guerrier ou le prêtre. Quand vous avez dit qu'un tel est directeur général d'une grande entreprise, qu'un autre est un ouvrier non qualifié, vous m'avez informé sur leur inégalité professionnelle, vous ne m'avez pas dit l'essentiel sur leur personnalité. Une étude a été faite sur des femmes catalanes sans diplôme et même sans formation scolaire, qui lisaient ensemble un livre et ensuite allaient voir la pièce de théâtre qui en avait été tirée. Leurs réactions à cette pièce étaient très supérieures à celles de beaucoup d'intellectuels ou de professionnels qui y assistaient distraitement. Ce n'est pas parce que vous me dites ce que quelqu'un gagne, l'école dont il est sorti, son âge, son revenu, son pouvoir, que vous m'avez assez informé sur sa personnalité. Je n'aime pas non plus qu'on dise « les grands capitalistes sont des salauds », ou « les ouvriers sont paresseux ». Ces expressions sont profondément choquantes et totalement contraires à la réalité observable. La chose qui me paraît la plus nécessaire, c'est de dire : je vais chercher à étudier les processus de subjectivation dans diverses situations sociales et historiques. Je pense que vous trouvez partout aussi bien la subjectivation que la souffrance de la désubjectivation.

F.K. : *L'important, c'est la fragmentation...*

A.T. : ... La désintégration des statuts et des rôles et inversement leur réintégration par la subjectivation.

F.K. : *C'est donc dans ce va-et-vient, dans l'indécidabilité du moment ultime...*

A.T. : Nous avons plus de souffrance, de frustrations, de dépressions, à mesure que le principe de valeur se rapproche de nous. Quand ce principe est Dieu, on se sent protégé et en même temps menacé de tomber en enfer. Le croyant est heureux quand il est dans le sein de Dieu ou de son Église, et en même temps il vit dans la peur. Dans notre monde, non seulement on a un bonheur et un malheur plus fragmentés, mais surtout on apprécie bonheur et malheur, satisfaction et insatisfaction, par rapport à soi-même, c'est-à-dire d'une manière démystifiée.

F.K. : *J'ai l'impression qu'on n'a jamais parlé autant de souffrance et d'insatisfaction que dans nos sociétés privilégiées où la souffrance, quoi qu'on en dise, est moindre que par le passé, et où la misère, malgré le chômage, n'est pas aussi terrible que dans une très grande partie du monde.*

Le sujet comme rapport à soi 127

A.T. : Cette perte de sens, si souvent discutée à propos de l'art contemporain, est une réalité. Plus se couchent les soleils de la religion et de la politique et plus nous risquons de mourir de froid. Mais il y a d'autres sources de chaleur.

F.K. : *Les configurations du sujet sont liées à des situations socio-historiques !*

A.T. : Bien entendu ! C'est ce que j'appelle l'historicité et je n'ai pas varié là-dessus. Plus il y a d'historicité et plus il est possible aussi bien d'affirmer le sujet que de le détruire. C'est pourquoi je garde une vision évolutionniste, mais qui ne montre pas une route allant vers le haut ou vers le bas. À chaque niveau d'historicité correspond un niveau d'objectivation ou, au contraire, de saisie directe du sujet.

F.K. : *Dans les sociétés taraudées par la faim, la capacité du sujet à se pencher sur soi ne peut concerner qu'une petite minorité, non ?*

A.T. : Non, non ! On ne peut pas écarter ainsi les phénomènes religieux, en particulier les messianismes ou les révoltes. Je prends un exemple, celui des Canudos du nord-est du Brésil à la fin du XIXe siècle. Ces gens étaient partis sur les routes pour fuir la famine, le banditisme et la désagrégation du système latifundiaire dus à la montée du capitalisme urbain, qui avait abouti au renversement de l'ordre social ancien de l'Empire et à l'arrivée de la République. Ces pauvres gens, entraînés par Antonio Conselheiro, ont construit une cité idéale, qui a été détruite par l'armée républicaine. Ils ont créé une image du sujet liée à la communauté en crise et lui ont sacrifié leur vie. Les apôtres de Jésus-Christ étaient-ils des diplômés universitaires ? Je ne vois pas pourquoi les pauvres, ou simplement les gens d'autrefois, seraient plus incapables ou plus capables de créer une figure du sujet. Ce qui me frappe, c'est surtout la différence des modalités. La création se faisait par bloc : on créait une utopie, une religion, on mettait tout en cause, on imaginait un homme nouveau. Tandis que plus la subjectivation devient directe et consciente, et plus est grand le risque de fragmentation du sujet.

F.K. : *Vous ne pensez pas, tout de même, que c'est dans un type de société...*

A.T. : Il n'y a pas de société favorable ou défavorable au sujet. En particulier, dans les sociétés qui agissent faiblement sur elles-mêmes, où l'historicité est faible, le sujet apparaît, mais en bloc et au-dehors, comme le soleil ou comme un conquérant.

F.K. : *Dans des sociétés totalitaires, il y a peu de sujets...*

A.T. : Dans une société totalitaire, tout est fait pour détruire et même nier le sujet. Celui-ci devient privé ou clandestin. En Union soviétique existait une extraordinaire dissociation du privé et du public. Rentrés chez eux, les gens allumaient le samovar et vivaient avec des copains dans un monde qui pouvait être imaginaire ou réel, et où s'exprimaient des projets de vie.

F.K. : *Mais la constitution du sujet est plus facile quand il n'a pas à se soucier de sa vie quotidienne!*

A.T. : Non! L'idée du *primum vivere* est fausse. Les sociétés extrêmement pauvres exercent sur elles-mêmes un contrôle très élaboré.

F.K. : *Je vais me faire un peu l'avocat du diable. Selon vous, cette notion du sujet est nouvelle, elle introduit une rupture par rapport à la pensée sociologique du XIXe siècle et même d'une bonne partie du XXe siècle. Mais ce sujet, avec sa conscience malheureuse, et sa capacité à se constituer en être individué, n'est-ce pas le sujet de l'idéalisme allemand, dépourvu de son arrière-plan eschatologique? L'idéal s'est écroulé et il ne reste que le sujet avec sa conscience, sempiternellement malheureuse, qui ne parvient pas à se doter d'un sens.*
Le second point, toujours en relation avec la rupture radicale que vous introduisez : les sociétés, même dites primitives, n'ont-

elles pas ce sentiment de rupture ? Les sociétés sans écriture ont eu le sentiment d'être en rupture avec un passé immémorial où tout était harmonieux, où les dieux et les hommes cohabitaient ; de même la société industrielle était en rupture avec la société agricole.
Cette idée de rupture n'est-elle pas une illusion constamment entretenue par des sociétés qui se prétendent en crise constante ? La radicalité du sujet est-elle aussi forte que vous le prétendez ?

A.T. : Oui, je pense que toutes les sociétés sont autre chose qu'elles-mêmes, se définissent par une historicité, c'est-à-dire une capacité d'action sur elles-mêmes, et cette capacité d'action n'est pas définie en termes purement techniques ou économiques ; elle est aussi l'action d'une figure du sujet, d'où mon grand intérêt pour les religions, pour les révolutions modernes, les idéologies ou les représentations de la société industrielle comme de la société d'aujourd'hui.

La société n'est pas un ensemble de pratiques définies par l'utilité collective, par l'intérêt personnel ou par des règles transhistoriques de division du travail ou de différenciation sociale. Toute société, en même temps qu'elle est une pratique, est une construction d'elle-même, à partir d'une image de sa capacité d'action historique. Ce qu'on appelle la vie sociale est largement produit par une représentation de l'être humain par lui-même, qui se heurte, dans la majorité des cas, à un système de pouvoir. Notre société est ce qu'elle se fait ; elle est la fille de ses techniques, comme de sa conscience d'elle-même. L'élément essentiel dans la vie sociale est son image du sujet, plus ou moins objectivée dans le monde extérieur mais qu'on peut réintroduire dans l'action humaine.

Aujourd'hui, le sujet n'est plus hors du monde ; il est dans le monde, mais sujet il y a toujours. Ce qui m'intéresse, en ce moment précis, c'est justement de m'appuyer sur ces grandes références historiques, pour donner à ma propre réflexion la chair et le sang qui ont fait vivre toutes ces fois religieuses, politiques ou sociales. Et je voudrais écarter tout risque de malentendu. Je ne suis pas le chantre des intérêts de la petite bourgeoisie individualiste des pays développés qui peut se permettre de se regarder le nombril parce qu'elle a de quoi manger, qu'elle n'est menacée ni de mort ni d'épidémie ni de guerre. Ce que je dis est le contraire d'une vision où l'intérêt bien compris, à travers des stratégies plus ou moins complexes, dirigerait les conduites sociales. Je dis que la distance de soi à soi est, par certains côtés, plus grande aujourd'hui qu'autrefois. Certes, le sujet est saisi pour lui-même et non pas à travers ses expressions objectivées et par conséquent institutionnalisées. Mais cela accroît la tension, voire même la souffrance entre, d'un côté, les rôles sociaux, les déterminations sociales, et, de l'autre, le monde du sujet qui est aussi le monde de la liberté.

Nous sommes confrontés à ces problèmes dans un monde où les normes institutionnelles et les définitions catégorielles sont de plus en plus floues, si bien que, si autrefois nous souffrions d'être soumis à un ordre, aujourd'hui nous souffrons d'être soumis à un désordre dans lequel peuvent se déchaîner des éléments de domination extrême. J'ai voulu constamment rappeler toute la distance qu'il y a entre ce que j'essaie de dire et l'image d'une société de consommation.

F.K. : *Le sujet n'est-il pas fini? Heidegger décrit un sujet qui erre, qui n'a pas de point fixe, dans un va-et-vient constant entre le sens et le non-sens, qui n'arrive pas à dévoiler la vérité. En quoi votre sujet est-il différent du sujet fini post-hégélien?*

A.T. : L'ambivalence du rapport à soi est propre à toute figure du sujet. Il n'y a pas de figure du sujet qui ait jamais vécu dans la certitude ; toutes ont vécu dans l'inquiétude et l'incertitude. Quant à la question plus spécifique que vous posez, les formes antérieures du sujet n'avaient-elles pas toutes un garant métasocial : l'histoire, Dieu ou l'esprit? Est-ce que la disparition de ces garants, en particulier l'idée du sens de l'histoire, met le sujet dans une situation de déréliction plus grande que dans les situations antérieures? Je ne le pense pas.

La transformation vécue consiste dans le passage de visions indirectes du sujet, à la fois positives et négatives, à des visions directes. Ce qui fait que nous vivons à la fois un optimisme du sujet qui n'existait pas avant, puisqu'il y avait toujours soumission à un ordre extérieur, et une conscience très douloureuse et très aiguë de pouvoir perdre tous nos appuis. Je ne peux plus espérer, me dit-on, s'il n'y a plus d'histoire. Mais je me méfie de toutes les idées qui aboutissent à l'Homme nouveau, à la Société nouvelle, car elles sont le chemin le plus court vers des régimes totalitaires. La question sur laquelle je reviens sans cesse est celle-ci : quel est le garant ultime de mes choix, quand j'ai tout perdu, quand je suis désorienté, dominé, de l'intérieur comme de l'extérieur ? Reste-t-il quelque chose qui remplace Dieu, l'Homme, l'Histoire ou la Raison ? Je vous ai toujours donné la même réponse : c'est le désir de singularité, d'individuation, le désir de faire de sa vie une histoire personnelle. Aujourd'hui, dans ce monde socialisé, collectivisé, massifié, mon dernier recours est ma singularité, ma volonté d'être singulier. Le citoyen est un être universel, le travailleur est encore un être général. Au contraire, la défense des droits culturels est celle de la singularité, de la particularité de chacun car nous voulons être des sujets singuliers, et aussi qu'il en soit ainsi pour tous.

F.K. : *Vous parlez de la singularité comme étant en quelque sorte l'un des traits caractéristiques du sujet...*

A.T. : Pas l'un de ses traits caractéristiques, sa raison d'être et son dernier recours !

F.K. : *Singularité spontanée, puis singularité réflexive par le regard qu'on porte sur soi. En quoi cette singularité est différente de ce que les psychologues appellent le narcissisme ?*

A.T. : Le narcissisme est le contraire du sujet puisqu'il est l'incapacité de séparer, de distancier le Je du Moi. Narcisse se regarde dans l'eau et il se noie. Au lieu d'être l'orientation vers soi-même, le narcissisme est un double détachement, du sujet et de la société. Narcisse est incapable de s'engager soit dans une action soit dans une relation autrement que superficielle, par peur de se perdre soi-même. Narcisse c'est Don Juan, qui passe d'une relation à une autre avec toujours la peur de s'engager, ce qui l'oblige à courir par peur de se perdre.

F.K. : *Le sujet a exactement les mêmes angoisses et les mêmes peurs ?*

A.T. : Le sujet craint d'être manipulé, utilisé par des forces impersonnelles. Le sujet ne se constitue qu'en se construisant au plus loin possible des conduites socialement normées, culturellement prévisibles, etc.

F.K. : *Abordons la notion de l'œuvre en général et en particulier de la vôtre. Qu'est-ce que c'est qu'une œuvre, ne procède-t-elle pas un peu du sacré, de l'immortalité qui nous est déniée ?*

A.T. : Nous sentons tous, en tout cas certainement vous et moi, que ce mot est archaïque. Ce que nous cherchons, c'est à être reconnus comme des « auteurs » qui ont produit des analyses cohérentes et donc ont accru la capacité collective de connaissance et d'action...

F.K. : *On parle de l'œuvre de Proust, on parle de l'œuvre de Kant, on parle de l'œuvre de Shakespeare...*

A.T. : Dans le cas de Proust, l'expression est juste puisque, pendant la soirée chez les Guermantes dans *Le temps retrouvé*, Proust découvre que c'est l'écriture qui va donner sens à toute une expérience vécue qui pourrait, sans cela, sans ce passage à l'esthétique, être dérisoire. Des êtres sans grand intérêt deviennent des éléments d'une œuvre qui, elle, en a beaucoup. Mais c'est presque uniquement en termes littéraires ou artistiques qu'on peut parler d'œuvre. On ne dit pas l'œuvre de la Ve République, mais plutôt l'action de la Ve République. J'accepte pourtant le mot, s'il désigne une capacité de création de soi à travers la maîtrise de la connaissance et des buts de l'action.

F.K. : *Elle peut rester inachevée... mais l'œuvre renvoie quand même à une totalité close, n'est-ce pas ?*

A.T. : Non, je ne crois pas. Ce qu'il y a dans une œuvre, c'est la présence, changeante et constante, d'un rapport au sujet, de la recherche d'un sujet. Une œuvre est singulière. Vous ne dites pas l'œuvre des impressionnistes, mais l'œuvre de Monet. Il y a œuvre dans la mesure où à travers la diversité des expressions et des objets créés, vous retrouvez une même volonté créatrice singulière.

F.K. : *Votre œuvre, vous pouvez en parler : où en sont les lignes de force, et comment classez-vous vos œuvres ? Il y a une classification qu'on peut faire chronologiquement, vous avez travaillé sur la société industrielle, puis sur les mouvements sociaux et maintenant sur la théorie du sujet. Voyez-vous d'autres façons de la classer ?*

A.T. : L'approche chronologique me semble tout à fait acceptable, parce qu'un sociologue comme moi a été très lié aux circonstances du passage de la société industrielle à la société postindustrielle. J'en ai moi-même parlé souvent, et je suis intéressé par cette recomposition de ma pensée qui s'est formée et transformée au cours du passage d'un type de société à un autre.

Mais ce à quoi je veille, plus qu'à découper des tranches chronologiques dans ma production, c'est à comprendre son unité, car j'ai aujourd'hui la conviction de m'être toujours posé les mêmes questions, pas du tout de la même manière et probablement avec un degré de conscience insuffisant. Il est vrai que j'ai aussi été poussé par l'histoire, tout en essayant de la penser ; mais je crois à la fois à l'unité d'orientation de mes livres et articles successifs, et aussi, ce qui est moins positif, à la continuité d'une certaine expérience personnelle. Je n'ai jamais été sociable ou sympathique. J'ai même eu le désir à un moment d'écrire un roman sur moi qui s'appellerait *El antipático* (ça sonne mieux en espagnol !). On peut se demander si celui qui étudie des acteurs sociaux et qui cherche à les comprendre ne doit pas être à la fois proche et éloigné d'eux, *antipathique*, afin de ne pas reproduire leur discours sur eux-mêmes ?

En outre, si j'ai toujours été passionné d'être dans l'histoire, je ne me suis jamais donné à elle ; j'ai toujours gardé le point de vue de l'analyste. Quand j'ai parlé des nouveaux mouvements sociaux et avant quand je me suis passionné pour Mai 68, ce fut de manière ambivalente. Il en va de même pour mon attitude à l'égard des mouvements qui se sont développés aux États-Unis, depuis 1964 jusqu'au Civil Rights Movement. Là aussi, j'aurais eu des résistances si je les avais étudiés. Je ne suis pas d'un caractère hippy, le LSD et Timothy Leary ne m'attirent pas, c'est évident ; mais j'ai été conquis par le caractère moral et émotionnel de ces mouvements pour la lutte contre la guerre du Vietnam, pour la libération des Noirs américains et déjà par le climat de la Flower Generation qui m'a attiré et passionné. Que ce soit le 68 français ou les nouveaux mouvements sociaux américains, j'ai toujours eu le désir d'approcher les mouvements où le culturel, c'est-à-dire le rapport au sujet, était l'enjeu principal. J'ai donc l'impression de m'être, toute ma vie, approché du thème du sujet.

Je ne pense pas être arrivé au bout de la route et avoir une pensée qui soit maintenant entièrement ramassée sur elle-même. Je suis persuadé au contraire que si j'avais une quatrième période dans ma vie, elle serait différente de celle que je vis depuis dix ans. J'irais probablement de plus en plus vers le sujet lui-même, je donnerais de plus en plus la priorité à la création-destruction de soi. Je sens que je consacre encore spontanément une trop grande partie de mon temps à réfléchir sur les événements, à tenir des raisonnements de type historique, politique, etc., et je n'ai pas envie d'y renoncer. En particulier, je continue à m'intéresser aux affaires d'Amérique latine. Pourtant, je sens en moi que je devrais, pour les années qui viennent, me retirer davantage des événements du monde et consacrer l'essentiel de mon temps à l'étude des relations interpersonnelles, à chercher le sujet personnel dans l'expérience vécue la plus individuelle, sous quelque forme que ce soit. J'imagine que cette phase-là de ma vie ne se réalisera pas ; si toutefois il devait y avoir une évolution dans ma vie, ce serait de chercher toujours plus à savoir comment tel ou telle vit sa vie. Si le sujet a été le thème de la troisième partie de ma vie, le thème de la quatrième, si elle se réalise, devrait être l'expérience de soi.

F.K. : *L'intimité est le lieu même de l'intensification des rapports à soi et à l'autre, mais c'est aussi l'absence de l'œuvre : on ne crée pas. L'intimité s'autocrée et se réduit, se résume à un pur rapport à soi et à l'autre, mais elle est alors hétérogène à toute construction extérieure.*

A.T. : Vous avez complètement raison, mais c'est ça qui m'attire ! Si on me dit : qu'est-ce que vous avez fait dans votre vie ? J'ai écrit des livres, des articles, donné des cours et des conférences, j'ai produit des paroles, des mots, des grains de sable, des cailloux ou des rochers. Mais, emporté par ma propre réflexion, je me suis privé d'une grande partie de ma vie. Je n'ai pas vécu ; j'ai écrit ma vie.

F.K. : *Vous n'êtes pas sensible à la thématique de la mort.*

A.T. : Le rapport au passé, à l'avenir, aux épopées, aux monuments, aux discours, tout cela fait partie de moi. Mais je ne crois plus, comme autrefois, que si je m'écartais de cette attraction pour l'histoire, je m'enfermerais dans le silence ou le dérisoire. Je suis sûr désormais que je ne suis ni désireux ni capable d'écrire un livre d'ensemble, de synthèse, sur la société postindustrielle, qu'on doit appeler maintenant société d'information et de communication. Heureusement, mon ami Manuel Castells a fait ce livre, avec une compétence, un savoir, un enthousiasme que je ne pourrais pas atteindre. Je cherche à trouver le sens de ma vie plutôt que le sens du monde. Il faut cesser de chercher le sens de notre vie dans le monde. Une pensée du sujet doit être capable de s'atteindre au plus près de soi, en se détachant de son moi.

F.K. : *Le sens de l'intime ne serait-il pas l'exploration de soi comme tel ?*

A.T. : Je ne pense pas ainsi et ce n'est pas ainsi que j'ai lu les *Confessions* de saint Augustin ou celles de Rousseau. Nous vivons dans un monde où les problèmes les plus généraux ne sont plus vus, entendus, ressentis, en termes de tendances historiques, mais en termes de droits de l'homme, d'histoires de vie, d'affirmation ou de dénégation du sujet.

Si je me souviens bien du monde intellectuel au moment de mon entrée à l'université, ce qui commandait alors était un postmarxisme braudélien centré sur l'histoire économique, les grands ensembles, la longue durée. En tant qu'étudiant en histoire, je participais avec enthousiasme à ce monde. J'ai gardé la plus grande admiration pour tous les historiens qui nous inspiraient : Marc Bloch, Lucien Febvre, Ernest Labrousse, Fernand Braudel. Cette pensée correspondait aux grands espaces, aux grandes durées de l'après-guerre. À un moment où le monde se transformait, on avait besoin d'une longue histoire du passé pour penser le futur.

Aujourd'hui, les historiens ont achevé un parcours qui nous a conduits au plus loin de ce point de départ, jusqu'à la biographie complètement nouvelle de saint Louis par Jacques Le Goff, qui cherche à trouver la singularité de la piété du roi, sous influence franciscaine, à l'intérieur de la piété de son époque. La sociologie ne suit pas assez vite ou assez activement cette transformation. Elle a besoin de réflexions plus construites sur l'action et l'acteur. Ma démarche personnelle s'inscrit dans une transformation générale de la pensée sur la société et sur l'individu.

F.K. : *On peut envisager une sociologie du sujet, mais on peut aussi envisager – et c'est là la question que je vous pose – la subjectivité moderne, dont on pourrait dire qu'elle a deux versants : un versant ascension de soi, volonté d'intervenir dans le champ social, politique, culturel, donc le versant de la subjectivation ; et un autre versant : désagrégation de soi, incapacité à s'assumer, à se rassembler, à s'unifier, le versant de désubjectivation. En un sens, le fondement serait la subjectivité et non pas le sujet.*

A.T. : Comme tout le monde, il m'arrive de penser que dans les mondes durs de la pré-modernité se développaient violence et grandeur, héroïsme et sainteté. De grandes figures, de grandes religions, de grands mouvements sociaux et des révolutions portaient les êtres au-dessus d'eux-mêmes. Alors qu'aujourd'hui, l'hédonisme, l'intérêt, le plaisir l'emportent et qu'il se crée une société qui, après avoir connu les extrêmes de l'exaltation et les extrêmes de la peur, n'a plus de relief, s'est installé dans un plaisir moyen, une absence de contraintes, une absence de normes. Je rejette cette idée, néanmoins elle m'inquiète.

Vous me dites vous-même : cette capacité de construire-déconstruire, d'aller aux extrêmes qui, pour moi, est associée à l'idée de mouvement social et à l'idée de sujet, ne disparaît-elle pas dans une culture de masse qui, tout en ayant des aspects conservateurs ou réactionnaires, a aussi beaucoup d'ouverture, de tolérance, et où chacun vit pour soi et avec les autres dans une morale agréable et molle ? Je reste éloigné de ces représentations. Le grand changement est que les références au sujet étaient auparavant projetées à l'extérieur, en Dieu ou en l'histoire, en même temps que pesait le poids des communautés et que la grande majorité de la population vivait dans l'isolement, l'ignorance, la pauvreté, la souffrance, dans un vide pesant, et que ce vide a été remplacé par un trop-plein – thème banal de l'encombrement de la planète –, par la multiplication des messages, des photos, des discours, dans un univers où tout le monde est partout avec tout le monde de manière permanente. Ces réalités sont considérables, mais elles n'apportent aucune réponse sur l'existence ou non du sujet et des mouvements sociaux.

En revanche, je maintiens qu'il y a dans notre société une conscience plus forte, voire même écrasante, d'être responsable de soi ou de devoir vivre comme sujet ; ce qui rend notre société en effet plus fragile, parce que le sujet n'y a plus l'appui des rites ou des formes d'organisation de la mémoire. On observe la disparition des normes, la désocialisation, de sorte que prolifèrent les formes de décomposition sociale et personnelle. Mais cette décomposition est-elle plus grave que l'immobilité, la solitude, l'isolement des sociétés d'autrefois ? Jamais le monde n'a été aussi plein de mouvements sociaux qu'aujourd'hui, de mots et d'actes qui mettent en cause les éléments les plus profonds de la vie humaine. Lorsque vous vous trouvez en situation de création ou de destruction de vous-même comme sujet, vous n'avez presque aucune aide, tandis que cette prise de distance était autrefois institutionnalisée, ritualisée, dans les religions et aussi dans les partis, les États, le droit, etc. Ce que j'appelle le sujet se joue quotidiennement dans la vie du plus grand nombre.

Si j'avais quelques années encore à consacrer à la recherche, je donnerais la priorité à une nouvelle vague d'interventions sociologiques qui seraient beaucoup plus centrées sur les individus, peut-être en essayant d'établir des relations interpersonnelles avec eux, mais qui, de toutes les façons, feraient réfléchir des groupes sur des expériences individuelles, et s'efforceraient de faire dégager par chacun le sens de ses préoccupations individuelles. Les gens pèsent beaucoup plus lourd que leurs actes et leurs paroles. Il ne faut pas séparer les plus hautes figures des expériences communes. Je vais plus loin. L'individualisme consommateur et l'individualisme du sujet, qui sont à l'opposé l'un de l'autre, sont aussi les deux versants de la même montagne, et par conséquent je me refuse à toute condamnation définitive et élitiste de cette société de masse ; j'en fais plutôt l'analyse critique. Si nous avons l'impression que 80 % d'entre nous vivent dans un monde de plaisirs et de fêtes et que les autres croupissent dans la précarité et la pauvreté, nous ne comprenons pas la réalité. Il y a des deux côtés plus de pensée, plus d'action et plus de critique qu'on ne croit.

F.K. : *Pour vous, l'essentiel de ce qui est dissimulé, caché, c'est le sujet. Or beaucoup pensent que ce n'est pas le sujet, mais bien un être aliéné, consommateur, chômeur, soumis à la flexibilité du travail, incertain de son avenir ; les classes moyennes ont le sentiment d'une dépossession qui était auparavant le lot des classes populaires. Votre affirmation de ce sujet qui se constitue peut être aussi contestée, non pas parce qu'il y aurait seulement de la désubjectivation ou de l'aliénation, mais parce qu'il y a les deux. Et pourquoi mettre au fondement des choses une sociologie du sujet et non pas les formes multiples de la subjectivité qui peuvent constituer le sujet, et peuvent tout aussi bien déboucher sur la désubjectivation liée à l'aliénation moderne ? Pourquoi donner ce privilège non seulement méthodologique mais aussi axiologique au sujet ?*

A.T. : Cette référence au sujet est ce qui crée du sens. Et vous dites : il y a des gens qui en sont privés. Vous avez parlé d'ailleurs

Le sujet comme rapport à soi 139

d'aliénation, vous avez donc donné l'image – et je pense exactement comme vous – d'un monde où il y a, comme toujours, plus de mal et de souffrance que de bonheur, mais qui se pense et même qui se ressent en des termes qui sont différents de ceux d'autrefois. Vous êtes amené vous-même à parler du monde actuel en termes qui se réfèrent directement au sujet. Ce qui mobilise, ce n'est pas uniquement la misère matérielle, c'est plus encore le chaos où se trouvent jetés ceux qui ne peuvent pas donner sens à leur vie. Quand nous parlons de gens en situation difficile, nous parlons d'abord de ceux dont la capacité d'action a été détruite. Et je sais que beaucoup, pour une raison ou une autre, ont rompu tout contact avec la notion de sujet. Ils se sentent privés de tout rapport à eux-mêmes, prisonniers du désir ou du besoin d'argent, de célébrité, de conquêtes, etc. Il y a, d'un côté, ceux qui vivent pour l'argent, et de l'autre, ceux qui sont dans une misère si grande qu'ils sont enfermés dans leur propre violence, le rejet des autres et le rejet d'eux-mêmes par les autres. Je dis seulement qu'aujourd'hui, c'est dans les termes du sujet que les problèmes sociaux et les comportements personnels sont spontanément réfléchis. Le rôle des chercheurs en sciences humaines est donc d'expliciter ce champ d'action et de pensée. Nous vivons beaucoup dans le non-sens, mais nous savons où est le sens.

F.K. : *Il y a une conception téléologique chez vous, parce que, même quand les conduites sont imparfaites, éclatées, vous pensez que c'est sous-tendu par une unité implicite qui peut être activée ou réactivée par le sujet lui-même dans tout un ensemble de situations : l'amour, l'engagement social, le politique, etc. Bref, il y a chez vous ou bien un sujet qui s'assume, ou bien un sujet qui, potentiellement, est capable de s'assumer malgré la dispersion, l'éclatement et la fragmentation. C'est un thème qui est problématique : qu'est-ce qui vous permet de penser que cette capacité unificatrice de rassemblement de soi existe chez l'homme moderne ?*

A.T. : Je ne vois pas de raison fondamentale de dire qu'il y a toujours et forcément du sens. En revanche, lorsqu'il n'y a pas de sens, il y a conscience et souffrance du manque ou de la perte de sens.

F.K. : *Ce manque de sens renvoie à un « sens » qui devrait pouvoir se réaliser, d'une manière ou d'une autre, si les conditions le permettaient ?*

A.T. : Oui, c'est ce que je pense.

F.K. : *Donc en fait, cette sociologie du sujet intègre la désarticulation, la désinstitutionnalisation, la désubjectivation, mais propose quand même, comme noyau dur de la pensée, la prééminence de la capacité de rassemblement de soi sur l'anonymat des systèmes. Un acteur s'affirme dans les systèmes modernes et l'analyse sociologique devrait alors construire sa mise à nu ?*

A.T. : Tout à fait. Chaque fois qu'un morceau du Moi est cassé, en particulier par les sciences humaines, la psychanalyse, les sciences cognitives, je me réjouis. Plus on démolit le Moi, plus on dissocie le Je du Moi, plus on s'approche d'une interrogation plus directe et désocialisée sur le sujet. Ce n'est pas un hasard si mon livre *Pourrons-nous vivre ensemble ?* commence par une centaine de pages sur la désocialisation, la destruction ou la disparition des normes. À partir de là, il n'y a pas automatiquement constitution du sujet ; il y a aussi anomie, dépression, décomposition, absorption par la société de consommation. Quand on lit Maupassant ou quand on regarde les images de Lautrec, on est envahi à la fois par le dégoût et par la compassion. Ces personnages ne me touchent pas, mais j'ai de la compassion pour ceux qui ne travaillent pas sur eux-mêmes pour être des sujets. Ils sont empêchés de participer à un travail de démocratisation et de reconnaissance des autres. C'est la raison pour laquelle, dans le monde où nous vivons, les grands problèmes sur lesquels nous nous interrogeons ne sont plus ceux des mécanismes de socialisation ou de gestion du changement social, mais ceux du multiculturalisme et du rapport entre globalisation et identités particulières. Dans tous ces mots, n'est-il pas question du sujet ? Ce qui n'empêche pas que, comme toujours, c'est en montrant l'enfer qu'on s'intéresse le plus au paradis.

F.K. : *Chez Lautrec, ce qui est visible, c'est l'affirmation de soi et en même temps la trace de la mort. Ces prostituées, ces gens qui travaillent dans le cirque... Il y a coexistence des deux et on voit très bien comment l'un peut basculer dans l'autre. Est-ce l'image du sujet ?*

A.T. : C'est une des pensées les plus anciennes qui soient : le lien étroit entre le plaisir et la mort. Les pulsions de vie et de mort sont liées l'une à l'autre mais la libido s'en échappe parce qu'elle est orientée vers l'autre. Toute cette littérature 1900 est dominée par l'obsession du plaisir et de l'argent, mais la mort est derrière, au milieu des danseurs ; une société que nous ne pouvons pas voir autrement que comme une société de l'aliénation, du vide, du non-sujet. Dans ce milieu de plaisir, de violence et d'argent, quand se fait une rencontre d'amour, elle est impossible et se termine comme dans *Casque d'Or*.

7

Sujet et mouvements sociaux

F.K. : *Je viens de finir* Voyage au bout de la nuit, *de Céline...*

A.T. : C'est un livre écrit avant la guerre, qui n'est pas marqué, comme d'autres livres de Céline, par son antisémitisme virulent. C'est un grand livre, encore plus que *Mort à crédit*, écrit peu après.

F.K. : *Ce qu'il y décrit, c'est l'expérience de la guerre et de la mort, la pauvreté extrême, l'amour malheureux, l'exil en Afrique, le déracinement en Amérique, la pratique médicale malheureuse en banlieue parisienne, la magouille, la mesquinerie, l'extrême cruauté des hommes, bref un monde peint dans son inexorable laideur. Où est le sujet, tel que vous le décrivez, là-dedans ? Comment relier l'extrême désespoir et le sujet, qui me paraît quelquefois devenir, chez vous, une figure héroïque, désincarnée à force d'être idéale ?*

A.T. : Le risque est réel, et plus encore même que vous ne le dites, parce que, quand on est héroïque, cela veut dire qu'on s'organise militairement pour la guerre, la conquête, etc., et on entre alors dans une logique révolutionnaire, qui donne la priorité à l'organisation de la lutte. Donc, première observation qui est pour moi essentielle : il ne faut pas penser que la condition de privation, de mépris et d'exploitation subis mène directement à la conscience du sujet. Il existe un danger plus grand encore, c'est d'opposer à cet état de victime enfermée dans une situation destructrice et sans signification un appel spiritualiste au sujet. Ce danger a toujours été présent. Au milieu du XIXᵉ siècle, nous avons eu aussi des descriptions très nombreuses de la misère ouvrière et de l'éclatement urbain ; c'est à ce moment-là que Victor Hugo a représenté le peuple comme un héros politique. En réalité, il existe encore une opposition entre l'idéologie de la misère et de la libération et, de l'autre côté, l'idée de sujet actif et contestataire, car celle-ci ne peut exister que dans des situations où la domination n'est pas complète. L'idée de sujet peut vite s'effacer devant celle de « lutte des classes » qui enseigne que ce n'est pas le peuple victime et malheureux qui peut se libérer lui-même, mais que ce sont des intellectuels, une action politique ou religieuse, qui doivent s'y employer. Je déteste et je méprise ceux qui se prennent pour la conscience du prolétariat. Cela conduit à imposer une dictature au prolétariat.

Selon moi, le sujet intervient comme orientation ou fondement d'une action collective qui se définit toujours par des rapports sociaux. Le sujet est en état de défense, de danger, face à des dominations, aujourd'hui celle du marché ou celle du communautarisme. Le sujet est d'abord défensif. Il n'est jamais triomphant. La différence est que, dans un cas, vous parlez de déréliction, dans l'autre vous parlez d'un rapport de domination, mais aussi d'un principe de résistance et d'affirmation positive de soi. Plus la domination pénètre dans l'expérience vécue et plus la réponse devient davantage intérieure, et consciente de soi ; c'est ça l'idée de sujet.

F.K. : *Mais il se peut que le désespoir, la décomposition empêchent non seulement la création mais aboutissent à une logique d'action suicidaire, hétéronome, l'annihilation de soi et de l'autre. Cette logique d'action peut être aussi une désubjectivation...*

A.T. : Tout à fait !

F.K. : *Alors, qu'est-ce qui fait qu'on peut renouer avec le positif ? Votre sujet se trouve dans une situation de négativité, de décomposition de soi, de brisure dans l'identité, et en même temps il parvient, en mobilisant des idéaux, ses orientations culturelles, à surmonter cette négativité. Donc il y a quand même une dimension héroïque, de dépassement de soi dans l'affirmation du sujet.*

A.T. : Non, pour l'essentiel non. Je crois qu'il faut partir, dans le processus de constitution du sujet, de la conflictualisation. Je veux dire par là qu'il vient le plus souvent un moment où la situation dans laquelle vous vous trouvez vous apparaît comme l'*action* de quelqu'un et non pas comme une *situation*. Quand vous remplacez dans votre esprit un système de relations sociales par une situation de domination et de subordination, une lutte devient possible. Prenez le mouvement ouvrier. Vous y voyez constamment deux thèmes complémentaires : le travail, qui est positif, et le profit, qui est jugé comme un gâchis irrationnel. Dans une société de rationalisation, nous en appelions à la dignité du travail. Dans le monde d'aujourd'hui, nous vivons une opposition analogue entre le monde de la finance et de la consommation, et l'aspiration à faire de notre propre existence un tout significatif. J'insiste : *le sujet se constitue par la conflictualité*. L'action suppose une référence positive à soi-même et donc la construction ou la défense d'une identité ou d'un projet. Les sans-travail et les sans-logis définissent leur situation de manière surtout négative, ce qui leur interdit toute possibilité d'action. Dans le cas des sans-papiers, au contraire, on a vu leur groupe reconnu comme autonome, ne serait-ce que parce qu'ils étaient étrangers, et on a perçu seulement en second lieu l'appel à un droit, face à l'État. J'ajoute que les femmes sans papiers ont constitué très tôt des groupes d'action. Le sujet se constitue à partir de l'expérience de décomposition du moi social, mais aussi comme invention d'un projet personnel. Les jeunes chômeurs des banlieues sont en état de désintégration, de désinsertion. La réponse des politiques est qu'il faut les réinsérer. Il est nécessaire d'aller contre cette idée, car une action positive présuppose la limitation du niveau de désintégration, une estime de soi.

Mais ce n'est pas suffisant. Il faut laisser se former ou même encourager la formation d'acteurs qui en appellent à des attributs positifs d'eux-mêmes ; prenons l'exemple de la religion. Dans sa thèse de doctorat, Nikola Tietze, étudiante allemande vivant en France, montre que la religion, pour les Maghrébins en France ou les Turcs en Allemagne et en France, est un moyen de passer de la société de départ à la société d'arrivée, c'est-à-dire de ne pas tomber dans le vide et de garder la capacité de se forger comme sujet. Il ne faut évidemment pas opposer systématiquement action de réinsertion et action de formation d'un acteur autonome, mais le programme « prévention-répression » est une fausse solution, puisque les deux termes sont du même côté. Prévention et répression associées donnent par elles-mêmes peu de résultats. La répression porte sur des individus et la prévention sur la masse : cette double action contient et contrôle, mais ne crée pas la capacité d'agir. Les leaders vont s'enfermer soit dans la déviance soit, pire, dans la colère, la rage. Je ne crois pas que l'on puisse créer un acteur sans qu'il y ait à la fois définition d'une conflictualité et appel à quelque chose qui la dépasse, comme l'intérêt, la modernité, la religion, les convictions.

F.K. : *Vous réenchantez constamment la réalité sociale : il y a beaucoup plus de désubjectivation dans le sujet que dans votre discours à son égard. Votre pensée s'insère dans une volonté de réenchantement, avec toujours pour contrepoids une éthique de la responsabilité. Or, moi, en Iran j'ai vu comment une révolution a construit des acteurs mortifères dans les années quatre-vingt, fascinés par la mort, leur propre mort ou la mort des autres, et comment cela donnait lieu à une logique d'action extrêmement rigoriste, sur fond de désespoir apocalyptique et surtout accompagnée d'une volonté, chez une minorité de ces jeunes, de mourir à tout prix et, éventuellement, de faire mourir tous ceux qu'ils pouvaient avec eux. En France, j'ai vu l'expérience des banlieues, j'ai vu une infime minorité de jeunes islamistes donner dans une logique de rupture hétéronome par rapport au réel et donc une sorte de terrorisme, si ce n'est dans l'action, du moins dans leur subjectivité, dans leurs affects. Il y a un affect islamiste avant qu'il y ait un acteur islamiste, même si l'écrasante majorité des jeunes musulmans dans ce pays sont à l'abri de cette dérive. D'autre part, on voit très bien dans les « quartiers sensibles » une rupture mentale entre le Nous et le Eux. Eux, c'est les intégrés. Par exemple, Zinedine Zidane, dans certains quartiers, est perçu comme un traître. En même temps, on voit comment se construit chez ces jeunes, par le consumérisme, une volonté de devenir modernes, ce qui fait que parfois, un emploi qui rapporte le Smic leur paraît dérisoire et que certains cherchent à s'enrichir en transgressant la loi, par le deal, la violence, etc., au sein d'une société où le racisme les stigmatise.*

Voilà des logiques en jeu dans notre société, et à chaque fois, ce qu'on trouve, ce n'est pas le processus du sujet, c'est la désubjectivation, c'est-à-dire l'enfermement dans une logique destructrice qui ne parvient pas à s'exprimer sous une forme positive dans le champ social. Est-ce qu'on n'est pas dans une modernité qui exclut le sujet authentique dont vous parlez, parce qu'on ne sait plus à qui s'opposer ?

A.T. : Les jeunes considèrent les enseignants et les travailleurs sociaux comme leurs ennemis principaux parce qu'ils leur parlent d'intégration ; je pense qu'il y a là une forme extrême de conflictualité. Qui est l'adversaire ? Vous donnez la réponse : la société, le système. Dans notre société, il y a de moins en moins de normes, mais cela ne veut pas dire qu'on soit dans le non-sens. Je vois tout autant une grande conflictualité qu'un appel de l'acteur à lui-même.

Je ne crois pas qu'on puisse analyser une situation seulement en termes de *in* et *out*, au sens de centralité-périphérie. Ceux qui se définissent ainsi sont déjà passés de l'autre côté. Le consommateur, même frustré, est à l'intérieur d'un système de domination dont il donne une définition impersonnelle. On ne peut situer personne seulement en termes d'intégration ou de désintégration. À partir du moment où vous vous définissez par opposition à une domination, où vous dites « je suis dominé, exploité », etc., vous avez déjà fait la moitié du chemin. Vous ne dites plus « je suis en dehors du coup » ; vous faites déjà appel à quelque chose comme la dignité humaine. Il est vrai néanmoins que plus on est dans une situation de déréliction, plus on est soumis à un pouvoir qui apparaît insaisissable, général, omniprésent, et plus on se laisse entraîner par le système dominant, ne serait-ce qu'en se sentant impuissant. Ou alors on passe à une affirmation du sujet en lui-même, séparé de toute expression institutionnelle, politique, religieuse, etc. Contre une domination globale s'entend l'appel à une définition non moins globale, mais morale, du sujet. Il y a peu de gens qui ne disent pas à la fois « je suis exploité », et « je me défends au nom de la justice, j'ai des droits». La décomposition du moi social est en effet une condition nécessaire de la formation du sujet et en même temps, s'il n'y a pas d'attitude de conflictualité, on ne voit pas d'où viendrait le recours à un sujet. Le passage de la décomposition du moi à la création du Je ne peut se faire que quand cette situation d'exclusion, définie comme passive, est remplacée par une position active, où l'on incrimine un adversaire, car on ne peut pas attaquer un adversaire ou un système de domination sans en appeler à son propre droit, comme fin de son action.

F.K. : *Ne pensez-vous pas que le trop-plein de sens comme le non-sens font obstacle à la synthèse entre la subjectivation et la rationalisation dans notre modernité ? D'un côté, le trop-plein de sens, l'effusion mystique, quelquefois collective, ce qu'on appelle la vie néo-tribale, ces formes d'effusion qui ne construisent pas le sujet, qui font qu'on passe « du bon temps » : on va voir le pape, on s'éclate, on vit ensemble un moment intense. De l'autre, le non-sens, le vide de soi, l'anomie, la dépossession, la décomposition. Que devient le sujet dans ces conditions ?*

A.T. : Dans *Critique de la modernité*, je parlais de la dualité entre rationalisation et subjectivation. Dans mes livres ultérieurs, j'ai modifié sensiblement cette formulation, passant d'un schéma à deux à un autre à trois termes. Je définis le sujet comme ce qui résiste à la pression de l'instrumental, d'un côté, et du communautaire de l'autre. Le sujet est pris entre l'instrumental et le communautaire. Mais je suis moins pessimiste que vous, puisque je vois dans la plupart des actions collectives, y compris dans celle des jeunes qui ont été voir le pape à Paris, que les gens en appellent à un objectif qui n'est plus défini politiquement, socialement et institutionnellement, mais plutôt en termes de moralité ou de capacité d'agir comme êtres moraux centrés sur eux-mêmes. Ce qui peut aussi être néoconservateur.

Nous sommes sortis des mouvements économiques et politiques pour aller vers des mouvements qui sont tout à fait d'une autre nature. Dans la société industrielle, on voit encore des mouvements qui se définissent comme action contre une classe dirigeante, et d'autre part comme une action qui conteste un mode de changement historique : ainsi se situent le mouvement ouvrier, d'un côté, et le socialisme, de l'autre. Aujourd'hui, cette complémentarité n'existe plus. On voit se développer d'un côté des actions ou des opinions collectives qui contestent le mode capitaliste de changement historique, de l'autre des mouvements non plus sociaux mais *culturels*, qui affirment des droits culturels de la même manière que le mouvement ouvrier avait exigé des droits sociaux. Le sujet s'oppose d'un côté au repli identitaire et communautaire, de l'autre à une économie déshumanisée, désocialisée, séparée de tout système politique et social, qu'il peut même rejeter radicalement.

Lorsque vous dites que ces mouvements peuvent être des mouvements de désubjectivation, je dis : ils peuvent l'être, mais ils ne le sont pas forcément, dans la mesure où ils se séparent d'une expression institutionnelle. Prenez les phénomènes religieux ; ce qui est caractéristique est que nous observons des poussées de «religieux» en même temps qu'une crise continue des institutions religieuses. Ceci n'est pas seulement régressif ou «sectaire». Ce peut être aussi un processus de constitution du sujet qui, naturellement, n'a en tant que tel pas de force institutionnelle propre ni de stabilité. L'affirmation du sujet par l'individu ou le groupe en tant qu'individu collectif est d'abord un refus de l'ordre établi ; mais elle est aussi un appel positif qui reçoit un contenu de sa communication avec un autre sujet et surtout par son affirmation de règles de droit – la démocratie – comme la garantie institutionnelle de la liberté pour chaque individu ou groupe de se conduire comme acteur ou comme sujet.

Je sais très bien ce qu'on peut m'opposer en ce lieu très central de ma réflexion, mais je persiste à dire qu'il n'y a pas, au départ de la formation du sujet, un noyau positif, une valeur universelle. Le rejet de l'ordre collectif conduit d'abord à l'affirmation du singulier et ensuite à la création des conditions collectives, interpersonnelles ou vraiment sociales, collectives, du respect de cette affirmation. Le sujet n'est pas au cœur du moi. Pour qu'il existe, il faut qu'il y ait conflictualité et individuation, puis reconnaissance d'un autre comme sujet et création d'un espace institutionnel démocratique, espace de droit et de garanties. Le sujet se définit comme la revendication par l'individu ou le groupe de son droit d'être un acteur singulier ; cette finalité n'est pas pour autant donnée au départ directement, elle ne se constitue que par la conflictualité et par la création d'institutions qui garantissent les droits de tous. Je définis de plus en plus la démocratie par la liberté négative, c'est-à-dire comme la création d'un espace libre dans lequel peuvent s'organiser des relations sociales productrices de subjectivation. Mais, j'y insiste, au départ, ce qui constitue l'acteur individuel ou collectif, c'est une volonté de survie : il s'agit de repousser la loi du marché ou celle de l'identité collective qui menacent d'écraser l'individu. Celui-ci est renvoyé à lui-même par la double lutte qu'il mène contre le marché et contre l'appartenance culturelle. Ce désir de sujet n'a d'abord pas de contenu, de discours. Ce qui lui donne un contenu, c'est la reconnaissance de l'autre comme sujet et, ensuite, l'acceptation active des conditions institutionnelles qui permettent et protègent des actions personnelles libres.

F.K. : *Je vais reformuler mon idée. Le monde contemporain n'est-il pas composé, d'un côté, de ce qu'on pourrait appeler une société d'individus dotée d'une sphère de droit et, pour le reste, de sociétés de moins en moins démocratiques en raison de la disparité croissante de classes en leur sein ? N'est-ce pas cette modernité-là qui nous domine, aux antipodes de la société de sujets dont vous parlez ?*

A.T. : Je porte un jugement critique sur la démocratie de type occidental, qui me semble être devenue une entreprise électorale, un marché politique. C'est typiquement un des deux aspects de la désubjectivation, l'autre étant le communautarisme, et je n'identifierai pas plus que vous le sujet à l'une de ces deux orientations. Le sujet se définit par une double opposition. Plus les changements s'accélèrent et plus nous sommes pris entre des identités (*identity politics*) et des marchés mondialisés. Et c'est cette double menace qui me renvoie à moi.

L'idée de sujet ne se constitue et ne s'impose comme nécessaire qu'à partir du moment où je ne suis plus installé dans un moi social, où je suis à la fois arraché à une communauté, exploité, manipulé par le système technique et écrasé par le système économique. La subjectivation ne définit jamais une situation de départ, une situation «normale». Elle est minoritaire, «anormale», mais elle est productrice de sens. Il n'est pas question de créer une société «subjectivée»; il est question de créer des espaces qui permettent la défense contre la désubjectivation. La subjectivation est une résistance à la désindividualisation. La destruction de l'acteur social, défini par ses rôles, a comme effet positif la liberté, mais en même temps cet arrachement social peut mener à la désubjectivation dans la mesure où l'on se sent un individu en déréliction. Les étapes de la subjectivation consistent à rompre de plus en plus les liens, affirmés dans le passé, entre l'intégration sociale et la construction de l'individu. Plus nous avançons dans la modernité, plus nous nous rendons compte que l'intégration sociale relève d'une logique tout à fait différente de celle de la subjectivation. Je ne partage pas l'opinion qui consiste à penser que la réinsertion sociale peut fabriquer du sujet.

F.K. : *Prenons un exemple concret : si vous avez le sida, que vous êtes black, ou beur, ou «gris» comme ils disent, démuni, racialisé, infériorisé, stigmatisé, comment pouvez-vous vous constituer en sujet? Ces pesanteurs, invisibles pour les autres, vous écrasent constamment, et, d'un autre côté, la capacité de sortir d'une situation d'indignité, souvent intériorisée, est extrêmement faible.*

A.T. : Je ne le crois pas. Ce qui est important dans le cas du sida, c'est qu'en étant renvoyé par la menace de mort à lui-même comme être et comme acteur, l'individu se constitue comme sujet. La décomposition du sujet par la maladie est une menace forte, mais non un destin inévitable. J'ai été frappé par le livre de Marie de Hennezel, *La Mort intime*. Ce qui m'a touché, c'est qu'elle arrive à dire que certains des malades, arrivés au bout de leur vie, ont une grande capacité de parler de leur mort prochaine, parce qu'on leur donne la possibilité d'ouvrir un «espace» de communication.

F.K. : *Faut-il qu'il y ait des milliers de personnes qui meurent du sida pour que la société prenne conscience de l'existence d'un problème ? C'est toujours une petite minorité d'entre eux qui devient sujet et qui s'assume.*

A.T. : Je demande plutôt : à quelles conditions la majorité se reconnaît-elle dans cette action défensive ? Je crois que nous assistons à un basculement. Le mouvement ouvrier était minoritaire, il n'empêche que la question ouvrière a été ressentie par la majorité de la population comme centrale. Prenons l'exemple des femmes. Leurs revendications, longtemps minoritaires, sont aujourd'hui reconnues comme fondamentales pour toutes et tous. La revendication du sujet est beaucoup plus large que l'organisation de la lutte contre la désubjectivation. J'en viens à penser que l'image d'un monde privé de sens et d'acteurs ne correspond pas au monde réel. Tout individu peut devenir sujet, même s'il est prisonnier du péché, de chaînes, de réseaux financiers ; même s'il n'est sujet que par sa souffrance et sa protestation.

F.K. : *Mais les élus ne sont pas très nombreux...*

A.T. : Nous ne sommes que rarement des sujets, il est vrai, mais la vie de la plupart d'entre nous est commandée par cette valorisation du sujet, opposée à la tradition, à la loi divine, au scientisme. Notre rôle, en tant que sociologues, est de faire apparaître la capacité, le désir d'action, même dans les situations les plus défavorables. Les intellectuels qui parlent de la situation actuelle en termes de catastrophe – « on ne peut rien y faire » – ou bien favorisent un changement politique autoritaire et soi-disant libérateur, ou bien reconnaissent qu'ils ne peuvent proposer aucune pratique réelle. Il n'y a pas d'individu ou de groupe qui ne porte en lui la demande d'être reconnu comme sujet. Le fait de parler de la dépendance, du mépris, de l'exclusion est plus un rappel à soi comme sujet qu'à une classe ou à une nation.

F.K. : *Un certain pessimisme fin de siècle insiste sur l'irrationalité du monde moderne finissant. On peut dire que le sujet moderne en est imprégné et que cet irrationalisme fait retour en chaque situation de crise, comme celle que nous traversons, avec le déclin des États et l'émergence fantomatique des nouveaux identitarismes qui peuvent avoir des dimensions antidémocratiques.*

A.T. : La démocratie politique se dégrade si elle ne défend pas l'être social réel. Le républicanisme de la fin du XIXᵉ siècle, quand il ne s'est pas transformé en défense des droits des travailleurs, est devenu réactionnaire. Le républicanisme, et aussi le syndicalisme, deviennent conservateurs ou réactionnaires s'ils ne prennent pas en compte les droits culturels. L'existence même de la démocratie est commandée par sa capacité de combiner l'universalisme des droits avec des situations, des acquis, des héritages, des identités mêmes, de plus en plus concrets, non pas irrationnels, mais non définis en termes de rationalité instrumentale. La sociologie a réagi à la séparation croissante, à la fin du XIXᵉ siècle, entre un rationalisme scientiste et un nationalisme qui s'opposait à lui, les deux étant aussi peu acceptables l'un que l'autre. Chacun est forcé de mettre au centre de son analyse le fait qu'il est acteur social et qu'il mobilise des ressources pour défendre la singularité et la diversité de son histoire de vie. Cette singularité n'existe qu'en combinant la participation au monde de la rationalité instrumentale avec la défense d'un projet culturel particulier. D'un côté, le sujet se forme en s'appuyant sur le travail contre le marché et sa gestion, et de l'autre côté en se dégageant du communautarisme par la laïcisation, c'est-à-dire en séparant la croyance de la loi et de la coutume. Quand je m'appuie sur mon travail et mes croyances, ma volonté d'être sujet acquiert un contenu concret. Le sujet n'est pas le triomphe de la raison sur les particularismes culturels ; il est la capacité d'intégrer des tendances de plus en plus séparées, l'universalisme abstrait du marché et le particularisme trop fermé de la communauté. Cette capacité existe si je place des croyances au-dessus du monde communautaire et si j'oppose le thème du travail à celui du marché tout-puissant et impersonnel.

F.K. : *La société est de plus en plus marquée par ce qu'on pourrait appeler la conscience malheureuse. C'est une société où l'on est censé pouvoir se constituer en sujet, mais en même temps, ce sujet ne se constitue souvent que de manière virtuelle et plutôt dans une sorte de conscientisation, de subjectivation, en termes purement oniriques.*

A.T. : Le risque de destruction du sujet est toujours grand. Vous parlez de conscientisation, je n'en demande pas plus. Je dirai : plus il y a désintégration sociale, et plus on peut en appeler directement au sujet. Tandis que, quand je suis très intégré dans la société, dans des réseaux de relations sociales, j'en appelle à une société idéale, encore plus intégrée, d'une certaine manière communautaire, ou je me réfugie dans un pessimisme romantique à la Lermontov. Ce que nous voyons tous les jours est l'impossibilité de revenir en arrière et la nécessité de trouver un principe de non-décomposition de l'acteur, qui ne peut être, à mon sens, que le renforcement, voire même la formation de la capacité de tous, en particulier de ceux qui sont placés dans les situations les plus défavorables, de se comporter comme des acteurs. Il y a risque que ces gens exclus, et pas seulement eux, retombent soit dans un discours du type «le marché arrangera tout», soit dans une perspective du style «la communauté sauvera tout». Aujourd'hui, ce que j'affirme, c'est que la seule force capable de résister à ces divers modèles autoritaires est l'idée qui nous renvoie à nous-mêmes comme capables d'être acteurs et sujets ; ce n'est plus la référence à une société idéale ou à une évolution économique apportant l'abondance. Ce renversement est déjà massivement inscrit dans les faits. Il y a présence dans tout individu, même si c'est très faiblement, et de la conscience de son intégration dans le système de domination et d'un désir de libération.

F.K. : *Le sujet ne se constitue pas en relation avec une sorte d'idéalité de la société, mais avec ses propres ressources internes, subjectives, qu'il mobilise...*

A.T. : Les conditions de sa survie, d'abord. La première chose qu'il fait, c'est d'essayer de détacher son action et sa vie de travail de la logique du marché.

F.K. : *Mais le sujet ne saurait exister dans l'abîme du désespoir. Il y a un désespoir qui happe les désespérés et qui les fascine toujours plus, ce qui fait que la mutation dont vous parlez, c'est-à-dire la transformation du désespoir en espérance pour se constituer en sujet ne se fait pas si le désespoir est trop profond.*

A.T. : Vous avez raison. Je ne vois pas pourquoi je refuserais l'hypothèse de la non-constitution absolue du sujet, mais alors, il n'y a que deux issues possibles : l'une qui est de se rallier d'une manière ou d'une autre au système dominant, par exemple par la pure consommation de masse, l'autre de mourir, c'est-à-dire de s'autodétruire comme sujet, par exemple par la drogue ou par le suicide direct.

F.K. : *Qu'est-ce qui, dans le réel, vous interpelle tant pour que vous puissiez franchir le pas et dire : oui, il y a un sujet qui s'affirme dans la conflictualité, à la constitution de laquelle il contribue à son tour ?*

A.T. : Il n'est pas vrai que l'individualisme actuel n'ait d'autre issue que *la difficulté d'être soi*, selon le titre du livre d'Ehrenberg sur la dépression. D'excellents sociologues avaient parlé dans les années soixante-dix de la chute de l'engagement public. Je n'étais pas d'accord avec eux : l'individualisme mène à de nouveaux engagements collectifs, mais pour la défense de droits *personnels*. D'autre part, on assiste à toutes les époques à des conduites d'autodestruction. Durkheim a interprété cette autodestruction comme l'anomie, comme la décomposition du système des normes ou comme sa non-intériorisation. Aujourd'hui, c'est la dépression qui l'emporte, la difficulté pour l'individu d'être un sujet. On ne peut pas rendre compte d'une conduite sociale simplement en termes de participation et de non-participation. Je conteste l'idée que les individus agissent et se pensent seulement en fonction de leur situation dans la société. Il y a des conduites qui ne sont pas de participation ou de non-participation, mais de subjectivation ou de désubjectivation. Or cette dernière est mortifère : autant que l'anomie, elle mène au suicide. Il y a beaucoup de motifs de suicide. On se suicide parce qu'on est hors du système des normes ou parce qu'on est pris entre des normes contradictoires, mais on se suicide aussi parce qu'on n'arrive pas à assumer une charge trop lourde de subjectivation, et donc on tombe dans une désubjectivation dont le résultat est plus dramatique qu'une participation minimale. Ou bien on se rallie à un système de domination et on devient un « salaud », ou bien on s'autodétruit. Et beaucoup de discours recouvrent d'une très mince pellicule de cynisme un grand désespoir.

F.K. : *Le sujet, comment construit-il la transcendance ?*

A.T. : Il est par lui-même non social. La vie sociale repose sur du non-social. Il n'y a pas de système social auto-orienté, il n'y a pas de société définie seulement par des besoins, des fonctions, des normes.

F.K. : *Par quelle positivité vous remplissez ce « non » lorsque vous dites « non-social » ?*

A.T. : L'idée classique est que la société doit être constituée par le politique ; c'est la vision d'Aristote ou d'Arendt. Au-dessus du social, il y a le politique. C'est en son nom qu'on défendit les droits de l'homme et du citoyen contre les monarchies absolues. Toute société, pour le meilleur ou pour le pire, se construit politiquement par le choix entre le pouvoir absolu ou la démocratie, plus encore que par les rapports sociaux de production. Le politique a longtemps été considéré comme une catégorie d'un ordre supérieur à celle des faits sociaux. Mais c'est fini. Déjà, le mouvement ouvrier fut la défense des droits sociaux contre l'ordre économique dominant. Aujourd'hui, la défense des droits culturels s'oppose de la même manière au droit positif des États et à une conception purement politique de la liberté.

F.K. : *Vous dites : le politique, c'est le non-social. Mais la référence du non-social, c'est d'abord l'individu ?*

A.T. : Si l'organisation sociale n'est pas fortement orientée vers une forme ou une autre du sujet, l'ordre social devient pure domination. Je repousse la vision qu'on pourrait appeler positive ou économiste, utilitariste, de la société. Plus encore, l'idée, chère à la sociologie classique, que la société est en soi créatrice de normes, que le bien est ce qui est socialement utile et le mal ce qui est mauvais pour la société. Je me bats depuis très longtemps contre l'idée de société. Mon papier principal au Congrès sociologique d'Uppsala, à la fin des années soixante-dix, s'intitulait « How to get rid of the idea of society ? » (Comment se débarrasser de l'idée de société ?). Et j'ai repris ce thème un certain nombre de fois. Dans notre situation, ce qui est réel, ce n'est plus la société mais à la fois la technologie, le pouvoir et la référence au sujet.

F.K. : *Qu'est-ce que vous faites alors de la dérision du politique dans le monde actuel ?*

A.T. : Je l'explique par l'incapacité du politique à répondre à de nouvelles demandes, formulées en particulier en termes de droits culturels. Mais si le pouvoir politique parvient à sauver le *Welfare State* dans une économie mondialisée, il sera respecté.

F.K. : *Nous avons parlé de la dimension privative, parfois même négative, du sujet : la désubjectivation. Je voudrais vous demander : est-on sujet tout le temps dans sa vie ou l'est-on par intermittence ? Est-on sujet une bonne fois pour toutes, à partir d'une maîtrise de soi ou d'un rapport articulé avec l'extériorité, la rationalité, sa propre subjectivité, ses aspirations, ou bien le sujet est-il constamment à construire, ce qui expliquerait qu'il connaisse de temps à autre le vertige du vide, que la désubjectivation prenne le pas sur la subjectivation ?*

A.T. : Le sujet n'est pas un héros, il est plutôt un *loser*, c'est-à-dire quelqu'un qui est constamment menacé d'être vaincu. Il est une force de résistance, mais qui n'est pas purement morale dans la mesure où elle s'inscrit dans des institutions démocratiques. Je ne cesserai de souligner les liens entre l'idée de sujet, celle de démocratie et celle de mouvement social. C'est dire immédiatement que *vous* n'*êtes* pas, que je *ne suis* pas un sujet, exactement comme je n'ai jamais dit d'une grève : «*c'est* un mouvement social», mais : «il y a du mouvement social là-dedans». Il est rare qu'il y ait des mouvements sociaux purs, complets. On peut imaginer des personnages entièrement sujets. Par exemple, il est bien clair qu'une religion conçoit son fondateur comme un sujet pur, le Bouddha ou Jésus. Mais est-ce que le fait de vouloir s'affirmer comme sujet ne vous expose pas davantage à être un anti-sujet? Je le crois, et c'est ce que nous voyons à un niveau historique, avec les grands sujets collectifs.

Prenons ceux qui nous touchent au plus près au XXe siècle, les mouvements révolutionnaires, le mouvement communiste en particulier. Il a été lié à un mouvement social, le mouvement ouvrier; et c'est parce que ce mouvement ne se réduisait pas à des négociations collectives qu'il a plus facilement été exposé à se renverser en pouvoir totalitaire ou autoritaire : il était au niveau du tout ou rien. Le danger des grandes convictions, c'est le fanatisme. Comment peut-on éviter cela? Un mouvement révolutionnaire – les Brigades rouges par exemple, en Italie – se transforme presque naturellement en secte autoritaire qui souvent vit par ou pour la violence, et pour l'argent aussi, car il en faut pour exercer la violence. Les gens qui sont engagés dans une action sociale, religieuse ou politique, ne peuvent vivre une forte subjectivation que s'ils gardent une forte distance par rapport à leur rôle organisationnel et au pouvoir.

Prenons une image très populaire dans le monde européen occidental : saint François d'Assise. Il a eu des rapports étroits avec le pouvoir papal et en même temps a vécu à Assise dans la pauvreté. Il est mort dans une toute petite chapelle, mais tout autour, immédiatement, le pape a fait construire une énorme église qui enserre cette *porcioncula*. Le pouvoir papal a cherché à reprendre le contrôle du mouvement, mais l'important tout de même est qu'il y ait eu l'isolement dans les Carceri d'Assise. Je pense encore plus à Moïse, parce que c'est l'homme qui a «inventé», semble-t-il, le monothéisme. Au moment où celui-ci va donner naissance à un nouveau peuple, il meurt; il n'entre pas en Terre Sainte. On pourrait dire de tout sujet qui écrit l'histoire : il n'exerce pas le pouvoir sur une Terre Sainte. Il y a toujours une rupture entre le moment où un christianisme se constantinise et où des gens de foi ne suivent pas cette transformation.

Ce qu'il y a de sujet en nous est toujours à la fois engagé et dégagé. C'est pourquoi vous ne pouvez pas dire que tel groupe social, tel individu ou même telle idée, telle conviction, constitue un sujet social. Celui-ci est une force de détachement, de dépassement, il n'est pas de l'ordre de l'avoir. Je « n'ai » pas un sujet ; il y a du sujet en moi, et je le paie cher.

F.K. : *Force de dépassement... Ça ressemble étrangement à ce que, dans la philosophie idéaliste, on appelle la transcendance, c'est-à-dire le fait d'aller au-delà de. Votre sujet est constamment dans ce mouvement de dépassement de soi, de distanciation, de dialectisation. Pourquoi ne vous recommandez-vous pas de cet héritage philosophique et social du XIXe siècle ? Le sujet est ce mouvement de transcendance, ce qui le relie aussi à une théologie sécularisée. La manière dont vous définissez le sujet a des parentés frappantes avec cette représentation.*

A.T. : J'accepte le rapprochement. Je pense en effet que j'appartiens de quelque manière à la même famille. Mais je souligne aussitôt une différence : face aux réseaux financiers d'un côté, et à l'emprise des communautés, de l'autre, il y a de moins en moins de place pour un espace propre au sujet. Tout appel au sujet a été appel à un être transcendant, c'est-à-dire à un ordre supérieur des choses, donneur de sens : la création divine, la Raison, l'Histoire. Or tout cela a été brûlé au feu de la modernité. Aujourd'hui, ce que j'appelle le sujet n'est pas fondé sur une transcendance, ce n'est que l'appel à l'individuation. Le sujet n'est pas Dieu, la nature ou l'âme. La seule réalité qui puisse échapper au tout impersonnel du marché ou au tout trop personnel du communautarisme, c'est le Je, ma peau. Ce qui compte, c'est le Je individu, pas le Je porteur de la raison. Ce Je est conscience de la singularité du corps singulier, une conscience d'individualité, qui fait que je ne me réduis pas aux logiques impersonnelles de l'instrumentalité ou de la communauté. Le sujet se constitue par distanciation, dénonciation, retrait. C'est pourquoi je prends toujours les mêmes images, celle du dissident par exemple. Au départ, il y a quelqu'un qui dit « non ! ».

F.K. : *Ce sujet qui a dit non, ne l'a-t-il pas dit face à un pouvoir totalitaire ? D'une certaine manière, il avait la tâche facile, alors qu'aujourd'hui nous sommes confrontés à des pouvoirs démocratiques mous vis-à-vis desquels dire non n'a plus de sens héroïque ; ainsi, ce sens se dilue.*

A.T. : C'est vrai, il est moins tragique mais peut-être pas plus facile de dire non dans un monde *soft* que dans un monde *hard*. Quand nous dénonçons un scandale, c'est un demi-scandale : le Parlement, la télévision ou un leader quelconque va le dénoncer, alors que dans un camp de concentration ou dans l'exclusion sociale, c'est tout ou rien. Mais cela ne change rien au fond des choses.

D'abord parce que ce monde *soft* est très *hard* pour une grande partie du monde, pour les exclus et les précarisés, qui sont le cinquième ou le quart de la population ici et qui en représentent ailleurs beaucoup plus de la moitié. Toute réflexion doit en premier lieu casser cette espèce de consensus mou selon lequel, après tout, on n'est pas si mal que ça dans cette partie du monde où il y a des gens dans la misère, mais aussi tant de bien-être et de richesse. Cette manière de penser formule en termes statistiques ce qui est de l'ordre du sens. Il est vrai que nous avons toujours – ou presque – la possibilité de nous exprimer, mais nous sommes aussi exposés à la possibilité de ne pas être entendus. Les pessimistes disent même que plus on a le droit de parler, plus il est difficile de se faire entendre. Le monde semble devenu petit-bourgeois ; on dit qu'il n'y a plus de grands monuments, de grandes pensées, de grands enseignements. Mais c'est faux. Ce qui disparaît, c'est le lien direct d'une figure du sujet et d'un pouvoir ou d'un anti-pouvoir. C'est le problème même de la démocratie. Quand on donne le droit de vote à tout le monde, et que la télévision est partout, est-ce qu'il existe encore des actions libératrices ? Les fondateurs des démocraties modernes, les Whigs anglais, les pères fondateurs de la démocratie américaine ou les libéraux français comme Tocqueville, ont toujours été convaincus du contraire. Il fallait que la *senior pars* l'emporte sur la *major pars*. Le problème est réel. Mais cela ne peut en aucun cas faire argument contre la démocratisation, car il vaut évidemment mieux que tout le monde ait un millième de capacité d'être sujet que de voir celle-ci concentrée dans quelques individus, parce qu'ils sont situés dans une classe sociale, dans une langue, dans un pays, etc., et que le pire risque pour l'idée de sujet, comme pour toute idée universaliste, c'est d'être identifiée à une catégorie ou à un être social particulier.

Mais il est évidemment faux aussi de dire que le tragique a disparu. Si les dieux ont disparu, leur espace a été envahi par toutes sortes de pouvoirs sociaux, et nous avons toujours le sentiment d'être presque vaincus, de nous rattraper au dernier moment et de dénoncer le danger. Faut-il dire, comme beaucoup sont tentés de le faire : plus vous êtes sujet, plus vous risquez d'être un anti-sujet ? Ne vaut-il pas mieux être un petit-bourgeois radical-socialiste ou mollement libéral ? Mais comment pouvez-vous tenir un discours radical-socialiste dans la Palestine et l'Israël d'aujourd'hui ?

F.K. : *Vous dites que le sujet est en relation avec le tragique. Je voudrais développer cette idée avec vous parce que j'ai l'impression que le monde actuel oscille entre le surdramatique et le dérisoire. Tout est dramatique, mais rien n'est tragique. Le tragique ne se définit que s'il y a un horizon de sens où s'opposent, par exemple, le divin et l'humain, c'est le cas du tragique grec, ou s'il existe la possibilité de construire des caractères liés à l'absolu, comme le tragique shakespearien. Le tragique de la conscience stoïcienne qui, d'après Hegel, est en fait la conscience d'un esclave, se sublime toujours dans une autarcie intériorisée, ou encore le tragique de la conscience malheureuse chrétienne n'arrive pas à sortir de cette subjectivité et à se concilier avec la réalité.*

Ces catégories-là, qui avaient un ancrage dans la grande culture grecque, ont quasiment disparu. On vous sert à la télévision du dramatique et du surdramatique à longueur de journée : la mort du roi Hussein devient l'occasion de pleurnicher sur le décès d'un individu, certes estimable, mais dont la mort n'a rien d'exemplaire par rapport à des millions d'autres ; ou encore celle de Diana, suite à un accident de voiture. On est dans le spectaculaire, et le vrai tragique devient une quasi-impossibilité. Or vous nous dites : le sujet procède du tragique. Comment se définit alors le tragique ? Le tragique grec, c'était que des hommes, par leur démesure, s'opposent aux dieux et que les dieux les punissent. Le tragique romantique se définit par cette volonté d'autodépassement, celle de devenir un dieu, et par l'impossibilité de le réaliser sauf dans une sorte de vague à l'âme, de nostalgie dangereuse pour la démocratie. Le tragique est devenu une figure de l'impossibilité dans le monde moderne. Il est, à la limite, la figure de la monstruosité : le Palestinien qui se fait bombe vivante et va se jeter sur un bus en tuant des innocents pour se venger de l'humiliation sous occupation israélienne, ou le fanatique juif ou musulman qui tue sans vaciller des innocents, ou le révolutionnaire intrépide qui brise la trame de la vie des autres au nom d'un idéal dangereux, ou le purificateur ethnique qui viole ou tue au nom de la supériorité de sa race ou de son ethnie.

A.T. : On peut dire que nous vivons dans un monde où il y a moins de dramatique que de pathétique : on montre partout des cadavres. Pourtant, il est nécessaire de montrer qu'il y a aussi du tragique. Le tragique ancien requérait une grande mise en scène, une collectivité organisée, un pouvoir, des épées, des potences. Le tragique du sujet contemporain, c'est la perte de rapport entre soi et soi. C'est la folie, l'absence de possibilité de s'affirmer comme sujet dans sa personnalité. Nous perdons la capacité de tenir ensemble différentes significations de nos actes. Le détachement et l'engagement ne sont plus unis par un rapport au même ordre transcendant : on voit monter le sentiment tragique de la perte de soi.

Je ne crois pas qu'on puisse dire que notre société vit entièrement dans la douceur et la médiocrité. J'ai envie de dire que le tragique s'est démocratisé et qu'il y a du tragique en chacun de nous, mais qu'il prend moins souvent un aspect public. Le tragique s'est privatisé, mais il est là. Un nombre croissant de gens n'arrivent plus à conserver un lien entre leur dépassement du réel en tant que sujets, leur participation à une société ou à une culture de masse et leur engagement dans des relations inter-personnelles. Aucune idée n'est plus vivante en moi que celle que la vie sociale n'est « bonne » *que* dans la mesure où elle répond à des exigences non sociales. L'unité de la vie sociale a disparu ; il n'y a plus de « cité ». D'un côté, la technologie est devenue non sociale, c'est-à-dire a des effets sociaux propres, tandis que dans la société industrielle on ne pouvait pas séparer la division technique du travail de sa division sociale, des rapports de classe. Ce que j'appelle l'ordre du sujet est de plus en plus un ordre d'exigences qui ne sont pas sociales. Depuis la Déclaration des droits de l'homme, nous reconnaissons l'urgence de défendre les droits humains, politiques, sociaux et culturels. Il s'agit pour beaucoup de s'affirmer comme individus, comme l'ultime résistance à des logiques dépersonnalisées, d'un type ou d'un autre. Notre vie, notre droit, nos débats parapolitiques ou sociaux sont de plus en plus souvent des débats qui portent sur la sauvegarde, la résistance ou l'aide à apporter à ce qui n'est pas social dans le social. Par conséquent, je tends à donner beaucoup d'importance aux conduites de refus des pseudo-évidences de la société libérale, à la dénonciation et à la conscience du scandale. C'est ce qui a remplacé le religieux ou qui, parfois, emploie ses mots : la conscience d'être menacé directement dans sa capacité et son affirmation d'individuation et de ce que j'appelle subjectivation, c'est-à-dire le désir d'individuation.

J'ai parfois l'impression de courir en ce moment en sens opposé de celui dans lequel j'ai longtemps couru, de vraiment sortir de la philosophie de l'histoire. J'ai énormément cru à cette approche, dans le climat de la Libération, du mouvement ouvrier, des luttes anticoloniales. Aujourd'hui je me trouve en situation inverse et je sens que je lie le social plus fortement à l'ordre culturel qu'à l'économique. Ce retournement chez moi a commencé quand nous faisions une recherche sur le mouvement antinucléaire, il y a une vingtaine d'années. Dans un des groupes d'intervention sociologique que nous avions formés se trouvait un écologiste, Pierre Radane, qui a prononcé cette phrase : « Nous ne voulons pas vivre dans un monde meilleur demain, mais dans un monde différent, aujourd'hui. » Jamais phrase ne m'a autant fait comprendre la fin de l'évolutionnisme. À partir du moment où vous dites « un monde différent », vous êtes amené à dire qu'il y a des combinaisons différentes entre social et non-social, ou encore que l'économique n'est pas fondé sur lui-même.

Nous terminons notre siècle obsédés par la peur de tous les modèles sociaux totaux ou totalisants. Le mot « total » est le mot qui me fait le plus peur parce que, quand une réalité sociale se donne comme totale, elle ne peut le faire que par une destruction active, violente, non seulement de la diversité, mais du non-social, de toute volonté de liberté. S'il y a un principe total, il n'y a plus d'action possible. Si ceux qui parlent de pensée unique ont raison, si vraiment il y a domination absolue de l'économie globalisée, si vraiment il n'y a plus d'autonomie du politique et de différence entre la droite et la gauche, ou on se flingue ou on vote Front national !

F.K. : *Revenons au tragique et à la manière dont vous le définissez : les liens entre les divers pans du sujet deviennent problématiques, le sujet n'arrive pas à s'unifier.*

A.T. : Je ne dirais pas « les pans du sujet », je dirais « les pans de l'individu, de l'existence ». Notre amplitude d'oscillation s'accroît, nous ne sommes plus définis par notre place (supposée) dans la société. C'est ce qui justifie l'appel à un sujet qui n'est pas « bien pensant ». Une sage plaisanterie dit : « le seul avantage de la religion, c'est qu'elle nous protège contre la morale. » Cette éthique du sujet nous protège en effet contre tout moralisme ou toute définition de la moralité en termes de conformisme social.

F.K. : *Je crois qu'il existe un autre tragique propre au sujet : vous êtes sujet, vous vous assumez dans une idée, dans un idéal, et petit à petit, par un enchaînement insensible, vous vous trouvez être membre d'une secte. L'assomption de soi dans sa subjectivité peut se transcrire tout d'un coup dans une logique répressive, autorépressive ou répressive vis-à-vis des autres. J'ai vécu l'une de ces figures : pendant la révolution islamique, les jeunes Iraniens que j'ai vus, qui s'assumaient dans la dénonciation du régime despotique du Shah, par un mouvement dans lequel ils ont été emportés et à la construction duquel ils ont contribué aussi massivement, se sont trouvés impliqués dans une logique surrépressive, sous l'égide du Hezbollah. La frontière est ténue entre l'assomption de soi comme sujet et la fermeture sur soi dans une logique répressive. N'est-ce pas cela le tragique du sujet dans notre modernité tardive ?*

A.T. : Je comprends bien le processus que vous décrivez. Mais il correspond surtout à deux situations : à une très forte objectivation du sujet, qui devient Dieu, roi ou peuple, et, deuxièmement, à une définition négative de soi-même – je suis entièrement exploité, dominé, colonisé. Il n'y a pas d'action, de liberté, de démocratie possibles si l'on définit le dominé en termes purement négatifs, de privation. Dans le cas des jeunes Iraniens que vous évoquez, les deux dangers sont présents : ces jeunes gens se définissent comme déracinés, exploités, dominés, colonisés, et en même temps ils rêvent et agissent au nom d'une société parfaite contre un pouvoir diabolique. L'histoire est remplie de tels cas. Or la situation que, pour le moment, nous voyons dans les pays développés – mais je suis persuadé qu'on la vit d'une autre manière dans les autres parties du monde –, c'est le contraire, c'est-à-dire : la conscience de soi comme sujet ne trouve pas à s'inscrire dans des buts ou des cadres institutionnels, politiques, donc dans une action collective.

F.K. : *Je prends la figure de Khaled Kelkal, qui est devenu un terroriste islamiste en France. Il a eu le sentiment d'être racialisé, infériorisé, il a voulu s'engager dans l'action contre cette infériorisation et, de fil en aiguille, il se trouve embarqué dans une action terroriste. Ce que je vois, c'est aussi la prolifération des sectes. L'action sectaire montre que l'individu qui veut s'assumer dans sa spécificité, en retrait ou dans un rapport différent avec la modernité massifiée, se transforme quelquefois en un agent répressif. Cette transition n'est pas perçue par le sujet lui-même.*

J'ai été étonné de constater qu'un certain nombre de jeunes, dans les banlieues en France, n'avaient pas le sentiment de jouer avec le feu. Ce type de phénomène est très moderne. L'individu, en voulant sortir de la dérision de la quotidienneté, de la masse anonyme où il se sent dissous, peut se transformer en quelqu'un d'intolérant et de sectaire, qui exclut les autres, jusqu'au risque de mort. N'est-il pas, lui aussi, une figure tragique de la modernité ?

A.T. : Il faut distinguer fortement les deux exemples que vous donnez. Lorsque vous voulez vous affirmer comme sujet, lorsque vous sentez votre dignité personnelle écrasée, le sacrifice de soi est l'acte chargé du sens symbolique le plus fort. Je pense à Ian Palach. Je reconnais à quelqu'un comme Kelkal, pour ce qu'on sait de lui, en particulier à travers ses interviews réalisées par le sociologue allemand Dietmar Loch, ce sacrifice, cette révolte contre l'intolérable. Là où ça bascule, c'est lorsque vous traitez les autres comme des non-sujets, que vous employez la violence comme si aucune action publique n'était possible. C'est le cas de tous les terrorismes, surtout européens, que je trouve d'autant plus inacceptables qu'ils ne peuvent pas dénoncer des situations proprement insupportables. Le discours Baader-Meinhof était absurde étant donné ce qu'est la société allemande ; *idem* pour les Brigades rouges ou les autonomes italiens. En France, à Lyon ou à Lille, les musulmans sont souvent maltraités ou méprisés, mais ils ne sont pas expulsés ou déportés, comme si Le Pen était au pouvoir !

Le pire, c'est la secte, le groupe qui détruit le sujet. J'ai dit déjà qu'il est très difficile d'être sujet individuel sans garantie institutionnelle. Les dominés et les exploités ont souvent tendance à se constituer en contre-sociétés réduites à des groupes primaires : c'est le phénomène de la bande. De plus en plus de jeunes s'identifient uniquement à des groupes primaires : je suis de la bande X, de la tour Y ou de tel quartier de Vénissieux. C'est un grand danger. Phénomène analogue, historiquement parlant, à ce qu'a été la construction du nazisme : elle s'est faite à partir de bandes, de contre-sociétés, de groupements qui reposaient sur le crime et allaient jusqu'à l'exaltation de la destruction. Dès le départ, le nazisme a vécu dans le monde de la mort. Le sujet ne peut se manifester aujourd'hui que par la défense de l'individuel ; il ne peut plus s'identifier à un parti, une Église, une nation, un livre saint. À l'inverse, il a besoin de la démocratie et il en devient la raison d'être en inspirant un système de droit et d'éducation.

F.K. : *Dans vos catégories de mouvements collectifs, vous distinguez trois types : les mouvements sociaux, les mouvements historiques et les mouvements culturels. J'avais le sentiment, par le passé, en vous lisant, qu'il y avait quand même une hiérarchie implicite dans vos catégories, les mouvements sociaux étant historiquement, politiquement, les plus importants...*

A.T. : Il y a d'abord une différence de nature entre les mouvements sociaux et culturels, d'un côté, et les *mouvements historiques*, de l'autre. Les mouvements que j'appelle historiques sont associés à un «mode de développement». Ils sont, pour l'essentiel, des mouvements qui mettent en cause l'État, donc ce sont des mouvements vraiment politiques, comme par exemple le socialisme, le libéralisme, la lutte contre la dépendance. Certains veulent rompre avec le mode de développement capitaliste et cherchent à instaurer un mode de développement socialiste, c'est-à-dire dirigé par l'État. Un tel choix donne lieu à de si profonds conflits politiques que personne ne peut les considérer comme inférieurs à d'autres. Dans un pays comme la France où, vous l'avez justement remarqué, le rôle de l'État est central, on peut dire que les partis politiques ont toujours été plus actifs que les acteurs sociaux, que le mouvement patronal ou le mouvement syndical par exemple. C'est l'adoption de textes de loi qui a joué le rôle principal dans la transformation des rapports sociaux.

En second lieu, quels sont les rapports entre mouvements culturels et mouvements sociaux ? Les *mouvements proprement sociaux* donnent la priorité aux rapports sociaux – en particulier de production – dans un type de société. Ils tendent donc à accepter les orientations culturelles de cette société. (Ce qui fut le cas du mouvement ouvrier, qui avait la même culture industrielle que le patronat des usines qu'il combattait.) Mais ils risquent de se réduire à des luttes d'intérêts s'ils ne se réfèrent pas à une certaine modernité, c'est-à-dire à des transformations culturelles. Les *mouvements culturels*, eux, mettent l'accent sur les orientations culturelles d'une société, en montrant les sens opposés que les membres d'un même champ culturel lui donnent en fonction de leur rapport au pouvoir. C'est ce que j'ai déjà dit à propos de l'individualisme, thème qui peut conduire vers l'utilitarisme ou, au contraire, vers une sociologie du sujet. Mouvements sociaux et culturels sont complémentaires mais ils peuvent aussi être éloignés les uns des autres.

F.K. : *Tant que le sujet se trouvait subordonné au mouvement social, il disposait d'un pôle d'identification, donc d'insertion. Or même si vous maintenez à présent le lien avec le mouvement social, il est beaucoup plus lâche. Ce lien n'a plus le monopole dans la constitution du sujet. Qu'est-ce qui fait alors que ce sujet advient à la subjectivation, en l'absence de la garantie de son authenticité par le mouvement social qui lui donnait sens ?*

A.T. : J'ai tellement parlé des mouvements sociaux que j'ai peur de ne plus pouvoir me faire entendre sur ce sujet. Et pourtant je vous demande de m'écouter un instant seulement, car je veux expliquer pourquoi cette notion est neuve et n'est pas un fourre-tout. Ceux qui m'attaquent au nom *du* mouvement social dont ils se considèrent les interprètes, élus par eux-mêmes, ne m'entendront pas, ne me liront pas. Mais tous les autres peuvent comprendre ce que je veux dire. Je n'ai pas besoin de vous faire de leçon à vous, mais je voudrais que vous me disiez si mes mots et mon idée sont suffisamment clairs pour faire passer une idée neuve.

Quand je parle de mouvements sociaux, je ne parle pas des crises, des éruptions, des bouleversements d'un système social. Je parle, je ne parle que d'un acteur collectif qui porte en lui le sens, non pas de ces crises, mais d'une volonté de changement et de réappropriation de la société. Quand je parle du mouvement ouvrier, je ne parle pas des contradictions et de la crise du capitalisme, mais, ce qui est bien différent, de la volonté collective des travailleurs de se réapproprier la production et la société industrielles. Un mouvement social est un rappel à soi et à la liberté créatrice d'un acteur qui lutte contre sa déshumanisation, son exploitation, sa dépendance. Et ce rapport à soi suppose une conscience possible, un sens de l'action qui est renforcé par l'action elle-même. C'est pourquoi définir le mouvement social comme dénonciation d'un scandale ou d'une injustice n'a aucun sens, puisque de telles expressions ne nous disent rien du sens de l'action et que celle-ci ne peut être appelée mouvement social que si elle met en cause la gestion sociale des grandes orientations et des grands investissements d'une société.

De difficiles questions se trouvent aussitôt posées : comment une telle action se forme-t-elle ? Quel est son rapport avec l'action politique ? Exige-t-elle la démocratie ou peut-elle apparaître sous un régime autoritaire ? Quel est le rôle des dirigeants ? Quel degré de conscience de soi ses membres doivent-ils avoir ? Mais peu importent ici les réponses à donner ; une seule chose compte : je parle d'un sujet de l'histoire, je ne parle pas des problèmes, des faiblesses et des drames d'une société. Et qu'on ne fasse pas semblant de ne pas me comprendre : un mouvement social a un adversaire social et l'enjeu de leur conflit est la gestion d'une société réelle ; ce qui est très différent d'une analyse des faiblesses ou de la décomposition d'un système. C'est la volonté collective, contestataire et créatrice, positive donc en même temps que critique, qui constitue un mouvement social, c'est-à-dire qui atteint le sens qu'une société produit d'elle-même et sa conception de la justice et de l'égalité. Quelle incroyable prétention faut-il avoir pour appeler mouvement social toute revendication, manifestation, pourquoi pas pétition, dirigée par des amis ou des camarades, qu'ils soient une centaine ou un million !

Si la notion de mouvement social est nécessaire, c'est parce qu'on peut la distinguer d'autres niveaux d'action collective mais, beaucoup plus encore, parce qu'elle nous fait basculer d'une étude du système à une analyse et à la compréhension d'un acteur. Car parler d'acteur et de mouvement social revient en fin de compte à parler de liberté et d'égalité, tandis qu'on parle du système en termes d'intégration ou de crise, d'équilibre ou de changement.

Finira-t-on par comprendre qu'il ne s'agit pas, dans ces interminables querelles, d'être réformiste ou révolutionnaire, partisan du compromis ou de la violence ; il s'agit de transporter l'analyse qui était menée du point de vue du système vers celui de l'acteur. Ce qui a disparu, c'est les mouvements sociaux qui étaient avant tout des mouvements politiques, organisés comme des armées, mobilisés pour la prise de pouvoir. Il faut pourtant ajouter que les mouvements sociaux, surtout à leurs débuts, se mêlent souvent à des révoltes contre l'ordre dominant. C'est le cas aujourd'hui avec les soulèvements contre la globalisation à Seattle, Washington ou Millau, dans lesquels on voit apparaître des mouvements de défense locale, en même temps qu'une contestation du monde globalisé.

Aujourd'hui, regardons le mouvement des femmes : l'organisation de mouvements politiques de femmes a été presque partout un échec. Il s'est formé seulement des groupes de pression pour obtenir une loi, et une fois cette loi obtenue, tout s'est décomposé. Est-ce à dire qu'il n'y a plus de mouvement des femmes ? Sûrement pas. Notre recherche, menée il y a une vingtaine d'années avec des femmes de grandes responsabilités et de réflexion, a connu dans une première étape un échec, parce que leur action était en décomposition. Une deuxième phase d'intervention sociologique menée avec des institutrices, infirmières, vendeuses de grands magasins, a au contraire mis en évidence les effets immenses du mouvement féminin.

C'est une des raisons pour lesquelles je suis, au total, un défenseur des médias et de la télévision, car je trouve qu'au niveau de l'« opinion publique », les mouvements sociaux d'aujourd'hui ont plus de visibilité qu'au Parlement et plus au Parlement que dans les syndicats. Nous vivons dans un monde où le degré d'organisation, d'institutionnalisation, de légitimation des actions collectives est de plus en plus faible, mais où il y a tout de même de grands changements. Ces mouvements apparaissent comme faibles parce qu'ils n'ont pas d'effet institutionnel ou dramatique visible, mais ils ont souvent une présence plus forte dans la conscience individuelle que les mouvements antérieurs. Il y a de moins en moins de militants d'organisations, mais autant ou plus de gens concernés. Les femmes dans la vie quotidienne manifestent tous les jours, dans toutes les situations, leur volonté, leur sensibilité. Prenons le thème de la parité, thème si fort qu'il a imposé une transformation constitutionnelle. Le degré d'organisation de cette campagne a été faible ; cette idée extraordinaire s'est répandue presque toute seule, presque de conscience à conscience, mais ses effets sont de longue durée.

Nous trouvons le monde vide de mouvements sociaux si nous cherchons des mouvements sociaux semblables à ceux du siècle dernier, tout comme au siècle dernier on trouvait le vide si on cherchait l'équivalent de la Révolution française. Parce que les mouvements qui ont un contenu culturel n'ont ni les mêmes objectifs ni les mêmes formes que ceux qui avaient des buts sociaux, qui eux-mêmes n'avaient pas les mêmes formes ni les mêmes contenus que ceux qui avaient des objectifs politiques.

F.K. : *Donc, finalement, ce sont les mouvements culturels qui se sont substitués aux mouvements sociaux.*

A.T. : S'il fallait aller vite, je répondrais oui. Dans *Comment sortir du libéralisme ?* je le dis d'une manière presque aussi nette. Dans les analyses qui ont été faites des mouvements ou des actions collectives des cinq ou dix dernières années en France, beaucoup de gens ont commis un contresens, la même erreur de jugement que beaucoup avaient commise en 68. En 68, les éléments les plus actifs du mouvement étaient ouvriéristes, alors que le sens historique du mouvement était tout sauf ouvriériste ; il marquait même la fin du mouvement ouvrier comme mouvement social d'ensemble. Pendant les dernières années, la défense de l'État gestionnaire a risqué de masquer la montée de mouvements culturels, en tête desquels, de très loin, se place le mouvement des femmes, mais aussi le mouvement écologiste. Déjà, en 1983, le mouvement des beurs disait «Vivons ensemble avec nos différences» : on n'a jamais parlé plus juste. Montée aussi de l'action des gays et lesbiennes, et des actions en faveur des minorités, des immigrés, des musulmans. Nous sommes au milieu de ces mouvements. La transformation est fantastique. En peu de temps, un langage économique a été remplacé par un langage culturel et moral. Ce renversement est aussi important que celui qui a eu lieu à la fin du XIXe siècle. Je ne parlerais pas du thème du sujet si je n'avais pas le sentiment qu'il a, socialement, une grande réalité. Faut-il aller jusqu'à dire que le mot «sujet» et l'expression «mouvement social» sont synonymes ? J'ai envie de dire oui. Il est évident que le mouvement social est collectif ; mais l'individu qui se définit, lui, comme sujet, ne peut pas le faire sans reconnaître l'autre, les autres, comme sujets. Il est essentiel de continuer à accorder un rôle central à la notion de mouvement social, dans la mesure où c'est ce par quoi l'appel au sujet se fait entendre sous forme de combativité sociale, qui ensuite se transcrit en règles institutionnelles, lesquelles enfin se transforment en modes d'organisation sociale. Je reviens sur une idée importante : l'action contre la globalisation est un mouvement historique ; la revendication du sujet est un mouvement social et culturel.

F.K. : *Arrêtons-nous un instant sur la question des affects du sujet. Pour certains, l'affect essentiel du sujet moderne est le sentiment d'être méprisé, pour d'autres, c'est l'indignité, pour d'autres encore, le narcissisme, le retrait en soi. Pour vous, l'affect essentiel du sujet, c'est la colère. Pouvez-vous développer ce thème ?*

A.T. : C'est l'affect primordial. Tout commence avec de la colère, avec du rejet et non avec de l'affirmation. Je suis menacé par le monde instrumental ou par l'esprit communautaire, je cherche à sauver ma peau. Tout commence par une opposition, sans laquelle rien ne se fait. Tout commence par le rejet, la dénonciation, la colère à l'égard d'une menace qui pèse contre mon individuation.

F.K. : *Mais pourquoi la colère ? On peut être apathique...*

A.T. : Il y a beaucoup de manières d'être en colère, mais celle-ci dit toujours : quelque chose de fondamental, qui me constitue, est menacé par des logiques ennemies. Donc je ne peux pas commencer par la négociation ou même par la guerre ; je commence par dire : c'est un scandale, c'est intolérable, et je me mobilise. C'est une colère qui m'élève, moi individu banal, au niveau de la défense de l'individuation et du sujet contre un système qui m'écrase matériellement, idéologiquement, institutionnellement. La colère est nécessaire. J'ai de la peine à concevoir la formation d'un sujet sans colère. En revanche, on peut écraser des tas de gens, sujets ou non, sans colère. Dans un système totalitaire, on ne demande pas au bureaucrate bolchevik, par exemple, de se mettre en colère : il accomplit un acte prescient, commandé. La colère est une affirmation d'une force extraordinaire, car elle est gratuite au sens où elle ne répond à aucun calcul.

F.K. : *Une bonne partie de la philosophie classique pense que la colère est dépossession de soi, qu'elle travaille à l'éloignement du sujet par rapport au soi raisonnable. Vous inversez cette logique.*

A.T. : Absolument. L'être raisonneur me fait souvent plus peur que l'être en colère. J'ai une vraie terreur, comme, je crois, la majorité des gens de mon temps, à l'égard des actions menées au nom de la raison, que ce soit la rationalisation du travail, le rationalisme bolchevik ou le modernisme colonisateur. Beaucoup de crimes ont été commis au nom de la raison, même si la déraison a donné naissance également à de grands crimes (en particulier ceux du nazisme). Il n'y a pas de sujet qui ne soit pas d'abord en état de refus et de résistance ; il s'élève ainsi au-dessus de soi, et quand il se met en colère, il prend des responsabilités. Si on se place du côté du plus faible, la colère est indispensable pour briser la mauvaise conscience régnante. Vient primordialement la *colère*, vient ensuite l'*amour* ou la *solidarité*, parce que, pour que je transforme ma colère en action positive, il faut que je me sente solidaire des autres ; et enfin, vient le passage à l'idée de *justice*, qui n'est pas abstraite si je ressens profondément que des gens sont victimes de l'injustice. Je n'imagine pas un mouvement social sans conscience ressentie de l'injustice.

F.K. : *Vous semblez suggérer que nous éprouvons d'abord un sentiment suraigu de l'injustice, et qu'après vient la justice.*

A.T. : Je préfère dire le «scandale» au lieu de l'«injustice», qui évoque plutôt des rapports sociaux. C'est quelque chose d'inacceptable, qui menace le sujet de destruction. De la conscience du scandale, il faut que je passe à la pénétration de valeurs dans un système social qui tend toujours à se refermer sur lui-même.

F.K. : *Comment le sujet pourrait-il être serein alors qu'il est pris en tenaille entre la colère, le scandale et l'amour ?*

A.T. : Dans notre monde, ce n'est pas possible. Certes, il y a de la sérénité. Lisez des lettres de fusillés ; elles contiennent presque toutes l'affirmation de leur sérénité : je vais mourir, je n'ai pas peur, maintenant je suis en paix avec moi-même. Leur maîtrise de soi est totale ; elle ne se place pas seulement sur un plan politique. Ce thème de la sérénité me semble avoir dans notre monde une place tout au sommet, c'est l'image christique du don de soi.

F.K. : *L'amour a classiquement deux sens : solidarité avec des humiliés, et attirance envers une autre personne. Prenons Socrate : dans* Le Banquet, *de Platon, l'amour est pour lui le fils de la pauvreté et de l'expédient, c'est quelqu'un qui partage l'indigence extrême, qui n'est pas autosuffisant, et qui a également la sagacité extrême, c'est-à-dire qu'il a besoin de l'autre et que ce sentiment lui donne un surplus de vitalité, de « subjectivité ». Il y a aussi une autre figure de l'amour, telle qu'elle apparaît dans la littérature arabo-musulmane : Majnoun tombe amoureux de Leili, mais c'est un* habitus *encore plus profond puisque toute autre femme devient l'incarnation de Leili. Ou encore, il y a la rigueur tragique de Roméo et Juliette : il y a réconciliation* post mortem *des familles à partir de leur amour tragique. Comment envisagez-vous l'amour, dans cette galerie d'amour ?*

A.T. : Il n'y a pas de relations sociales d'égalité. Lorsqu'il y a des relations d'égalité, elles ne sont pas sociales. C'est le cas de la relation amoureuse, qui est une relation d'égalité. Mais nos conduites sont libres en partie grâce à des institutions qui protègent le non-social supérieur au social. Une société démocratique reconnaît que le non-social l'emporte sur le social. Ce qu'on appelle amour, c'est la formation d'un sujet par la rencontre d'un autre sujet : deux personnes qui se reconnaissent comme faisant le même effort pour concilier leur sexualité avec leur conscience de soi. Les deux sujets se reconnaissent mutuellement et se constituent comme sujets parce qu'ils reconnaissent qu'ils se constituent par cet effort pour mettre ensemble des choses qui sont opposées. On ne peut pas identifier l'amour au pur désir, ou inversement, à la pure communauté d'appartenance. D'un côté, vous êtes dans la sexualité seulement, de l'autre, vous êtes dans un rapport fraternel ; ce sont deux composantes opposées de l'amour. La conscience amoureuse provient de ce que l'un et l'autre se constituent en sujets, en unissant leur sexualité commune avec des orientations culturelles en partie identiques, en partie différentes. Si la relation de partenariat n'est pas là, vous pouvez, certes, éprouver du désir, mais il n'est pas question d'amour.

F.K. : *Dans* La prisonnière *de Proust, ce qui est présent de part en part, c'est la jalousie, l'impossible amitié. L'autre devient énigmatique, tout contact avec l'autre peut épaissir le mystère de son être tout en vous détruisant dans cet amour inlassablement jaloux. Dans la théorie de la cristallisation de l'amour de Stendhal, vous projetez sur l'autre votre propre manque à être et, finalement, l'autre devient ou bien celui ou celle qui vous torture ou celui ou celle qui vous importe par sa présence. Ou bien il y a trop d'être de l'autre dans l'amour, ou bien il n'y en a pas assez. Dans les deux cas de figure, je ne vois pas comment une amitié équilibrée peut s'instaurer quand il s'agit d'un amour passionnel.*

A.T. : L'échec de l'amour, c'est la passion. Ce montage compliqué qu'est l'amour est fragile, instable. On essaie donc à tout instant de le simplifier soit par la fusion, soit au contraire par l'opposition et la contradiction. L'amour n'existe jamais sereinement. Il est toujours pris entre la passion ou la fusion, et la reconnaissance de l'autre. Une relation amoureuse est toujours instable, prise entre le passionnel et, de l'autre côté, ce que Fourier appelle l'amour céladon, platonique. À défaut de trouver du bonheur dans la construction amoureuse, je peux trouver du plaisir dans son impossibilité ou sa destruction. Les grandes amours sont faites de destruction de l'autre et d'autodestruction autant que de création de soi comme sujet.

8

L'intellectuel et la politique

F.K. : *Vous écrivez tous les mois plusieurs articles qui ont partie liée à l'actualité. Comment procédez-vous pour vous procurer les informations ?*

A.T. : Tout d'abord, je dois dire que pour moi et pour beaucoup de Français les sciences sociales ont toujours été liées à la politique. J'ai fait mes classes de sciences sociales à la Libération, en lisant ce que disaient les journaux sur les mouvements de décolonisation et les grandes grèves ouvrières. La réalité sociale, je l'ai connue à travers ces grands événements. Chacun prenait parti, plus pour des raisons générales qu'en réelle connaissance de cause d'ailleurs.

Il ne faut pas me demander comment je suis passé de la réflexion sociologique à la lecture de l'actualité ; les choses se sont faites pour moi en sens inverse. Je me suis toujours intéressé à la politique contemporaine, à Mai 68, au coup d'État chilien, au déclin du socialisme, à la crise du communisme. J'ai toujours écrit, parallèlement à mes livres majeurs, sociologiques, des livres mineurs qui sont d'actualité. C'est un besoin pour moi et je défends en général un point de vue minoritaire. Aujourd'hui, j'éprouve moins d'intérêt qu'autrefois à m'exprimer sur ce type de problèmes, tout simplement parce que la sociologie que je fais est de moins en moins historique et de plus en plus morale. Mais je sens toutefois le besoin de m'exprimer lorsque je juge que les positions dominantes sont fausses.

C'est dans cet esprit que j'ai écrit mon dernier petit livre *Comment sortir du libéralisme ?* Il s'agissait avant tout de faire comprendre qu'il ne faut ni être libéral ni rêver d'un retour à l'étatisme et surtout que les Français se sont enfermés dans un dilemme artificiel entre choisir l'efficacité compétitive ou, au contraire, sauvegarder la sécurité acquise et se sont presque étranglés de leurs propres mains. Les idées sociologiques n'ont d'importance que si elles aident à comprendre le présent et à agir sur lui. Je suis très méfiant à l'égard d'une sociologie qui se referme sur elle-même, sur ses luttes d'écoles, et qui fait de moins en moins référence à la situation sociale. Autant il est stupide d'en appeler à la «réalité», autant il est important, nécessaire, de construire des analyses qui puissent être testées quotidiennement. On ne peut pas se passer, en sociologie comme en économie, d'une référence constante aux faits observables.

Mais revenons à votre question sur l'information. La nouveauté aujourd'hui, c'est de pouvoir accéder à un niveau d'information qui était hors d'atteinte autrefois. Si vous lisez *Le Monde*, *The Economist*, *Herald Tribune*, ou *El País*, vous recevez une très bonne information. Notre ignorance en revanche porte sur le sens que acteurs donnent à leurs propres actes. Et c'est contre cette ignorance que nous devons lutter, sans nous contenter d'une explication par le dehors, notamment par la situation économique.

F.K. : *À quel moment décidez-vous d'intervenir publiquement ?*

A.T. : J'interviens lorsque j'ai une capacité de lecture, c'est-à-dire lorsque je sens non pas que j'ai une information parfaite, mais que j'arrive à raccrocher des idées générales à une situation. Et quand vous suivez une situation, vous vous rendez vite compte si vos idées «marchent» ou pas. Je viens d'exprimer des idées sur la guerre du Kosovo. Mais je ne suis pas sûr de les trouver utiles dans trois mois ; c'est pourquoi je ne suis pas journaliste. Celui-ci est plus proche du présent et donc prend moins de risques que l'intellectuel qui écrit dans les journaux.

F.K. : *Pourquoi n'avez-vous pas fait de politique ?*

A.T. : Faire de la politique, ce n'est pas la même chose que réfléchir sur la politique. Moi, je m'intéresse à la société, autrement dit à des faits qui ne se limitent pas à des problèmes de politique économique, sociale ou autre ; je suis surtout attentif aux tendances de la société, aux transformations du sujet, des rapports d'autorité ou de la famille. Le premier but d'un responsable politique, dans un pays démocratique, c'est d'être élu. Par conséquent, il accorde autant d'importance à son électorat, à la politique proprement dite – c'est-à-dire politicienne – qu'aux problèmes de longue durée. En outre, c'est un monde où il faut décider très vite, dans un environnement mal contrôlé où beaucoup de variables se croisent. Là se situe tout l'art de la politique. Tandis que nous, sociologues ou historiens, nous nous efforçons de raisonner à long terme sur des réalités générales en partie débarrassées des aléas de la conjoncture. Le monde de la politique est un monde encore plus dur que celui des affaires. Tout y est stratégie et pouvoir. Le monde économique, c'est celui de l'argent ; le monde politique, c'est celui du pouvoir. Le monde intellectuel est obnubilé par la notoriété ; c'est plus bénin.

F.K. : *On parle d'échec de la pensée...*

A.T. : L'intellectuel s'est toujours senti proche de l'État ; il voudrait être le conseiller ou le critique du prince. Les intellectuels démocrates sont restés le plus souvent loin du peuple mais actifs lorsqu'ils contestaient le pouvoir (Voltaire et la persécution des protestants, l'Affaire Dreyfus, l'anticolonialisme). Les intellectuels sont pour ou contre le prince, mais ils se sont peu intéressés à la société. Je reste très sensible au mouvement ouvrier, parce que le syndicalisme dans ses débuts a défendu la prédominance du social sur le politique.

F.K. : *Vous dites souvent que les intellectuels sont fascinés par l'État mais ignorent tout de la société...*

A.T. : Je reconnais qu'au XXe siècle, c'est l'État qui a été le grand acteur et que le méli-mélo social-démocrate n'a pas été un brillant analyste. Mais je pense que nous devons parallèlement découvrir, redécouvrir le social, les acteurs sociaux, la société civile, comme on l'a fait au milieu du XIXe siècle et comme on l'a fait aussi à d'autres moments de l'histoire ou ailleurs dans le monde où l'on s'est interrogé par exemple sur le colonialisme européen ou sur la dualisation structurelle des pays dépendants. Surtout maintenant en Europe où nos États-nations ont de moins en moins d'autonomie s'impose un retour à la nation-société et à ses problèmes moraux, d'environnement, de droits des minorités d'un type ou d'un autre. Tous nos républicains d'aujourd'hui forment un front uni, de l'extrême droite à l'extrême gauche, pour qu'on ne parle pas de la société. Je pense que c'est suicidaire.

F.K. : *Certains intellectuels, comme Bernard-Henri Lévy ou Alain Finkielkraut, ont quand même été actifs dans la dénonciation des divers génocides. Mais ceux qui dénoncent la dilution du politique développent des idées qui peuvent aller jusqu'à un républicanisme nostalgique d'un passé mythifié.*

A.T. : Oui, c'est ce que je pense. Quand Finkielkraut a écrit *La défaite de la pensée*, j'étais si indigné que j'ai décidé d'écrire *Critique de la modernité*. Mais je vois maintenant Finkielkraut s'enthousiasmer pour les petites nations ! J'ai de la peine à passer d'un de ses livres à l'autre. Seul demeure constant chez lui le rejet du sujet réel, avec la domination qu'il subit et la culture qu'il défend.

Je trouve que BHL a manifesté de la sensibilité aux nouveaux problèmes, et peu m'importe si certains sont agacés par lui. Des gens comme lui et Glucksmann ont tout à fait contribué à juger moralement les sociétés. Je n'accepte pas les critiques qu'on fait à Luc Ferry ; il parle de l'individualisme, de l'écologie, des problèmes de morale et donc, sans avoir ses idées, je me sens appartenir au même univers que lui. Ma défense des acteurs sociaux est ma forme de laïcité. La séparation de l'État et des Églises est de l'ordre de la nécessité. La laïcité, si elle sépare les Églises de l'État, doit permettre le développement de la communication entre des pensées, des sensibilités, des groupes sociaux, et elle est donc la base indispensable de tout pluralisme et de toute démocratie représentative. C'est parce que je suis laïque que je pense qu'il faut libérer le social – et sa diversité – de l'emprise unificatrice de l'État. La *République*, c'est un mot qui sert trop souvent à dire : le social doit être soumis au politique. C'est l'image de Zola : il faut que ce soit les intellectuels libéraux qui viennent libérer les ouvriers, qui sont écrasés et abrutis. Et pendant ce temps, on n'a jamais fait attention à tout ce qui se faisait à tous les niveaux de la société. J'aimerais que l'illusion républicaine disparaisse, car elle éclipse la pensée sociale.

F.K. : *D'après vous, la vraie modernité, en France du moins, c'est l'affranchissement du social et du culturel du joug du politique ?*

A.T. : C'est trop radical de formuler des choses comme ça ; j'ai peur des affirmations antipolitiques, de type populiste. Ce que je ne crois pas, en revanche, c'est que l'État – le prince, l'Église, les élites dirigeantes et critiques – puisse et doive, d'en haut, transformer la société. Je demande qu'on distingue le politique de l'étatique, et qu'on enlève à l'État sa prétention à incarner un absolu. On parle de l'État français comme on parle de l'Église catholique ou comme on parle de l'islam en Iran. La démocratie doit être représentative, ce qui signifie que les acteurs sociaux soient reconnus comme orientant les agents politiques. Quand un agent politique ne représente plus de demandes sociales, la démocratie entre en crise. Aujourd'hui, il faut que priorité soit donnée aux grands choix socio-culturels par rapport aux choix étatiques qui sont essentiellement des choix de politique économique internationale, dont je ne sous-estime d'aucune manière l'importance au demeurant. La priorité doit être donnée aux problèmes les plus proches des gens.

F.K. : *Vous n'aimez pas Tony Blair non plus...*

A.T. : Si j'étais anglais, je n'aurais évidemment jamais voté pour Margaret Thatcher et face à Major, j'aurais voté Blair car il réveillait le pays assoupi. Aller au centre-droit, c'est faire un grand mouvement vers la gauche quand on vient de Thatcher ! Le cas Jospin est beaucoup plus complexe parce qu'il a à la fois un côté centre-droit et un côté vieille gauche. L'ensemble donne au total une politique de centre-gauche. Le gouvernement Jospin, ces trois dernières années, a été presque le seul gouvernement de centre-gauche en Europe. Mais il ne pourra pas rester allié aux communistes pendant dix ans encore. Le parti socialiste a admirablement sauvé la France de sa dépression des années 1991-1997 et celle-ci lui en a une grande reconnaissance – que je partage – et continue à voter pour lui, mais il n'a pas pour l'instant donné de contenu à cette politique de centre-gauche au-delà de l'effet d'annonce des trente-cinq heures, mesure qui ne résout aucun problème de fond. Il y a aujourd'hui un vide, c'est la raison pour laquelle j'ai voté aux élections européennes pour Cohn-Bendit, parce qu'il me semble représenter l'appel à un nouveau contenu, à de nouvelles préoccupations sociales et que je suis très sensible à sa position radicale sur le Kosovo, à sa pensée positive sur l'Europe et à sa position courageuse en faveur des sans-papiers. Je souhaite qu'il réveille le centre-gauche. Cet appui à Cohn-Bendit ne doit pas être compris comme hostile à l'égard du parti socialiste, mais le PS est aujourd'hui trop éloigné des demandes sociales et culturelles. La distance prise par lui avec la politique antérieure est insuffisante. La gauche, comme la droite, défendent plus l'acquis que la création.

F.K. : *Que pensez-vous des élections européennes du 13 juin 1999, compte tenu des enjeux et de la déconfiture de la droite, de sa division, de son éparpillement ?*

A.T. : Dans ces résultats français et européens, presque tout m'a plu. Je me suis senti vraiment heureux. Pourquoi ? Partons de la France. La politique française a comme tâche principale depuis cinquante ans de passer d'une politique *pour l'État* à une politique *pour la société*. Ce qui s'est passé en économie doit se passer en politique. Or c'était jusqu'ici presque impossible. La politique française était dominée par les gaullistes et les communistes, alors que les libéraux et les socialistes étaient très faibles et de plus n'étaient pas sortis de manière brillante de la guerre et de la Libération. La confusion a duré très longtemps après la fin de l'accord, bref mais très fructueux, entre de Gaulle et les communistes. Ensuite on est passé à une politique purement anticommuniste et embarrassée par les guerres coloniales. Donc, la France, tout en se développant économiquement, était inexistante politiquement. Puis commença la longue marche, pleine de retours en arrière, de la gauche. Mitterrand, qui n'était ni de droite ni de gauche, ni les deux à la fois, a construit une stratégie de pouvoir fondée sur l'alliance avec les communistes. Mais comme il avait une conviction européenne forte, pendant son règne la tendance «libérale» au sens politique du terme s'est renforcée par rapport à la tendance jacobine. Peut-être cette contradiction assumée a-t-elle permis d'avancer. Je crois plutôt le contraire et que la chute de la France, pendant les années quatre-vingt-dix, tient à ce que la France mitterrandienne a vécu dans l'incohérence et finalement dans l'angoisse, en voyant qu'elle perdait sur les deux tableaux, l'économique et le social.

Maintenant, enfin, la nouvelle gauche, plus européenne et plus libérale, qu'essaie de redresser Dany Cohn-Bendit, remporte un succès net, passe devant le parti communiste qui, par ailleurs, se trouve affaibli aussi par la réorganisation d'une extrême gauche qui est résiduelle mais a quand même une certaine visibilité. Par conséquent, on peut espérer un basculement de la gauche vers l'avenir, vers une nouvelle gauche à la fois ouverte économiquement, soucieuse de justice sociale et animée par de nouveaux thèmes culturels. La gauche fait enfin sa mutation. Pour moi, c'est une satisfaction générale mais aussi personnelle parce que toute ma vie, j'ai défendu cette position-là, en particulier avec les «rocardiens». Et quelle satisfaction de voir se dégonfler les baudruches politiques et idéologiques des années quatre-vingt-dix! Je suis très satisfait de voir que les pythies, qui tenaient le devant de la scène il y a quelques mois encore, ont été largement réduites au silence par une gauche dont le discours s'est renforcé, tout en restant insuffisant.

À droite, la mutation semblait devoir se faire plus naturellement, de Pompidou à Giscard d'Estaing, etc. Mais en fait, elle ne s'est pas produite. Le RPR apparaît comme le lieu de toutes les contradictions. Les anti-Maastricht, anti-Europe, ont voté pour Pasqua, qui a eu raison de maintenir ses convictions et de les exprimer clairement. Autant de voix en moins pour Le Pen! De l'autre côté, il est normal que les libéraux pro-européens menés par Bayrou réapparaissent sur la scène politique. Entre les deux, ce pauvre RPR a vu partir Séguin, un gaulliste anti-maastrichien, arriver provisoirement Sarkozy, un anti-chiraquien proche de Balladur, qui ne sait plus où il va et fait même alliance avec un ultralibéral, Madelin. Aujourd'hui Séguin revient et Juppé a le droit de réapparaître. La droite française n'a pas réussi sa mutation, alors que la gauche, malgré la lenteur de son évolution, finit, parfois contre son gré, par la réussir.

Deuxième grande satisfaction : depuis deux ans, j'ai écrit plusieurs textes contre le thème de la troisième voie, que je définis comme une politique de centre-droit menée par des hommes de centre-gauche ; je suis donc content de la déculottée de Schröder à cette élection. Dans le cas anglais, je suis plus prudent à cause du changement de mode de scrutin, mais il n'en reste pas moins que le Labour a perdu un nombre considérable de voix et qu'il a perdu Londres. La France était considérée comme un pays aberrant. Quelques jours avant les élections européennes, MM. Schröder et Blair, de la manière la plus choquante qui soit, faisaient la leçon à Jospin, et voilà que tout d'un coup, la gauche française réussit mieux qu'eux !

Il est préférable que les politiques de droite soient faites par des gens de droite et les politiques de gauche par des gens de gauche ! Le plus important, pendant la campagne, a été le discours de Cohn-Bendit. Il traduit des courants de pensée auxquels je suis extrêmement attaché, le thème des minorités, celui de la communication interculturelle, la reconnaissance du droit des musulmans à pratiquer leur culte dans des conditions décentes, etc. Je n'ai pas le même enthousiasme que lui pour la dépénalisation des drogues, mais je me laisse convaincre qu'à l'heure actuelle le tabac est plus dangereux que la marijuana.

Cohn-Bendit a exprimé un vaste courant d'opinion, fondé sur les classes moyennes modernes, donc ayant une situation économique plutôt stable, mais qui ont acquis ou gardé, par l'observation de la vie actuelle, le cœur à gauche, dans le domaine social et aussi dans le domaine culturel ; il suffit d'évoquer l'importance du thème des femmes et de la reconnaissance des homosexuels pour ce courant d'opinion. Tout ça est pour moi une injection de sang frais, d'idées neuves dans la gauche. Je jubile.

À propos de la droite, je suis comme tous les braves gens, j'aimerais mieux qu'ils arrivent à se recomposer, mais je ne suis pas pressé car il n'y a plus vraiment de danger Front national. Mégret a vraiment prélevé une livre de chair sur Le Pen, et il l'a affaibli sans s'imposer lui-même. Que la droite réfléchisse bien, qu'elle prenne son temps, mais qu'elle fasse une politique qui soit libérale, pro-européenne, en même temps que décidée à défendre l'indépendance nationale. Cette politique, pour l'instant, elle ne l'a pas. Peut-être ceux qui font partie de la gauche Pasqua pourraient-ils aider la droite à se redresser !

F.K. : *Vous êtes vraiment enthousiaste, et par là vous vous démarquez de la grande majorité des Français qui ne s'est même pas donné la peine d'aller voter. Une partie de l'électorat a le sentiment que l'Europe est sans âme. Comment expliquez-vous votre jubilation, si éloignée de ce qu'éprouvent la plupart des gens ?*

A.T. : D'abord, les élections européennes sont des élections d'opinion, non des élections de gouvernement. Jospin se retrouve avec la même majorité parlementaire, bien que les communistes aient reculé et que les Verts aient avancé. Mais je ne partage pas votre sentiment sur l'ensemble de l'Europe. Le lendemain des élections, l'*Herald Tribune* titrait sur la brutale défaite de Schröder. Il n'est pas fréquent qu'un dirigeant perde 18 % de son électorat en six mois. Je le dis pour Blair aussi, et je peux le dire sous des formes différentes pour D'Alema, qui a perdu la force réformatrice de Prodi. En ce qui concerne la France, ce n'est pas l'écroulement du RPR qui me fait jubiler, c'est que se termine la période, commencée après le départ de Rocard, où la gauche et la droite ont entraîné le pays dans la panique et où quelques intellectuels ont repris un discours fondamentaliste-marxiste ou un nationalisme suranné. On ne s'enthousiasme pas pour un sondage, et du point de vue de la politique nationale, les européennes sont un sondage de grande dimension ; mais je crois à un redressement possible de la politique française.

F.K. : *Comment parvenez-vous à vous enthousiasmer pour le politique ? De nos jours, si peu de gens s'y intéressent...*

A.T. : Il y a peut-être un côté archaïque chez moi. Mais la politique, il est vrai, s'était vidée de ses convictions ; je me réjouis donc de cette élection, puisque, cela a été dit et répété à son sujet, les partis de conviction l'ont emporté sur les coalitions. J'ai deux grandes préoccupations, politiquement parlant : la première est de libérer l'État de son rôle de gestion d'après-guerre qui est devenu une entrave ; la seconde est de rétablir un contact entre de nouvelles demandes sociales, de nouvelles revendications ou protestations sociales, et un gouvernement de gauche. De ce point de vue-là, j'ai le sentiment que les convictions, les demandes sociales ou nationales l'ont emporté sur beaucoup de partis qui se sont révélés, surtout à droite, incapables de répondre à ces demandes. Je ne dis pas la même chose pour le parti socialiste qui a assez bien réussi jusqu'à présent à faire des choses nouvelles avec des mots anciens, ce qui est quand même mieux que le contraire.

F.K. : *En France, le politique a toujours eu une très grande importance, parce que l'acte fondateur de la société moderne française, symboliquement, c'est la Révolution française. Aussi y a-t-il non seulement en France une pratique politique, mais aussi une interprétation de la culture en termes politiques. Alors qu'ailleurs, les deux choses sont plus autonomes. En France, le foulard devient politique, n'importe quelle action syndicale se pare de la légitimité du politique. Bref, il y a un surinvestissement dans le politique, alors que la réalité, les pratiques mêmes, changent radicalement. Quel est le rapport entre le politique et la société civile dans cette nouvelle société où s'affirme le sujet ?*

A.T. : En fait, l'identification de l'État et de la société a longtemps caché des bipolarisations (hommes/femmes, travailleurs/ entrepreneurs, etc.), car elle reposait sur un principe général de supériorité et d'infériorité. Les catégories jugées inférieures étaient vues comme dominées par la nature, la passion et la force ; l'irresponsabilité caractérise les enfants, et les femmes sont impures.

Quant aux hommes, leur supériorité leur vient de la raison, qui joue le rôle d'un principe religieux, transcendant. Ce qui conduit à dire que nous devons défendre une vision unifiante et égalisatrice contre les minorités qui viennent tout casser au nom de leurs intérêts particuliers ! Nos chers républicains raisonnaient déjà ainsi quand les ouvriers ont réclamé des droits sociaux et non pas seulement politiques.

F.K. : *Et les femmes ont été exclues.*

A.T. : Les femmes ont été exclues parce que les catégories du modèle européen de développement sont bipolaires. Si les hommes sont rationnels, pense-t-il, c'est parce que les femmes sont irrationnelles ; si les adultes doivent se comporter de manière rationnelle, c'est parce que les enfants sont irrationnels ; si les colonisateurs sont rationnels, c'est parce que les colonisés sont irrationnels. Ce modèle européen a consisté à dire : pour qu'on puisse rationaliser, il faut concentrer la rationalité dans une catégorie motrice, et les autres doivent être à la fois réprimées et éduquées.

Le sens de l'éducation, c'est de donner au peuple le moyen de se libérer de ses particularismes, de ses passions, de son irrationalisme, de son ignorance. Mais, dans les faits, nous avons eu un monde politique qui se présentait comme le monde supérieur, tandis que les gens inférieurs – les femmes, les travailleurs – s'occupaient du monde non politique. Cela a commencé à changer quand ce monde politique, issu de la classe moyenne des Lumières – hommes éduqués, adultes, propriétaires ou bien nantis –, s'est trouvé aux prises avec le capitalisme industriel. À ce moment-là, la toute-puissance du politique s'écroula. Le monde politique fut envahi par les intérêts économiques et, en retour, la pression ouvrière conduisit à adopter des lois sociales. Ce fut un changement fondamental. Nous avons lentement évolué vers une conception sociale et économique des droits démocratiques.

Aujourd'hui, il en va de même, car les droits culturels deviennent essentiels. On voit se former ou se reformer ce qu'on appelait, mais dans un sens bien différent, la société civile. Aujourd'hui, la *société civile* est un nouvel étage de la vie politique, exactement comme le monde des travailleurs organisés a constitué un deuxième étage de la politique, porteur de demandes proprement sociales. La société civile est un troisième étage de la démocratie, celui où s'exerce la pression produite par des groupes culturels. Cette pression, qui peut mener à une «dictature communautaire», conduit, dans les pays libres, à la défense non pas d'intérêts particularistes mais à l'idée qu'il faut reconnaître à tous des droits culturels dans le cadre de l'ensemble de la société. Le terme *société civile* a vraiment repris du poil de la bête, d'abord en Europe de l'Est et en Amérique latine, où régnaient des dictatures. La frontière entre le politique et le social, entre le public et le privé, tend à s'effacer. Ce phénomène est renforcé par la crise de l'État national, car l'économie, la culture, la politique apparaissaient comme des attributs d'une société nationale. Aujourd'hui, c'est de moins en moins vrai et donc on pourrait être tenté d'appeler *société civile* n'importe quoi, dans la mesure où cela n'a plus de lien fondamental avec l'État. Ce serait désastreux car le mot en perdrait sa force. C'est pour cela que je dis : l'idée de société civile doit désigner l'entrée de nouvelles forces dans le champ politique. Les femmes ont dit : par nous et pour tous, le privé devient politique, le culturel devient politique. Elles ont donné la meilleure définition de la société civile. C'est évidemment le contraire du communautarisme dont on agite l'épouvantail et auquel je reste opposé.

La reconnaissance du multiculturalisme ou, plus simplement, des minorités et de la diversité culturelle, n'est intellectuellement fondée que si celui-ci reconnaît que le principe d'égalité n'est pas séparable d'un principe de différenciation. Je ne reviens pas ici sur la revendication féminine, qui dépasse les autres en importance et qui en éclaire le sens. Le fait central est que nous ne sommes plus éclairés par un principe universaliste transcendant. Notre unité ne peut consister qu'à unir ce qui a été séparé aussi bien par les modèles communautaires que par le rationalisme européen dominateur.

Nous pouvons nous reconnaître comme égaux si nous nous définissons tous par notre effort pour combiner notre participation au monde de l'énergie et de l'information, celui de la technique et de l'argent, avec la mobilisation d'un projet culturel, individuel ou collectif, dans lequel passé et avenir se mêlent. Nous sommes tous des sujets en puissance, dans la mesure où nous nous définissons tous par cette recomposition du monde à laquelle nous participons. L'idée de différence a trop longtemps désigné la forme la plus extrême de l'inégalité : les Noirs étaient inférieurs aux Blancs, les femmes aux hommes, parce que différents. Le racisme a été le point extrême du refus de l'égalité. Reconnaître les différences ne permet pas de fonder des communications interculturelles. Cela peut mener à la ségrégation, au racisme ou à la constitution de communautés homogènes et intolérantes.

De l'autre côté, qui a envie de considérer les réseaux financiers et commerciaux comme de pures expressions de la raison, même s'ils emploient des mathématiques avancées ? Entre la société de masse et les culturalismes obtus, nous avons besoin de définir un principe à la fois d'égalité et de différence. La différence sans égalité, c'est le racisme ; l'égalité sans différence, c'est le monde totalitaire. Au bout du compte disparaissent des deux côtés à la fois l'égalité et la différence. Il faut sortir de ces contradictions.

Je reviens à mon affirmation première : il n'y a ni égalité ni différence si la vie sociale ne repose pas sur un principe non social. Ce principe – les droits de l'homme –, sous sa forme moderne, s'est incarné en un ensemble de droits sociaux et culturels pour des êtres humains à la fois égaux et différents. Nul ne dit que les êtres humains se comportent spontanément ainsi, mais il faut que les interventions institutionnelles, qui partent du Parlement et sont élaborées aussi par les juges, s'inspirent de ces droits. Je ne donne pas ici des opinions personnelles ; je présente, dans mon langage personnel, en cherchant la cohérence et l'unité, ce que je vois se dessiner dans nos idées et nos mœurs.

F.K. : *Quand on parle de société civile, on peut entendre l'affirmation, l'autonomie d'une société jusque-là dominée par l'État. Mais cela peut signifier aussi la dissociation totale du civil et du politique, en ce sens que les pôles d'identification politique s'affaiblissent. Le politique occupe de moins en moins d'espace, du moins dans la façon dont les gens le pratiquent : baisse de participation dans les élections, par exemple, médiatisation à outrance qui subordonne les enjeux politiques à des enjeux de type vie privée – je pense au cas Lewinsky notamment, aux États-Unis. Le politique n'est-il pas en crise ?*

A.T. : D'abord, suite logique de ce que j'ai dit, la vie politique n'est vivante que si elle se réfère à des catégories, à des demandes sociales. C'est de plus en plus vrai, surtout pour la gauche. La droite s'appuie volontiers sur la rationalité du marché et sur la main invisible ; moins on mobilise les acteurs et les passions et mieux ça vaut. Au contraire, il n'y a jamais eu de gauche qui ne soit pas l'expression de demandes de catégories sous-privilégiées. Nous avons en ce moment une vie politique faible parce que les références à des mouvements sociaux ou à des acteurs sociaux collectifs manquent. Ce fut déjà le cas il y a un siècle quand s'est produite en France une grande crise de la vie politique qui paraissait devenue étrangère aux problèmes sociaux, tandis que les acteurs sociaux, à leur tour, cherchaient à sortir des institutions politiques. Ensuite a pris de l'importance le mouvement ouvrier et la politique s'est regroupée autour des socialistes, d'un côté, et des libéraux de l'autre.

Je fais l'hypothèse que nous sommes en train d'assister à la formation d'une droite et d'une gauche nouvelles, du moins si la vie politique parvient à garder une importance centrale. La gauche est l'ensemble des mouvements formés autour de demandes personnelles et collectives centrées sur les droits culturels, le statut des minorités, le mouvement des femmes, etc. La droite sera de plus en plus attachée à la mondialisation, à la globalisation, tout en défendant la nation. Mais il est possible que la vie politique arrive à une désorganisation telle qu'elle apparaisse complètement marginale par rapport à la vie économique. Entre la démission de Michel Rocard et l'échec de Jacques Chirac aux élections parlementaires de 1997, six ou sept ans ont passé, dominés par une confusion croissante entre un programme de gauche et un programme de droite. La gauche a commencé à se reconstruire, la droite pas encore.

F.K. : *Si l'on considère le cas Schröder en Allemagne, le cas Tony Blair en Angleterre et le cas français, on a des raisons de penser qu'il est quasiment impossible de nos jours, dans le monde moderne, de gouverner à gauche. On peut gouverner au centre-droit, au centre-gauche, mais il n'y a plus de gauche au sens fort du terme.*

A.T. : Cela tient à ce que nous vivons dans une époque de transition entre des périodes de mobilisation sociale. Il y a encore vingt ans on parlait du mouvement ouvrier et de la classe ouvrière, en se référant en fait à des fonctionnaires dans leur bureau. Le vocabulaire socialiste et communiste retardait par rapport à la réalité. Aujourd'hui, ce vocabulaire de référence n'est plus pris au sérieux, et donc nos pays manquent avant tout d'une définition des mouvements sociaux et par conséquent tombent dans l'erreur d'appeler mouvement social n'importe quoi, sans distinguer la création d'un avenir de la défense d'un passé. Il faut attacher la plus grande importance à la montée des nouveaux acteurs sociaux. Qu'est-ce qui occupe le plus de place dans la France de cette fin de siècle ? Ce qui a suscité le plus de conflits, d'actions, ce sont les problèmes et les débats qui touchent à la famille, à la femme, aux droits de la personne et à la situation des sans-papiers.

Une question nouvelle se pose : faut-il admettre, avec Habermas, que les vies politiques nationales ont perdu leur capacité de création démocratique, qu'elles sont paralysées par les lobbies, les groupes d'intérêts qui enlèvent toute importance aux jeux de la politique ? Ceux-ci ne risquent-ils pas d'être débordés par un populisme répondant à la crise du *Welfare State* ? L'argument est fort mais il ne me convainc qu'en partie. Parce que les institutions européennes et mondiales restent moins démocratiques que celles de la nation et de la ville, et parce que c'est à ces niveaux moyens que s'opère le mieux la jonction de l'ouverture économique et de l'intégration sociale. N'est-ce pas au niveau national que vont se traiter les problèmes de la Sécurité sociale, de l'assurance maladie et des retraites ? Je ne crois pas à la sortie par le haut, par la création d'une société européenne, déjà débordée en fait par la mondialisation de l'économie. Nous vivons de plus en plus à plusieurs niveaux : des demandes locales, un système politique national, un État européen, une économie mondiale ; en revanche il est vrai que l'État national ne porte plus les progrès de l'égalité.

F.K. : *Parlons maintenant des répercussions, sur le plan politique, du narcissisme, de l'intimisme du sujet. N'est-ce pas une modalité de marginalisation du politique? Et par ailleurs ce processus n'aboutit-il pas quelquefois, par un renversement paradoxal, à l'avènement des souverainismes, des nationalismes, des formes rigides d'affirmation communautaire au sein de sociétés où l'on voit bien que le thème du politique, s'il ne se dissout pas, subit néanmoins une mutation, voire une régression?*

A.T. : Il n'y a pas d'intimisme du sujet. L'intime conviction ne veut pas dire qu'il s'agit d'un problème intime. De plus en plus, les situations qui mettent en cause les droits individuels ou collectifs prennent une importance centrale. Si l'on dénonce les massacres au Rwanda, en Bosnie, au Kosovo ou en Tchéchénie, on met en cause les droits les plus fondamentaux de l'individu et des collectivités; cela n'a rien d'intimiste.

Parallèlement, nous voyons depuis cinquante ans la scène publique envahie par des problèmes dits privés, mais qui deviennent publics, soit parce que les formes de domination et de répression se sont intériorisées, soit à cause de transformations tellement rapides que les identités, les appartenances, les milieux se modifient très rapidement. Donc il n'y a pas d'intimisme du sujet. Au contraire les problèmes du sujet prennent une importance croissante dans la vie collective. Quand nous parlons de l'avortement, de la fécondation médicalement assistée, des droits des minorités linguistiques ou régionales, il ne s'agit pas d'intimité.

Nous devons faire à nouveau aujourd'hui ce que nous avons fait il y a cent ans, c'est-à-dire établir un lien plus fort entre les demandes sociales et les acteurs politiques. La distance entre eux a augmenté, puisque l'économie s'est internationalisée, que la technologie a pris un rôle croissant et que la rapidité des transformations demande des remises en cause constantes. Comme nous sommes en Europe, une grande partie de ces problèmes doivent déjà être traités au niveau européen. Mais en même temps, plus la politique se mondialise, plus l'interdépendance des pays est grande et plus aussi nous avons besoin de créer un nouvel étage de la vie politique, celui où agissent les ONG, les associations de défense de l'environnement, les organisations de femmes, la défense de minorités nationales. Le champ politique n'est assurément pas vide, il s'est déplacé.

Plus préoccupant est le grand affaiblissement des syndicats, parce qu'ils sont souvent encore convaincus qu'ils sont des mouvements sociaux et ont ainsi perdu beaucoup de leurs forces. En réalité, les syndicats sont des acteurs essentiels, nécessaires, du mode de formation des politiques économiques et sociales ; en France, seule la CFDT l'a compris. L'évolution actuelle de la CGT peut-elle nous laisser espérer un redressement du syndicalisme ? Je ne le crois pas. Or ce redressement est nécessaire, car nous souffrons énormément en France de la faiblesse du syndicalisme et de la négociation collective. Mais il n'est possible que si le syndicat ne se définit plus lui-même comme un mouvement social.

À partir de là, j'aborde le deuxième problème que vous avez soulevé. On a l'impression, depuis au moins dix ans et en particulier depuis les campagnes pour la ratification par référendum du traité de Maastricht, de voir se développer en France ce qu'on nomme le « souverainisme » – terme venu du Québec. Cette opposition entre le nationalisme et l'intégration européenne semble créer un plan de clivage perpendiculaire à celui de l'opposition entre droite et gauche : nous avons une droite nationale et une droite européenne, une gauche nationale et une gauche européenne. C'est en partie vrai, surtout à droite où il y a une droite postgaulliste et une droite postgiscardienne ou libérale.

Néanmoins, il est dangereux de s'en tenir à cette manière de raisonner, car il y a des liens entre ces deux couples d'oppositions. Le thème national est plus fort à droite, et le thème européen est surtout fort à gauche. L'idée de nation est aujourd'hui à droite, ce qui peut surprendre dans le pays de la Révolution française. Cette idée a été progressiste tant qu'elle a voulu dire : la nation renverse le roi, se soulève contre les privilégiés que la victoire du peuple et de la République élimine. Mais l'appel à la nation et à la République a pris un aspect de plus en plus conservateur et limité. Aujourd'hui l'esprit républicain souverainiste refuse l'idée de droits culturels ; il crée un intégrisme national et même nationaliste, en contradiction avec l'ouverture au monde. Ce qui distingue la droite de la gauche, c'est la réponse positive ou négative que chacune donne aux droits culturels.

L'affirmation souverainiste est moins une affirmation contre l'Europe, puisque l'Europe se fait, qu'une conception jacobine, intégratrice ou intégriste de la nation, qui ne veut pas prendre en considération les droits des minorités culturelles. Celles-ci vont renverser toutes les barrières, dès que les hommes pourront circuler aussi librement que les capitaux, les biens et les informations. Mais il faut renouveler l'idée de la nation et la rendre plus pluraliste. Face à la concentration du pouvoir économique au niveau mondial et du pouvoir étatique au niveau européen, nous avons besoin d'une gestion aussi directe que possible des demandes sociales. C'est au niveau national que sont traités les grands problèmes économico-sociaux, comme la Sécurité sociale et, en partie, l'éducation, ou même, à un niveau plus limité, celui de la ville ou du «pays». La politique urbaine consiste à traiter des problèmes d'environnement, d'urbanisation, de travail et des problèmes socio-culturels.

Suis-je conquis, en disant cela, par l'appel libéral au marché, seule source d'innovation ? Non, je pense exactement le contraire. Je n'ai aucune envie de voir se développer des universités privées pilotées par le marché, coûteuses et qui augmenteraient encore l'inégalité. De même, je défends l'hôpital public, par peur que se recrée un hôpital des pauvres à côté des cliniques pour les riches, comme on le voit en Amérique latine. J'examine sans passion quelle doit être la part du marché et celle des interventions publiques dans le fonctionnement de l'économie. Ce qui me met en colère est que cette société française, avec ses qualités et ses défauts, est prisonnière d'une image d'elle-même qui l'étouffe et qui stérilise bien des libertés. Nous avons mis beaucoup de temps à nous débarrasser de la France catholique, fille aînée de l'Église ; grâces en soient rendues aux laïques. Mais aujourd'hui, c'est d'autres clercs – ceux qui se nomment eux-mêmes républicains – qu'il faut se débarrasser, de ceux qui nous collent sur le visage un masque où nous ne nous reconnaissons pas et dont le discours est démenti par la pratique quotidienne comme par les recherches sérieuses.

Mais vous avez raison, il est déjà trop tard pour se fâcher. C'est quand les Français étaient désespérés, ne voyaient devant eux qu'un précipice, qu'ils se sont accrochés, pour glisser moins vite, aux poteaux hâtivement plantés du républicanisme et de l'exception française. Maintenant que la grande peur s'est atténuée et que chaque jour nous comprenons mieux la nécessité et surtout la possibilité d'imaginer des avenirs et de choisir entre eux, nous pouvons regarder plus librement la réalité, réfléchir sur elle et inventer des idées, des techniques, des institutions originales. Que s'achève vite cette décennie dominée – au moins jusqu'en 1997 – par des peurs et des angoisses, des irrationalités et des idéologies aussi vides que pesantes ! Et reprenons confiance, non dans les marchés internationaux, plus délabrés qu'innovateurs, mais en nous-mêmes.

F.K. : *Je reviens à l'intimisme. Je pense notamment au travail de Richard Sennett sur la tyrannie de l'intimité, au travail de Scott Lash sur le narcissisme. Il y a aussi des tendances dépressives chez le sujet.*

A.T. : Aujourd'hui la nouveauté, ce n'est pas la chute de la vie publique, c'est au contraire l'entrée de la vie privée dans le domaine public. Les gens ne se regardent pas le nombril ; ils considèrent plutôt que l'état de leur sexualité, de leur cœur, de leur esprit, de leurs relations personnelles est un problème public. Nous assistons à la formation d'un nouvel espace public et à la montée de la femme publique encore plus que de l'homme public. Il y a renouvellement de la scène publique par le thème des droits culturels.

F.K. : *Je ne veux pas contrarier votre dynamisme interprétatif, mais il semble contredire tout le travail d'Alain Ehrenberg sur la fatigue d'être soi, celui de Cornelius Castoriadis, juste avant sa mort, sur le temps de l'insignifiance, inspiré par le sentiment que l'espace public se vide de ses enjeux positifs et que ce qui est privé, en venant sur la scène politique, dénature la constitution même du politique. Cette conception, me semble-t-il, ne saurait être rejetée sans autre forme de procès.*

A.T. : Ce qui crée partout de l'intérêt, c'est la parité, le PACS, la reconnaissance de l'homosexualité, les sans-papiers. Les idéologies politiques ont disparu. Le temps des grands récits est terminé, disait Jean-François Lyotard; il est plus juste de dire que les grands récits collectifs sont remplacés par les grands récits personnels. Le mouvement des femmes n'est pas un petit récit; les mouvements de décolonisation et le respect des droits culturels de nations ou de régions ne sont pas de petits problèmes. On le voit en Yougoslavie, en ex-URSS, en Inde, au Pakistan ou au Rwanda. Lyotard a eu tout à fait raison de dire que les grandes idéologies politiques étaient en déclin, mais cela ne veut pas dire qu'il y ait indifférence politique ou simple fragmentation de l'espace public. Je défends la thèse opposée : nous vivons aujourd'hui un début de transformation des thèmes culturels en action politique. Les grands débats collectifs sont presque toujours des débats entre l'affirmation de certains groupes et de leurs droits, et, de l'autre, la logique des systèmes, des marchés et des communautés, qui est par nature impersonnelle. C'est pourquoi je continue à penser qu'il y a une droite et une gauche à l'intérieur de la mondialisation indispensable, une droite qui devient à la fois de plus en plus nationaliste politiquement et de plus en plus libérale économiquement, et une gauche qui déplace son type ou son mode d'intervention des problèmes économiques vers les problèmes sociaux et de plus en plus vers les problèmes culturels.

F.K. : *Vous ne pensez pas, comme Castoriadis, que c'est le temps de l'insignifiance du politique dans la mesure où les idéologies intersubjectivistes comme celle de Habermas ou d'Apel, et les pensées contractualistes comme celle de Rawls, se substituent à la fonction essentielle du politique dans des rapports fondamentaux qui font intervenir conflits et antagonismes beaucoup plus que le dialogue? La fragmentation et donc la crise profonde de la fonction politique comme telle ne vous semblent-elles pas préoccupantes? Ou bien pensez-vous qu'il y a de nouvelles formes de politique qui naissent sur le cadavre des anciennes?*

A.T. : Nous vivons une crise de la définition du champ et du discours politiques. Nous, en France, sommes restés longtemps dominés par l'alliance de la gauche avec un parti antidémocratique. Nous restons engagés dans cette mauvaise voie, mais à mesure que se développe la réaction souverainiste et nationale-républicaine qui nous y pousse, je suis très heureux de voir que l'opinion publique ne la suit pas. Depuis quelques années, il est vrai, le renouvellement des idées et le réveil de la mémoire s'accélèrent, mais leur retard donne encore l'impression d'un vide. Je tolère mal ce retard. J'ai vécu presque toute ma vie, de 1968 à 1997, en me heurtant aux défenseurs arrogants de la vieille gauche : sauf pendant le ministère Rocard, j'ai eu le sentiment d'une domination violente, à la limite d'un terrorisme intellectuel, exercée par le vieux discours sur toute proposition venant de la « gauche américaine », ce qui est insensé ! J'ai suffisamment souffert de cette arrogance pour ne plus la supporter aujourd'hui.

F.K. : *Vous pensez : crise du politique « ancien système », émergence d'une nouvelle configuration du politique liée à des thématiques culturelles, et réhabilitation du privé dans l'espace public. L'émergence du privé dans le public, à côté de ses aspects positifs, tire le politique vers le bas et, en un sens, on pourrait dire que la fonction « noble » du politique risque d'en sortir affaiblie, dans la mesure où le politique consiste non seulement à gérer la société, mais aussi à s'élever au-dessus du quotidien, à prendre des décisions impopulaires, à générer un idéal. Ces dimensions-là n'en pâtissent-elles pas ?*

A.T. : Aucun de nous ne veut une vie politique réduite à des groupes d'intérêts et à des lobbies, car il y a des choix globaux à faire, des risques à prendre. La gauche n'en a pas toujours été capable. Pendant l'immédiat avant-guerre, la majorité née du Front populaire a tenu un discours radical, mais a pris des décisions décevantes, par exemple à propos de la guerre d'Espagne, et est allée jusqu'à livrer des réfugiés allemands antifascistes aux nazis et à enfermer des réfugiés antifranquistes dans des camps de concentration. Plus récemment, nous avons eu au début des années Mitterrand un discours très à gauche, mais, à cause des erreurs commises, le chômage est monté et la popularité du gouvernement est tombée. Donc, là-dessus, je suis tout à fait d'accord avec vous et je pense qu'il est nécessaire d'avoir des partis forts et capables d'action.

Tout à l'heure je me plaignais d'un lien trop faible des partis avec les demandes sociales, mais il faut aussi que ces partis aient une vision à long terme. Ce qui est essentiel, c'est qu'on parle de la nation en termes de société et pas en termes d'État. Les appels à l'État aujourd'hui sont surtout des appels à l'État protecteur d'intérêts établis. Ses interventions sont peu portées vers le progrès et sont socialement conservatrices. Ce qui ne veut absolument pas dire que c'est le marché qui doit tout régler. Cessons de croire que nous n'avons à choisir qu'entre un capitalisme sauvage et l'économie administrée. Il faut au contraire renforcer les médiations politiques et sociales.

Prenons le cas du thème des minorités régionales et linguistiques, en particulier en Corse. Les problèmes sociaux, régionaux, culturels ont été traités par une logique d'État qui est en Corse comme à la Réunion, à la Martinique et à la Guadeloupe, une logique postcoloniale, un mécanisme de subventions qui s'enferme dans un cercle vicieux où des gens qui vivent de l'État exercent des pressions sur l'État pour recevoir encore plus et où l'État lui-même ne sait pas ou ne veut pas sortir de cette situation dont il est à la fois le responsable et la victime.

Nous avons connu des moments où des nationalistes, des autonomistes faisaient un grand effort pour poser les problèmes en termes de développement social ; mais ils ont été mis en marge. Les subventions données à ces petits territoires sont tellement massives qu'ils sont devenus des mondes de clientélisme. Les fonctions étatiques doivent être transportées au niveau européen pour que nous ayons enfin au niveau national une vie sociale et culturelle autonome par rapport à l'État. Je demande qu'il y ait une séparation croissante entre l'État, qui est lié à l'économie internationale, et le système politique qui est lié aux problèmes, privés et publics, du monde culturel et du monde social. Et la nation doit être placée au niveau du système politique. C'est pourquoi il faut reconnaître une nation corse possédant une capacité législative, comme la Catalogne ou l'Écosse.

F.K. : *Le politique était lié, il y a encore vingt ans, dans nombre de pays européens, à une conception salvatrice – le salut par le politique projeté dans un avenir indéterminé. La désintégration du communisme a mis fin en France à pas mal d'illusions, du moins chez une grande partie de ceux qui adhéraient encore à la conception communiste de l'histoire. La disparition de cette utopie massive est une très bonne chose, car elle libère le politique du poids de sacré qui l'entravait dans l'exercice serein de ses fonctions. Mais d'un autre côté, cette dissociation totale du politique et du sacré pose problème. Le politique en arrive à être réduit à la gestion du quotidien. Comment faire pour lui donner un supplément d'âme?*

A.T. : D'abord le rôle du système politique ne se limite pas aux problèmes culturels et moraux. Il intervient nécessairement dans la lutte que j'estime centrale, indispensable, contre le thème de la flexibilité du travail; 80% des embauches en France se font avec des statuts précaires, c'est inacceptable. Flexibilité des marchés, des entreprises, des techniques, absence de blocage dans la réglementation des conditions de travail, oui. Traiter le travail humain comme n'importe quelle marchandise, non! Un gouvernement qui n'a pas de réponse au problème de la flexibilité, c'est-à-dire de la précarité, ne peut pas être vraiment un gouvernement de gauche. Bien sûr, un pays comme la France ne peut plus fabriquer des biens ou des services à faible valeur ajoutée, qui requièrent peu de qualification. Pourquoi fabriquerait-on des tissus à Lille ou à Lyon si on peut le faire à Macao pour dix fois moins cher? Quelle est la réponse à cette mutation? C'est d'élever le niveau d'éducation, encore plus que de qualification, de manière à ce que toute la population puisse être intégrée à une société postindustrielle, une société d'information, dans laquelle l'essentiel est de savoir lire, comprendre des documents, dont la plupart ne sont pas des documents techniques mais sont écrits en langue naturelle. Or pour l'instant, je ne vois pas grand-chose se faire. L'éducation permanente est une voie de garage, une impasse qui rapporte de l'argent à certains cabinets ou même à certaines universités. Un projet de relèvement du niveau de formation à tous les âges serait aussi important aujourd'hui que la création de la Sécurité sociale le fut en 1945.

F.K. : *Voilà une noble perspective pour le politique...*

A.T. : Je ne peux pas admettre que nous n'ayons pas une politique du travail. La défense du sujet, du sens que nous donnons à notre vie, dépend en grande partie et même surtout de notre travail. De plus, il n'est pas vrai que le travail soit devenu sans intérêt : on ne fait pas fonctionner une société hautement technique avec des manœuvres analphabètes ! La proportion des travailleurs hautement qualifiés par rapport aux peu qualifiés ou non qualifiés a augmenté d'une manière considérable, comme le niveau moyen de scolarité.

9
Les médias : communication ou manipulation ?

F.K. : *Comment le sujet peut-il s'insérer dans ce qu'on appelle la société de communication ? La communication appelle-t-elle la dilution totale du sujet dans les réseaux ou bien le sujet conserve-t-il la possibilité de s'affirmer dans la logique de ses aspirations et dans son irréductibilité à ce nouveau type d'aliénation qu'on pourrait qualifier de systémique ?*

A.T. : N'adoptons pas trop vite ce vocabulaire, qui rend les choses très difficiles. Partons d'abord d'un terme plus neutre. Nous sommes dans une *société d'information*, alors que nous étions auparavant dans une *société d'énergie*. À partir de là, posons la question de savoir comment l'information se transforme en «communication». De quoi parle-t-on quand on parle de communication ?

Je n'emploie le terme de communication que lorsque le message émis est transformé au cours de l'échange. Si je vous envoie le message : «Le train pour Londres part à 14h30», vous allez me répondre «Très bien, merci»; sans modification de message. Si vous me répondez «Non, c'est à 15h30», il y a communication, puisque le message qui me revient n'est pas celui que j'ai émis. Si un clone parle à un autre clone, il n'y a pas de communication. Quand vous dites communication, vous reconnaissez que les acteurs ont une autonomie par rapport aux informations qui s'échangent. Au contraire, lorsqu'une banque anglaise envoie une information au Japon, l'essentiel est que celle-ci ne soit pas déformée. En revanche, s'il y a négociation financière, là il y a communication. L'idée de société d'information par elle-même ne détermine pas les relations entre les gens.

Nous vivons pour la première fois une situation où la technique est tout à fait indépendante de l'organisation sociale. Je ne dis pas qu'elle est déterminante, c'est plutôt le contraire qu'il faut dire, mais le phénomène majeur est cette séparation. Il y a une société de l'information, qui, à la différence de la société industrielle, permet beaucoup de nouvelles formes d'organisation, en particulier les réseaux si bien étudiés par Manuel Castells. La question est de savoir à quelles conditions, dans une telle société, il peut ou non y avoir de la communication. Si vous définissez les individus comme des relais dans un système d'information, tout ce que nous pouvons introduire c'est du bruit, des déformations, des commentaires. Certains disent : l'essentiel, c'est de laisser passer l'information, de faire qu'elle arrive jusqu'à tout le monde. C'est une vision libérale, optimiste, et assez répandue ; on parle des « autoroutes de l'information ». Mais je me pose la question : qu'est-ce qui fait qu'on passe de l'information à la communication ? Ce n'est pas simplement le fait que le message est transformé, il faut encore que la transformation du message soit pertinente pour ceux qui l'échangent. Si je déforme seulement le message, il y a moins d'information et pas du tout de communication. L'ordre de la communication n'est pas séparable de l'ordre des relations collectives ou interpersonnelles.

Ne confondons surtout pas les effets de la société d'information avec ceux du triomphe actuel du capitalisme financier. Il faut distinguer dans ce nouveau type de « civilisation » deux ordres de réalités bien différents. Le premier renvoie à un type de « production », associé à une accumulation du capital et donc à des conflits centraux. Nous vivons, dans les médias, dans l'enseignement et la recherche, dans les soins médicaux surtout, l'emprise qu'exercent les maîtres de l'information sur nous, le « public » ; ces maîtres tendent à acquérir un pouvoir social et pas seulement une autorité technique. Le second renvoie à des modes de modernisation. Que ceux qui veulent tout confondre pour simplifier leurs critiques se dépêchent : nous commençons à sortir d'une phase purement capitaliste – surtout en Europe. Critiquons et d'abord nommons les nouvelles formes de domination économique et culturelle. Mais, je vous en prie, ne parlons pas de « domination systématique ».

Le problème concret est de savoir *en quoi consiste l'action des médias*. Avant tout, ils *décontextualisent*, ils font passer l'information ou l'émotion, sans les expliquer. On voit défiler sur Euronews une suite d'images sans texte (*no comment*) ; là, la manipulation est facile. Heureusement, nous savons que les interprétations des messages sont diverses. Les gens perçoivent les messages en fonction de leurs intérêts, de leurs idées, et par conséquent les messages de masse ont des effets faibles. L'erreur d'un grand nombre d'analystes a été de croire que l'auditeur ou le téléspectateur est passif devant l'appareil. Au contraire, il structure le message en fonction de lui-même. La télévision donne lieu beaucoup plus qu'on ne le pense à une communication, du fait de ces réinterprétations. L'information par elle-même ne crée pas plus le monopole qu'elle ne crée la liberté. En revanche, elle devient dangereuse lorsqu'elle ne recherche plus la communication, lorsqu'elle considère les gens comme des obstacles à la libre circulation de messages qui ont des buts économiques ou politiques. La rétention de l'information pendant la guerre du Golfe, c'est autre chose, plus classique : la censure politique.

Il faut se débarrasser d'un faux problème à propos de la télévision, ou plutôt d'une fausse réponse. La télévision, dit-on, nous tire vers le bas, flatte en nous les pulsions les plus violentes et les modes de connaissance les plus simplificateurs. On l'a dit avant pour le cinéma ; on n'ose plus parler ainsi aujourd'hui, tant ses chefs-d'œuvre se sont accumulés et peuplent notre mémoire. On s'en prend donc à la télévision, réduite, avec ses dérives, au triste rôle des *circenses* par lesquels les empereurs romains corrompaient le peuple tout en le nourrissant de *panem* qu'on appellerait aujourd'hui la Sécurité sociale. Le danger de ces jugements n'est pas qu'ils sont faux – ils ne peuvent pas l'être complètement –, mais qu'ils sont partiels et partiaux. Sans quoi, comment expliquer que tout le monde regarde la télévision, pour les informations, les films, le sport, les documentaires ou même les jeux que, personnellement, j'exècre ?

La réponse à donner à ces accusations est bien connue. Toutes sortes de choses différentes entrent dans la sphère publique, du grand art aux anciens produits du colportage, des romans populaires à la pornographie, du sport aux festivals et aux clips. Du même coup, les distractions les plus «populaires», le bavardage et les concours avec leurs prix entrent sur la scène publique et attirent, plus qu'on ne le pense, des spectateurs plus instruits et plus habitués à interpréter des textes et des images. Je ne parle ni de démocratisation ni de dégradation, mais seulement d'extension du monde du divertissement, parallèlement à celui des activités économiques, des échanges financiers, des communications scientifiques et des correspondances interpersonnelles.

J'ai parlé de décontextualisation, pas pour porter une condamnation brutale, mais pour recourir au grand thème de la désocialisation qui s'applique à tous les aspects de notre vie et qui est une des conditions de formation du sujet. La métropole nous arrache au quartier; la télévision nous jette à la face des images venues du monde entier; le niveau montant d'instruction répand les connaissances. Dans aucun de ces cas l'extension et l'accélération du monde de l'information ne nous apportent en soi ni l'esclavage ni la libération. Ce qui disparaît, ce qui se brise, c'est la continuité entre l'individu et le groupe restreint, entre celui-ci et un milieu stable d'échanges, de repères symboliques stables, que ce soit une langue, une représentation de l'espace et du temps ou encore des signes d'appartenance ou d'étrangeté. En somme, je pense que nous sommes entraînés autant vers la confusion et la manipulation que vers la découverte réflexive de nous-mêmes et la libération de nos désirs.

Rien de bien nouveau dans tout cela et dans toutes les condamnations sommaires, souvent répétées de siècle en siècle, de la «modernité» et des «masses». Je suis hostile au discours intellectuel bien-pensant qui cache son élitisme et son rejet global du présent derrière une critique d'autant plus ridicule qu'elle est moins vérifiable. Tout au long de la société industrielle, de la même manière, nous avons entendu des déclarations enflammées et réactionnaires. L'industrialisation, disait-on, détruit la société et le paysage. Les capitalistes remplaçaient la communauté de travail par l'exploitation : l'ordre naturel ou humain était remplacé par le désordre. Certains ont vu une critique sociale – pourquoi pas révolutionnaire – dans ce qui était un rejet culturel, au reste compréhensible et qui provenait surtout d'écrivains parlant au nom de principes religieux ou politiques qu'ils estimaient menacés. De façon analogue, on voit fleurir aujourd'hui des idéologies du refus qui se définissent elles-mêmes comme des critiques politiques et sociales dévastatrices. Jean Baudrillard a le grand mérite de ne pas jouer ce jeu et de se placer directement sur un plan culturel. Je supporte particulièrement mal le discours contre les médias. Comme elle était belle la civilisation du livre qui n'éclairait que ceux qui le méritaient! Mais le livre lui-même s'est adressé au vulgaire! Regrettons donc les copistes des monastères!

Le journal a des dangers, dit-on depuis longtemps; la presse dans sa grande période a souvent été corrompue; le sensationnel y a remplacé la réflexion. Ça suffit! Avant de passer trop classiquement à une critique du pouvoir, proclamons d'abord qu'il est magnifique d'avoir des journaux, des chaînes de télévision, un enseignement de masse et que la liberté de chacun n'a pas grand-chose à gagner au maintien de sociétés locales, refermées sur elles-mêmes, mieux faites pour se reproduire que pour se transformer. Qu'il faille lutter contre l'esprit de lucre ou la provocation, d'accord, mais avant de dénoncer les «abus» de la télévision ou d'Internet, assurons-nous que l'information non contrôlée circule partout.

F.K. : *Je remarque que chaque fois que nous, sociologues, nous penchons sur un problème concret, nous ne nous y retrouvons pas dans les messages des médias et en particulier de la télévision. Prenons la violence à Strasbourg : nous avons travaillé sur le terrain, et ce que nous y avons découvert était à mille lieues de ce qui était montré à la télévision. J'ai eu le même sentiment en travaillant sur les jeunes. Or nous ne pouvons guère nous passer des médias, télévision, radios ou presse écrite, pour notre travail.*

Ne devrions-nous pas, alors, développer des capacités critiques supplémentaires pour faire face à ce qu'il est convenu d'appeler la médiatisation du monde?

A.T. : Je ne crois pas au danger de la médiatisation du monde. Il est vrai néanmoins que beaucoup des messages transmis par la télévision – sur les jeunes, la violence, les immigrés, etc. – sont chargés d'idéologie. Ils cherchent à aider un ensemble social à se constituer, à se fermer et à définir l'autre comme un danger, alors qu'on peut donner d'autres lectures d'une même réalité. Prenons l'exemple de la violence. Lionel Jospin a dit : il y a deux attitudes et deux réponses. La première renvoie à une analyse sociologique qui a l'avantage de dire les raisons générales de la violence : le chômage, la crise urbaine, etc. ; mais elle reste très générale, et, lorsqu'on est face à des cas particuliers, on recourt à la seconde réponse : la répression et, plus vaguement, la rééducation.

Je crois qu'on peut tenir un autre langage et penser que la voie à suivre n'est ni de se satisfaire d'une explication de type collectif ni de seulement réprimer des délinquants dangereux. C'est ce que fait par exemple ATD Quart-Monde. Elle part de l'idée qu'il y a chez l'enfant une confiance sans limite au départ pour la mère, mais que le jeune, en grandissant, a l'expérience constante que les gens se méfient de lui, ont de la haine pour lui. Par conséquent il cache son besoin de confiance sous la méfiance et la haine. Au lieu d'agir de manière répressive ou de manière tellement globale que les effets n'arrivent pas aux individus, on pourrait tenter de construire ou de reconstruire pour ces jeunes une relation de confiance. Une victoire de l'équipe locale de football, c'est déjà un renforcement de la confiance en soi. Ce retour au privé comporte des risques certes ; cependant le groupe détruit moins que l'isolement. Mais ce privé doit être socialement reconnu et formulé.

F.K. : *La télévision nous emmène dans des coins reculés du monde sans nous en livrer le sens. Comment relier ces différents morceaux qui bouleversent le moi et le divisent ?*

A.T. : Quand vous regardez la télévision ou un film au cinéma, vous êtes de plus en plus concerné en tant que sujet culturel. Souvent, ces thèmes culturels sont traités de manière négative, c'est-à-dire par la disparition de l'acteur dans l'impersonnalité. Mais souvent aussi, la télévision comme le cinéma font apparaître des personnages nouveaux, romanesques. En même temps que des formes de domination s'exercent, des possibilités de constitution du sujet se révèlent. On voit des personnages qui s'opposent au système de domination, qui en appellent à des droits ou à un amour qui soient respectés par la société.

Mais je dois répondre plus directement à votre question. Plus se séparent la situation et le sujet, les techniques et les désirs, plus se défont les médiations sociales qui les reliaient et plus le rapport de l'information à l'acteur devient lointain et donc déformable. Ce n'est pas la télévision par elle-même qui est menaçante, le danger c'est qu'elle requiert, en même temps qu'elle déverse des images, une forte capacité de choix et d'interprétation du spectateur. C'est pourquoi l'idée très convaincante de Dominique Wolton, faisant écho aux premières recherches de P. Lazarsfeld et R. Merton, à savoir que les chaînes généralistes socialisent, car c'est leur contenu qui nourrit les conversations, à la maison comme au travail, s'use de plus en plus dans la pratique même des spectateurs. Le recours massif aux vidéocassettes et la multiplication des chaînes spécialisées souvent excellentes – Arte, LCI, Planète, sans compter les chaînes consacrées au cinéma –, menacent la toute-puissance ancienne des chaînes généralistes.

Nous sommes très loin de la chaîne publique unique et rien ne peut s'opposer à la diversification de l'offre qui répond à une évidente hétérogénéité de la demande. L'affirmation de Dominique Wolton reste valable et la télévision généraliste est bien le principal moyen d'échange entre les membres d'une société. Mais la personnalisation des programmes avance plus vite encore, ce qui est vrai dans d'autres domaines aussi, comme l'écoute des chansons populaires ou la pratique des sports. Le public central de la télévision, celui des fameuses « ménagères de moins de cinquante ans », s'affaiblit à mesure que les femmes travaillent davantage et que les goûts des très jeunes et des très vieux s'éloignent les uns des autres.

Toutes ces observations, si souvent faites, aboutissent à la même conclusion : il n'y a pas ici de détermination des conduites par les machines à informer. Dans la société industrielle, l'organisation du travail, elle-même liée à des rapports de domination sociale, enfermait les travailleurs dans un moule commun et donc nourrissait la prétention à trouver la seule bonne manière de travailler (*one best way*). Il en va différemment aujourd'hui : la réussite sur les marchés de l'information et de la communication impose une diversification croissante des programmes. Des spectacles d'opéra aux clips de MTV, des sitcoms grand public aux documentaires qui découvrent le sens oublié d'événements historiques, presque tout peut se voir et s'entendre dans les médias, y compris le cinéma. Les choix offerts sont beaucoup plus larges que ceux qu'offre la « grande littérature », qui souvent se renferme sur les problèmes de l'écriture, qui sont ceux des auteurs plus que ceux du public.

Mais arrêtons-nous ici avant de tomber dans un éloge trop conventionnel des médias. Rien n'oblige à penser que la distance s'accroît entre les œuvres innovatrices ou profondes et les œuvres destinées à un grand public. À toute époque cette distance a été grande ; elle est, me semble-t-il, moins impossible à réduire que dans les sociétés où les publics étaient plus spécialisés et séparés hiérarchiquement.
Je ne pense pas que le sujet soit ou formé ou manipulé par les médias. L'idée de sujet reste toujours non sociale, c'est une expérience éthique ou amoureuse. C'est pourquoi elle est souvent plus présente dans l'imaginaire que dans le réel. Mais j'y reviens, il faut surtout que la référence au sujet se manifeste à travers des créations institutionnelles.

F.K. : *Donc vous donnez un sens positif à l'institution. Il faut que le sujet devienne instituant ?*

A.T. : Ce que j'appelle une institution, c'est un instrument de garantie des droits ou de la construction du sujet par rapport au monde économique, administratif, etc. Dans le droit et dans l'éducation, les références non sociales sont très importantes et tendent à se renforcer. J'ai toujours aimé l'idée d'instituant par opposition à celle d'institué. Il faut que les choses soient instituées ; il faut qu'à travers un système démocratique nous ayons la possibilité de transformer les formes d'organisation de la société et ses conceptions du sujet humain. Représentons-nous le monde social non pas comme un système complètement fermé sur soi mais comme un système qui se défait et se refait, de sorte que l'emprise du pouvoir sur lui n'est jamais complète et même diminue.

F.K. : *Pour en revenir à la télévision, chaque fois qu'il existe la possibilité pour le sujet de réfléchir, l'ennui pointe son nez, et cet ennui, on le sait, c'est la « bête noire » du tube cathodique. Entre l'ennui et le virtuel, que devient le sujet ?*

A.T. : Je m'ennuie beaucoup et souvent, alors je zappe. Je ne pense pas que la télévision puisse souvent m'aider à me découvrir comme sujet. Mais pourquoi serait-ce son rôle ? Rien ne peut remplacer l'action et l'initiative personnelles. Cette réponse négative n'est pourtant pas une raison pour réduire la télévision à une manipulation idéologique. Comme le cinéma, elle fait sortir les personnages de leur cadre social, alors que le roman se définissait comme l'histoire de personnages situés dans un cadre social fortement défini.

Dans un monde où ce sont les biens symboliques, culturels, qui jouent le rôle le plus important, la télévision ne me semble pas pouvoir être placée du côté de ce qui permet ou empêche directement la formation du sujet, mais elle contribue aussi à le constituer ou à le détruire. L'élément négatif, c'est l'imposition occulte de normes ; l'élément positif, c'est la présence devant moi de tout ce qui est éloigné dans l'espace ou le temps. Ce qui est dangereux, c'est la violence à l'état pur, et, plus évidemment encore, le préjugé, le racisme. Ce qui est positif est de se dégager du localisme, d'une identification à une langue, une ethnie, etc. Le critère principal de jugement, c'est la capacité d'imaginer des individus, des histoires de crise ou de création personnelles. On parle du conformisme de la télévision. J'y vois au contraire beaucoup plus de transgression que dans la vie « normale », c'est-à-dire normée. Elle est plus tournée vers la vie privée ou vers la critique d'un système social que les manuels religieux ou scolaires. Elle prend plus la suite de l'individualisme bourgeois que des propagandes autoritaires. De là vient le succès des télénovelas brésiliennes.

F.K. : *La télévision nous distrait de notre ennui, qui peut être aussi quelque chose de créateur. Je fuis mon ennui dans ce zapping incessant. Et cela m'empêche de m'accepter tel que je suis.*

A.T. : Il y a davantage d'ennui dans une société religieuse où les gens récitent leur chapelet du matin au soir... Ce n'est pas le monde de la télévision qui, par lui-même, vous donne ou ne vous donne pas la capacité d'être un sujet. Mais ce monde est à la fois celui de la perte des repères, de la chute et du dépassement de soi.

F.K. : *Mais qui est ce sujet qui ne peut pas s'ennuyer ?*

A.T. : Ce n'est pas le sujet, c'est un individu, vous, moi... Mais aujourd'hui, il n'y a que l'individu qui puisse devenir un sujet, devenir sa propre fin. Avant, c'était les héros de l'histoire et ceux qui défendaient leurs dieux. Aujourd'hui, chacun de nous se trouve obligé de chercher en lui-même sa qualité de sujet. Être un sujet aujourd'hui, c'est être un individu qui veut vivre comme un individu et qui en fait un droit pour tous. L'individualité dans une société de masse, c'est la valeur suprême. Je ne dirai jamais que la télévision est, par nature, désubjectivante. Elle se place dans le champ culturel où le sujet peut apparaître plus directement qu'avant et elle ne se réduit pas à l'emportement de l'individu par une force naturelle ou sociale. Je trouve superficielles les attaques contre la télévision. Elles supposent arbitrairement la toute-puissance et l'unité des messages. Son aspect le plus négatif, c'est la possibilité d'introduire une culture infra-scolaire où le jeu est associé à l'argent ; son aspect positif, c'est de remettre ensemble les éléments qui ont été séparés dans le modèle rationaliste européen. Les personnages y ont un corps.

F.K. : *Ne trouvez-vous pas que la radio est plus « démocratique » que la télévision ? On peut y discuter, y débattre, et la parole est autonome.*

A.T. : Pas plus démocratique, mais plus proche, donc plus interrogative. La radio est une voix qui vous parle à vous, en situation non collective. Les radios sont plus diversifiées, ont souvent plus de temps pour exposer les situations. Cependant, à la télévision, vous parlez deux minutes à dix millions de personnes, donc vous êtes écouté pendant vingt millions de minutes ; si vous parlez cent minutes à mille personnes, vous êtes entendu plus attentivement, mais pendant seulement cent mille minutes. Ne choisissons pas entre la diffusion et l'intensité d'un message.

F.K. : *Cela ne déforme-t-il pas le contenu de vos propos, de parler seulement deux minutes ?*

A.T. : C'est souvent difficile, mais pas impossible. Je demande aux étudiants qui passent leur thèse d'écrire trois lignes sur le résultat principal de leur travail ; c'est possible, car la bonne thèse n'est pas seulement celle qu'on peut résumer dans un article de vingt pages, c'est aussi celle qu'on peut présenter en quelques lignes, en indiquant ce qu'ont été l'axe central et le résultat original de ce travail. Mon expérience est qu'il n'est pas plus difficile de parler de quelque chose en deux ou trois minutes à la télévision que d'en parler une heure à un groupe réduit. Ce sont simplement des opérations différentes. Quand on parle une heure, on se consacre à un processus de démonstration, à un raisonnement. Si l'on parle deux minutes, on parle de l'apport de son travail ou de ce à quoi il s'oppose.

F.K. : *Vous n'avez pas un sentiment de frustration ?*

A.T. : Pas du tout.

F.K. : *Revenons au thème de l'aliénation. En quoi les nouvelles aliénations sont-elles différentes de celles de la société industrielle ou des sociétés traditionnelles ? Il me semble qu'avant, on arrivait à identifier l'adversaire avec beaucoup plus de précision que maintenant. Aujourd'hui on ne sait plus qui est l'adversaire. Ne peut-on pas faire la sociologie d'un système d'autant plus diabolique que soustrait à la visibilité et à l'identification par l'acteur ?*

A.T. : La spécificité de la société d'aujourd'hui, c'est que la domination se saisit plus directement au niveau des biens symboliques, culturels, qu'à celui des biens matériels. Nous ne parlons quasiment plus du monde des usines – qui pourtant existe – mais tout le temps du monde de la communication et de l'information, car c'est là que sont les grands enjeux. Nous sommes entourés d'images de guerre, d'amour, de violence, de sexualité, mais en même temps, nous sommes laissés à nous-mêmes. Nous sommes renvoyés au problème de notre identité : nous zappons devant notre télévision, nous regardons cinq minutes un film en costumes, puis la météo, puis un reportage sur le Kosovo, mais probablement le lendemain nous n'avons aucun souvenir de ces images, parce que nous avons été passifs. C'est pourtant à travers ces images décomposées du monde que nous sommes renvoyés au sujet individuel, que nous ne nous sentons plus définis du dehors, par notre place dans la société ou dans un monde créé. Le tohu-bohu du monde nous met en face de ce que nous voulons et pouvons faire de nous-mêmes.

10

La foi contre la religion

F.K. : *Certains pensent que le religieux a perdu tout sens spécifique dans la mesure où des phénomènes comme la mort de Diana, les matchs de foot, la visite du pape, ou la mort de Mitterrand peuvent être sacralisés ; la religion s'étendrait ainsi à toutes les sphères symboliques de la vie sociale et n'aurait plus la même raison d'être que par le passé. À l'inverse, on peut dire que le religieux a une spécificité qui s'affirme de plus en plus, à travers la tradition renouvelée, la référence à une sorte de destin commun, la mémoire, etc. On est en présence de conceptions très diverses du religieux dans le monde moderne. Doit-on parler d'un retour du religieux, ou plutôt d'un phénomène de désenchantement, d'épuisement, qui dénote la vacance du politique ?*

A.T. : Ce qu'on appelle d'habitude le religieux, c'est la projection du sujet hors de son domaine propre, ce qui se traduit par la sacralisation d'un ordre social, des intérêts d'un groupe ou d'un roi. Donc la première image du religieux est celle de l'aliénation, de l'objectivation, du retournement d'un sujet sur soi qui se crée ainsi son propre maître, d'une manière antihumaniste. Mais cette définition a toujours, me semble-t-il, été accompagnée d'une autre : en même temps que le religieux sacralise une organisation ou un ordre social, la foi a toujours été un appel au divin. Les Indiens, disait Las Casas, sont les créatures de Dieu aussi bien que les Espagnols ; il y a un principe d'égalité des hommes devant Dieu qui est non social. Il me semble qu'il y a dans l'idée du divin un appel contre la société.

En Occident, malgré Constantin et le Saint-Empire romain germanique, qui ont pesé sur notre culture politique, la séparation du trône et de l'autel a été précoce. Plus encore le mysticisme, qui est essentiellement une vision d'appel à la cité de Dieu, comme le joachimisme. En même temps, on sait bien que le franciscanisme, qui a trempé dans les eaux du joachimisme, a aussi été, au Mexique par exemple, très lié à la colonisation espagnole. Il n'y a pas de société mystique. Mais le mysticisme, qu'il soit chrétien, juif ou musulman, est une sorte de négation de l'humain, du social et du psychologique, qui sont remplis par quelque chose que, dans la tradition chrétienne, on appelle l'amour, une relation quasi érotique à Dieu. Dans les méditations de type bouddhiste, lorsqu'on dit qu'il faut se vider pour s'identifier au monde, cela veut dire faire le vide dans le moi pour trouver le Je.

Il y a deux faces de la religion : la sacralisation du communautaire par référence à un sujet extérieur, et, de l'autre côté, l'appel au divin, par exemple dans le Discours sur la montagne. Je ne crois pas qu'une interprétation purement sociologique du religieux soit suffisante. La question est : quels sont les effets de la désinstitutionnalisation du religieux ? Je suis amené à penser que les deux aspects, spiritualité et sacralisation, continuent à exister, mais dans les deux cas, désinstitutionnalisés.

La force de la foi est telle que personne ne s'identifie au sujet, que personne ne vit comme un saint ; donc il y a toujours besoin de chercher une figure d'extériorisation du sujet, qui introduit aussi un rapport négatif au sujet. En sens inverse, nous sommes de plus en plus détachés de la sacralisation du social.

F.K. : *Quelle est pour vous la signification du religieux, son sens, sa portée, ses limites ? On a le sentiment, d'un côté, de vivre encore dans l'idéologie des Lumières, qui consiste à identifier le religieux à l'aliénation, à un manque, à une régression – mis à part certains intellectuels, peu de gens y croient aujourd'hui – et, que, de l'autre, le statut du religieux est mal cerné. Certains pensent qu'il y a perte du religieux, d'autres qu'on y revient. Certains pensent qu'une fois que le politique retrouvera sa place dans la société, le religieux jouera un rôle plus marginal.*

A.T. : Le religieux, au sens le plus simple, c'est la croyance à l'existence d'un monde supérieur, qui commande d'une manière ou d'une autre ce monde-ci, soit par le lien de la créature à un Dieu créateur, soit, de façon plus concrète, dans la mesure où ce monde supérieur intervient dans notre monde, parfois de manière arbitraire, mais le plus souvent en fonction des mérites acquis, des gestes faits ou des rites accomplis. La religion est la croyance à la subordination du monde humain à un monde supérieur et l'effort fait pour pénétrer dans le monde supérieur ou l'utiliser. C'est pourquoi je ne peux pas me défaire d'une vision négative de la religion. Mais dans le monde où nous vivons, il n'y a presque plus de religion institutionnelle. Les Églises, qui géraient les rapports avec ce monde supérieur, reculent et s'affaiblissent. La baisse de la pratique religieuse est un fait massif. À part l'Italie où elle reste encore importante à cause de Rome, dans la plupart des pays européens catholiques, en Espagne, en France, mais aussi au Québec par exemple, cette emprise sociale de la religion est en voie de disparition ou du moins en fort recul.

D'un côté, la religion devient moralité au sens de moralisation, c'est-à-dire d'établissement de règles de fonctionnement d'un ordre social, un mélange d'intégration sociale, de défense communautaire et de solidarité avec une dominante conservatrice ; de l'autre, elle devient le sentiment que le monde humain est envahi par l'irrationnel et tente de le maîtriser par des techniques qui généralement ne demandent pas grand effort de pensée ou de comportement : horoscopes, tarots, pèlerinages ou soumission à des gourous, toutes choses dont on ne vérifie pas les effets réels. Il s'agit là de symptômes de la décomposition d'un type de religion qui jouait un rôle intégrateur. On peut dire la même chose du politique. Ce n'est ni le religieux ni le politique qui, aujourd'hui, donnent un sens à la vie. Mais le divin comme forme extériorisée du sujet est toujours présent dans la vie personnelle et collective, et la vision religieuse des droits humains est plus forte qu'avant.

Vous avez évoqué aussi le thème des grands rassemblements de foule. Certaines de ces manifestations ont un contenu religieux, d'autres n'en ont pas ; dans le phénomène Diana, il n'y a rien de religieux. Dans les rassemblements autour du pape ou du dalaï-lama, l'appel à un au-delà du social, à des principes fondamentaux d'orientation, est présent.

F.K. : *Pour Diana, pas de* pathos *? On ne la sanctifie pas, d'une certaine façon ?*

A.T. : Non. Les liens des individus avec la collectivité sont de plus en plus faibles et distendus et on ne les retrouve qu'à l'occasion de quelques grands événements : la mort de Diana ou le Mondial de football ont un contenu superficiel. L'exaltation collective devient son propre objet, comme la stupide et incantatoire exaltation organisée à propos du passage à l'an 2000. Vous avez raison de parler de *pathos*.

Dans les pays occidentaux, on assiste à l'affaiblissement des Églises et à la montée des stars des médias. Ce qui était le «religieux» s'est transformé en règle de contrôle de notre propre comportement, et non pas de notre intervention sur un monde extérieur. En ce sens-là, le catholicisme s'est protestantisé et je ne vois rien qui nous ramène vers la société catholique, telle qu'elle a été rétablie par Pétain et par Franco. Je vois plutôt la participation de figures comme celle du pape à des débats où elles interviennent comme personnes inspirées et non pas en tant que porte-parole de «ce que pense l'Église». Car ce qui est important, c'est la figure du pape, pas celle de son Église. Le pape n'est ni divin ni sacré, il est spectaculaire.

Dans les pays peu intégrés économiquement, plus les nationalismes se renforcent et plus on voit se renforcer le lien du pouvoir politique et de la religion. Cela a été le cas de l'Église orthodoxe qui a toujours été un ensemble d'Églises nationales. Si on dit que les Croates sont catholiques et les Serbes orthodoxes, c'est une façon traditionnelle de les identifier dans leur opposition, mais il ne s'agit pas là de significations vraiment religieuses. Vous pensez vous-même, et Gilles Kepel avec vous, que l'islamisme politique est déjà en déclin, en particulier en Iran et aussi en Algérie. Vous avez raison de traiter ces problèmes comme étant politiques plus que religieux. Inversement, la politique non violente de Gandhi restera une des grandes créations de notre siècle.

F.K. : *Mais n'y a-t-il pas, dans la société, une religiosité nouvelle centrée sur le sujet?*

A.T. : J'y viens, mais je ne suis pas sûr qu'on gagne en clarté en parlant de religion. J'aurais tendance à renverser le raisonnement. Lorsqu'on parle de religion, on est obligé de parler du sujet en même temps que de la sacralisation de la société, mais je ne pense pas que le sujet-religion émerge dans nos sociétés. D'un côté, on sacralise, on instrumentalise (lorsqu'on dit une messe pour la victoire des Serbes ou pour la victoire de l'OTAN au Kosovo, on est dans la sacralisation de la réalité sociale); mais de l'autre, la foi constitue une instance d'appel contre le pouvoir. «Ceux qui sont les premiers seront les derniers», dit l'Évangile, donc l'ordre divin n'est pas l'ordre social; il est d'une autre nature. Il y a aussi dans la vie religieuse un côté méditatif, contemplatif.

Plus l'univers religieux s'affaiblit et plus le sujet est enfermé dans la communauté. Quand apparaît la sécularisation, la religion devient morale, ce qui renforce le conformisme social mais là peut apparaître aussi un recours plus direct au sujet, collectif ou personnel. La référence croissante aux droits de l'homme est un appel au sujet personnel, elle représente une tentative décisive pour placer un monde non social au-dessus du social.

F.K. : *Finalement, n'est-ce pas un garant métasocial?*

A.T. : Le politique, la religion sont des garants métasociaux; mais en même temps qu'ils sacralisent un ordre social, ils font appel à un divin d'abord très extériorisé et qui, progressivement, s'intériorise jusqu'à devenir un rapport à soi.

F.K. : *Autrefois, vous disiez que la société moderne remettait en cause les garants métasociaux. Vous avez changé sur ce point?*

A.T. : Oui et non, plutôt non. Je n'ai jamais pensé que la définition de la société moderne était d'être une société sécularisée et laïque. Max Weber a montré que le sujet qui cesse d'être un sujet personnel hors du monde rentre dans le monde et devient force directe d'intervention. Plus le sujet devient humain, plus ce qui est en dehors de l'homme et de l'ordre social devient un ordre irrationnel, vague. Le sujet était au-dessus de la société ; peu à peu, le sujet devient une virtualité, une possibilité en vous, en moi. On assiste à une divinisation de la personne. Dans toutes les sociétés, le sujet existe : ou bien il est en dehors de la communauté ou bien il est en elle, mais existe toujours l'idée que l'ordre social est soumis à des principes supérieurs et doit l'être. Revenons au point de départ : est-ce qu'on peut encore parler de religion, c'est-à-dire de pratiques proprement religieuses, processions, sacrifices, rituels ? Certes, je comprends encore le besoin de certains de faire brûler des cierges, de mettre des ex-voto, etc., car nous ne dominons pas entièrement notre existence, mais il ne s'agit que de formes faibles, très limitées, du religieux. Ce qui peut faire vivre, c'est la foi.

F.K. : *C'est ça le problème ! Avant, le sujet était très socialisé, par conséquent tout ce qui relevait des garants métasociaux avait un statut, soit privatif soit péjoratif, contre lequel il engageait le combat. Or maintenant, vous donnez un sens positif à ce garant métasocial dans la mesure où il est non social...*

A.T. : Il n'y a pas là de contradiction. La référence à des principes supérieurs, Dieu ou la raison, disparaît. En ce sens, la religion était et est un garant métasocial. Mais une fois disparus ces garants métasociaux, on ne se retrouve pas dans l'ordre positif des choses ; on découvre un sujet personnalisé qui s'est, si je puis dire, dégagé de l'ordre du monde pour ensuite le transformer. Je n'appelle pas le sujet personnel un garant métasocial, mais le fait le plus important est que toujours, avec ou sans garant métasocial, avec ou sans sujet personnel, il y a domination du social par le non-social. Et si cette domination disparaît, le règne de l'argent et du pouvoir n'a plus de limites. Là où vous avez raison, c'est que j'admets plus qu'autrefois l'idée que le sujet est non social tout en ayant toujours une capacité d'action sur le social. C'est de lui que viennent les valeurs, alors que c'est de la société que viennent les normes. Les normes sont utilitaires : ce qui est bon pour la société est bon pour moi. Tandis que les valeurs sont des limites – les droits de l'homme par exemple – posées aux pouvoirs de la société sur moi et sur elle-même.

F.K. : *Vous êtes très sensible à cet aspect du religieux où le sujet s'affirme dans sa dimension non sociale.*

A.T. : Entendons-nous bien : je crois que, religieux ou pas religieux, le sujet est toujours présent. Donc vous pouvez dire que le sujet humain est divin, au sens où il est étranger au monde social et au-dessus de lui. À partir du moment où cet ordre supérieur s'affaiblit et où la distance entre les deux ordres tend à disparaître, je crois qu'il n'y a plus de religieux à proprement parler. Parler d'une religion de la race ou de la nation ne peut désigner que des formes de décomposition communautaires du religieux et de refus du divin, ce qui ne peut créer que de l'anti-sujet.

F.K. : *Il y a tout de même une fragilité du sujet dont vous ne parlez pas suffisamment. Le sujet a peur de la mort, il a peur de voir disparaître les gens qu'il aime ; il y a une fragilité de la vie aussi, avec la précarisation des conditions sociales, l'emploi, etc. Il y a aussi une dimension passive dans le sujet. Le religieux est une dépendance que le sujet éprouve envers une instance supérieure. Quelle est la place de cette dimension qui est d'ordre religieux ?*

A.T. : Une fois qu'est perdu ce sentiment d'un ordre supérieur à l'ordre social, je ne trouve plus utile de parler de religion. La visibilité plus forte du sujet personnel s'accompagne d'une fragilisation des religions comme des sociétés. Il faut qu'il en soit ainsi. Et la dépendance à l'égard du religieux ne vaut pas mieux que les autres.

F.K. : *Ce sentiment d'impuissance, de fragilité de la vie, ce sentiment que tout peut s'effondrer, que nous sommes en attente de disparition... Il y a une profonde détresse du sujet dans son intériorité aussi. Il n'y a pas que de la colère, chacun de nous sait qu'il n'est pas éternel. Le sujet ne se construit-il pas dans cette intimité-là, par-delà le social, intimité qui ne se réduit pas non plus à un ordre éthique et qui en appelle au religieux ?*

A.T. : Nous avons tous ce sentiment de notre limitation, de notre disparition prochaine. Ce n'est pas le sujet, c'est l'individu qui le sent. L'individu se sait limité, malade, mourant. Le sujet est étranger à la mort. Le fait que je sache qu'en tant qu'individu et en tant que corps, je vais mourir, ne m'empêche pas de me redéfinir comme recherche de moi-même, d'un sens de moi-même, qui correspond à la méditation dans certaines pratiques religieuses – qui aboutissent à me séparer de mon moi et en particulier de mon corps. Je ne vois pas la possibilité de penser la mort, car elle annule le sujet. On peut s'intéresser aux moyens de prolonger la vie et d'aménager sa phase finale. Les soins palliatifs consistent à créer autour de l'individu mourant un espace de vie en créant des relations avec lui, en le touchant, en lui parlant. Le problème est de pouvoir offrir à l'individu la possibilité de vivre comme un sujet le plus longtemps possible. Je vois plus de force dans ce thème que dans celui de l'euthanasie active, qui repose sur une image fausse de la volonté.

F.K. : *Dans votre conception du sujet, il n'y a pas de place pour la mort. A-t-il donc une vie éternelle ? Ne faut-il pas intégrer dans le sujet cette notion que les philosophes appellent la finitude, c'est-à-dire un rapport qui est aussi une certaine passivité ?*

A.T. : Si vous parlez de notre impuissance à nous libérer des règles sociales, de l'action et des interactions, oui. On peut parler de l'impuissance du sujet ; mais elle n'a rien à voir avec la mort. Celle-ci n'est que l'impuissance de la vie. Le sujet peut exister jusqu'à la fin d'une vie ou, au contraire, n'avoir presque jamais réussi à entrer dans une vie individuelle.

F.K. : *Il y avait une stabilité tout de même dans le rituel...*

A.T. : Il y a dans toutes les sociétés une distinction entre le social et le non-social et une action du non-social sur le social. Mais dans certaines sociétés, ce non-social est représenté en termes d'ordre, dans d'autres en termes d'espoir historique, dans d'autres encore en termes d'intériorité et de sujet. Cela conduit toujours à une limitation du social. Mais je ne dirai certainement pas qu'on passe avec la modernité d'un sujet aliéné à un sujet libre et conscient, car il y a dans les sociétés modernes à la fois libération du sujet et aggravation des risques auxquels il est exposé. Devant cette situation, deux attitudes sont possibles : la première dit : on s'y retrouvait mieux quand ça allait moins vite ; et d'autres, à l'inverse, disent que la modernité est bonne dans la mesure où elle est changement et où elle nous conduit à la subjectivation. Normalement, tout le monde devrait dire les deux choses à la fois, mais en fait on dit plutôt l'une ou plutôt l'autre. Moi, même si de caractère je ne suis pas optimiste, en pensée je suis un moderne optimiste.

F.K. : *Il y a donc bien un désespoir caractéristique des modernes...*

A.T. : ... et une libération !

F.K. : *Encore faut-il, pour accéder à la libération, qu'on puisse surmonter ce désespoir !*

A.T. : D'accord. Mais au total, dans tous les pays, les gens ont vécu la modernisation et l'urbanisation plus comme une libération que comme une épreuve. En même temps, il n'y a pas de débouché dans une société idéale, ou d'accès à la pure conscience. Il y a au contraire de plus en plus de dangers intériorisés, si bien qu'on est de plus en plus divisé avec soi-même. Avant, je pouvais dire Satan ou Dieu, et j'extériorisais ainsi le bien et le mal ; aujourd'hui, je ne peux pratiquement plus le dire, et quand je dis « le mal », ça veut dire « ce que tel ou tel a fait de mal ». Avant, j'étais traversé par la flèche de l'amour, maintenant je suis amoureux ou non.

F.K. : *Cette capacité de symbolisation, c'est le pari de plus en plus fondamental, ne serait-ce que parce que l'utopie a déserté les sociétés fortement désenchantées. Nous n'avons plus la capacité d'engendrer une forte utopie mobilisatrice. Comment voulez-vous que les sociétés puissent vivre uniquement pour le fric, la consommation, etc. ?*

A.T. : Nos sociétés ne sont pas du tout uniquement des sociétés matérialistes et hédonistes, pas plus que les sociétés religieuses n'étaient seulement pauvres, tristes, etc. Sommes-nous actuellement écrasés par l'agitation, la surabondance des messages ? Oui, sans aucun doute. Est-ce que cela est plus perturbant, plus manipulateur que la pauvreté, l'enfermement d'autrefois ? Non, au contraire. Les gens consacrent de plus en plus de temps à leur vie personnelle. Aucune société dans le monde moderne n'a donné plus de place que la nôtre à l'amour, à la vie sentimentale. C'est devenu une grande activité qui conduit à faire des choix. L'individualisme qui triomphe aujourd'hui ne s'oppose pas à l'existence du sujet, au contraire. La pression de la communauté sur le groupe n'écrase pas complètement le sujet, si cette pression comporte une référence à lui. Ne soyons pas paradoxaux, notre individualisme est plutôt favorable au sujet.

F.K. : *D'accord, mais dans les sociétés sans mythes, sans utopies où nous vivons, où peut-on trouver des traits d'union ? Dans les sociétés dites sans écriture, les mythes avaient une fonction fondamentale...*

A.T. : Les mythes ont défini les règles d'une société par leur origine et, dans les sociétés modernes, qui sont définies par leur avenir, les mythes servent à dénoncer le présent pour revenir aux origines. Les mythes ont été remplacés par des catégories de l'action. Ce qui nous menace est que ces catégories fassent triompher l'argent et le pouvoir. C'est un danger opposé à celui des mythes, mais aussi grand.

F.K. : *Maintenant, nous sommes dans l'entre-deux, sans mythe absolu et sans utopie totalisante. Et dans cet entre-deux émerge le sujet. Je veux bien qu'il relie les deux, mais est-ce qu'il y parvient vraiment ?*

A.T. : Il se définit par notre volonté de relier ce qui a été séparé dans notre expérience et ce qui se construit à trois niveaux, existentiel, interpersonnel et démocratique : (1) je réfléchis sur mon existence et je fais de mon individuation ma raison d'être ; (2) je reconnais l'autre à travers une relation de type amoureux ; (3) je construis une société qui repose sur la garantie institutionnelle du droit de chacun à devenir sujet, en particulier en reconnaissant le sujet dans des catégories ou des problèmes où la défense de l'individuation est engagée. Au cours de ce demi-siècle, la grande affaire dans une partie du monde a été que la femme est devenue un acteur différent et égal de l'homme. Le grand objectif pour la majorité des femmes actuellement c'est de pouvoir exister comme êtres féminins et non pas seulement comme une catégorie douée de caractéristiques particulières, de rôles sociaux. Elles veulent donner un sens personnel à leur vie. C'est un changement immense. Le mouvement des enfants, le mouvement de libération des colonisés, la lutte contre l'exploitation, tous portent aussi en eux le sujet. Notre manière de vivre angoisse plus, mais elle fait aussi plus espérer que les sociétés antérieures. Je ne pense pas que le monde aille fatalement soit vers l'âge de fer, soit vers l'âge d'or. À chaque époque, il y a beaucoup d'interprétations possibles de la même situation, mais à notre époque il y a, en plus de cela, une marge de création plus large. Il y a individualisation des problèmes et des réponses, plutôt qu'amélioration ou dégradation des chances du sujet.

F.K. : *Nous vivons à une époque désillusionnée. Pourtant, votre sujet qui se rassemble a besoin de l'illusion de son auto-fondation, il a besoin de se dire : je veux aller par-delà mes possibilités, non ?*

A.T. : Ces désillusions, je peux les nommer libérations. Ce que vous appelez désillusion veut dire que nous avons de moins en moins confiance dans les agents de gestion et de changement de la société : les prêtres, les soldats, les capitalistes, les ministres ou les syndicalistes.

F.K. : *On n'est pas dans une société où il y aurait un manque de sens ?*

A.T. : Si, si l'on parle de sens de l'histoire. Mais ne cherchons pas le sens là où il n'est plus et trouvons-le là où il est, du côté de la culture et de la personnalité et non plus du côté de l'économie ou de celui de la grande politique.

F.K. : *S'il y a un non-sens du monde, c'est qu'il y a un trop-plein de sens du sujet ?*

A.T. : La capacité de faire le mal ou le bien, d'être dépendant ou d'être libre, a augmenté. Au-dessous, il y a le monde des droits juridiques, des droits sociaux, qui sont des garanties à l'intérieur de la société. Mais heureusement, nous sommes très largement au-delà de ce que la société peut « tolérer ». Nous considérons que les valeurs « supérieures » passent à travers la libération des peuples dominés, du corps dominé, etc. Il y a montée du sujet personnel, mais ça ne veut pas dire que chacun soit plus près du sujet que dans un monde religieux. On peut dire qu'il y avait plus de sagesse dans les sociétés d'autrefois, mais aujourd'hui, c'est le sujet personnel qui est central, et donc c'est là qu'est aussi la faiblesse la plus grande.

Nous souffrons de ne pas être des sujets ; pour quelles raisons ? Je ne pense pas aux contraintes physiques, cela a toujours été su. J'hésite à dire que vous ne pouvez pas être un sujet dans un camp de concentration ou d'extermination. Le thème des martyrs restera toujours très fort. L'impuissance nouvelle est de ne pas résister aux forces qui nous transforment en êtres purement sociaux et nous manipulent. Si vous êtes pris par votre travail, votre difficulté de vivre, votre inquiétude croissante et votre peur de perdre votre travail, ou inversement par la course à la consommation et au niveau social, vous vous sentez impuissant. D'une manière très différente, si vous vous perdez en l'autre en vous sacrifiant ou en vous consacrant à ce que vous vivez comme des devoirs, des obligations, vous vivez une impuissance à vous constituer en sujet responsable. C'est notre capacité de vie individuelle qui multiplie les situations soit d'affaiblissement et de disparition, soit de répression et de souffrance du sujet. Le plus dangereux est la perte de conscience et les aliénations du sujet dans des comportements socialement prescrits.

F.K. : *À vous entendre, les principes classiques des grandes civilisations, culpabilité, abnégation, c'est fini, mais entre-temps, on réinvente d'autres formes...*

A.T. : Oui ! Si vous voulez me mettre en colère, il suffit de me dire : la sécularisation veut dire que l'utilité prime. Dans ces conditions, soyons des Anglais du XVIIIe siècle ou Voltaire et Diderot ! Il n'y a personne dont je sois plus éloigné. Ils ont raison d'attaquer le roi et la religion, mais il ne suffit pas d'être anticatholique pour avoir raison. Je me définis plus comme un postreligieux que comme un antireligieux, si vous voulez ! Le sujet est au plus loin du sacré. Mais je me suis toujours efforcé d'opposer au sacré, qui légitime la société, le divin, qui est l'appel à un recours contre la société. La foi est une figure du sujet.

F.K. : *Il faudrait alors être plus sensible à cette forme d'invention de relation à l'autre dans le dépassement de soi, dans l'abnégation...*

A.T. : La communication n'est pas une manière de monter à l'universel, c'est la prise de conscience du moi comme sujet à travers la reconnaissance de l'autre comme sujet ou comme interdit-d'être-sujet. Cela, en effet, appelle un dépassement non pas de soi, mais du moi social, défini du dehors ou du dedans par des normes. Nous pensons : si je ne fais pas ça, je ne suis pas digne d'être un homme, je me déshumanise, j'ai honte.

F.K. : *Pour certains anthropologues, la honte est une phase archaïque, elle précède la culpabilité. À la culture de la honte succéderait celle de la culpabilité, à la* shame culture, *la* guilt culture. *Vous introduisez une phase supérieure de la honte, qui se dégage de la culpabilité et qui introduit la relation de soi à soi.*

A.T. : Tout à fait. Je suis d'ailleurs tout à fait persuadé que si vous interrogez les gens, quel que soit leur âge, le mot « culpabilité » sera massivement rejeté, contrairement au mot « honte ». Ce n'est plus la salissure, c'est la conscience d'avoir perdu le rapport avec moi-même, d'être un salaud.

F.K. : *Mais alors, le sujet arrive à se constituer autant dans son effort à être que dans l'imposition à soi-même d'une morale.*

A.T. : Le sujet, c'est le désir d'un individu d'être un acteur, et être un acteur c'est avoir prise sur son environnement. Sans oublier ce que j'ai dit sur la dualité de l'engagement-dégagement. Le sujet-pour-soi ne peut exister qu'en pénétrant dans la réalité sociale, en attaquant les systèmes de domination, la pure technicité ou tout essentialisme. Mais rien n'est plus au centre de ma réflexion que la constitution ou la destruction de l'individu comme sujet-pour-soi.

F.K. : *Passons, si vous le voulez bien, à des considérations plus existentielles. Au cours de votre vie, comment avez-vous construit l'idée de sujet? Avez-vous éprouvé le sentiment de votre échec? Quand et comment avez-vous eu le sentiment d'avoir failli ou d'avoir vécu?*

A.T. : Ce sont des questions auxquelles il m'est difficile de répondre. Les problèmes dont nous parlons ici se sont posés à moi à partir de la morale de l'obligation, de la culpabilité, des normes dans lesquelles l'école et la famille m'avaient élevé. Comme beaucoup de gens de ma génération, j'ai vécu une distance entre normes et affirmation individuelle. Aujourd'hui, élevés dans la société de consommation et dans l'idée du respect des autres, beaucoup s'élèvent à l'idée de sujet à travers l'humanitaire; ils veulent aider les gens qui sont privés de tout, qui souffrent. C'est une démarche nouvelle, que les esprits traditionnels ont tort de mépriser. Pour ce qui me concerne, je voulais à la fois rompre la continuité et m'orienter dans un monde inconnu. Dans mon univers intellectuel comme personnel, toute mon histoire est une histoire de distanciation plus que de rupture, de recherche d'un monde intérieur qui se forme contre le non-sujet auquel il se trouve confronté. La difficulté est que vous ne trouvez la reconnaissance de vous par vous qu'à travers la reconnaissance de vous par les autres. L'hypothèse que fait un sociologue sur la conduite d'un acteur est juste si la connaissance de cette interprétation par l'acteur augmente sa propre capacité de se comprendre et d'agir. Je me sentirais davantage un sujet si je pouvais dire que ma manière de penser a augmenté la capacité de penser et d'agir des autres. Il y a évidemment une certaine contradiction entre l'originalité d'une pensée et son acceptabilité ou son succès. Moi, je garde constamment une certaine inquiétude, je me demande si je « marche à côté de mes pompes » ou si je suis un créateur. Les gens qui agissent comme des sujets sont des gens qui sont à la fois conscients de leur originalité et inquiets sur eux-mêmes. J'ai très peur de m'enfermer dans le moralisme, car alors je me dégraderais très vite : je deviendrais un mandarin ou un marginal.

F.K. : *Vous parlez du doute entre être mégalomane et être celui qui apporte du nouveau. Quelle est la place du doute dans le sujet ?*

A.T. : Vous connaissez beaucoup de gens qui ne doutent pas d'eux-mêmes ?

F.K. : *Est-ce que le doute est constitutif du sujet ?*

A.T. : Évidemment oui ! Ce qui s'effondre, c'est le moi, ce n'est pas le Je, et vous ne pouvez pas constituer votre Je, vous constituer comme sujet, sans vous détacher de votre moi. C'est ce que dit l'Évangile : il faut vous défaire de vos biens pour vous constituer comme sujet. Le doute vient de ce que je ne sais pas bien, dans ce que je dis et dans ce que je pense, si c'est Je qui le dit ou si c'est mes tripes ou si c'est le fait que je suis français, que j'ai tel âge. Le Je ne cesse de devoir entraîner le moi, mais en même temps de devoir s'en dégager. Je dis une phrase, mais est-ce *Je* qui la dit, ne reproduis-je pas ce que j'ai lu la veille dans le journal ? Non seulement il y a doute, mais il y a, si je puis dire, doute méthodique.

F.K. : *Le problème est que le Je cartésien se construit dans un rapport à soi qui est celui de l'évidence. Je suis, j'existe.*

A.T. : Dans « Je pense, donc je suis », les deux Je sont différents. Il y a dans l'individu qui pense non pas seulement « Ça pense en moi », mais « Il y a en moi quelqu'un qui pense et qui fait que j'existe comme sujet ». Penser, ça veut dire se différencier, mettre la distance des mots entre l'expérience sensible et moi. Je peux être trompé par mes sens, et la seule évidence n'est pas l'identité (« j'existe ») mais le fait que je suis celui qui pense qu'il est.

F.K. : *Le sujet est-il cartésien ?*

A.T. : L'acte de Descartes a été fondateur du sujet moderne.

F.K. : *Le sujet moderne éprouve un malaise profond que Descartes ne ressentait pas tel quel, à savoir l'errance. L'errance entre les divers pôles de son existence qu'il a du mal à relier entre eux.*

A.T. : Non seulement ça, mais l'idée que la pensée moderne consiste à éliminer le sujet, soit par la biologie, soit par l'économie, soit par la découverte de l'inconscient est aussi fréquente. Le sujet ne serait que l'illusion de la subjectivité, le reflet dans la glace qui se prend pour l'origine du corps. Bien sûr que je suis sensible à la force de ces pensées où je vois une complète contestation de moi-même ! Ce n'est pas par hasard que j'emploie le mot de sujet. Il était imprononçable à l'époque du triomphe des structuralo-marxistes. Je n'ai pas voulu prendre le mot « personne ». Ce sujet a des doutes, des inquiétudes, il est habité par la *mélancolie* au sens où Albrecht Dürer disait que le propre de l'intellectuel, c'est la mélancolie. *Melancholia*, cette espèce de doute, d'errance, à la fois désir, insatisfaction et sentiment qu'on a renoncé au monde de l'Être.

F.K. : *Profonde insécurité du sujet moderne dans un monde où il a le sentiment qu'un fil ténu le relie au sens, à son effort à être, et que ce fil peut se rompre à tout instant...*

A.T. : Devant tant de tableaux célèbres, vous vous dites : ce personnage a telle fonction, il est identifié socialement. Le sujet est au contraire un portrait non identifiable : c'est quelque chose qui peut être de n'importe où. Dans les grands portraits classiques, nous sentons bien qu'il y a non seulement un guerrier ou un prince, mais aussi autre chose.

F.K. : *Et la société industrielle ?*

A.T. : C'est exactement la même chose. Elle est dominée soit par l'idéologie du progrès, soit par le profit. La société industrielle ne s'est pas seulement pensée comme une société de profit, elle s'est souvent pensée comme une société de progrès et d'avenir ouvert, du côté du mouvement socialiste comme du côté des entrepreneurs. Aujourd'hui, de la même manière, le thème du sujet permet de ne pas sombrer dans l'utilitarisme et les calculs à court terme.

F.K. : *Parlons du temps, car le sujet n'est pas intemporel et ne se donne pas dans une immédiateté fulgurante...*

A.T. : Le sujet est hors du temps et aujourd'hui, moi qui reste historien, je pense que nous sommes entrés dans un mode de pensée qui est résolument non historique. Notre société ne se pense plus en termes historiques, n'est plus ni évolutionniste ni historiciste. Avant, je définissais notre société comme moderne. Aujourd'hui, je ne dis pas que notre société est postmoderne ou hors du temps, mais qu'elle ne se pense plus en termes d'évolution historique. Elle se définit comme exposée à des risques et à des mouvements incontrôlables et imprévisibles ; l'image du marché en est un bon exemple. En même temps, à chaque instant, le sujet est engagé et réfléchit sur lui-même. Le sujet n'est pas immortel, il est éternel.

F.K. : *Mais en même temps, nous avons une sorte d'horloge intérieure. On n'est pas dans cette espèce d'immédiateté de soi dans l'intemporel, il y a aussi des êtres de chair et de sang. Impossible de ne pas avoir un regard acéré sur soi-même, ne serait-ce que par rapport à son propre passé...*

A.T. : Le sujet se manifeste par la résistance à l'écoulement de la vie et par la capacité de se reconcentrer, donc de reconstruire du sens et du temps.

F.K. : *Le sujet se rehausse au-dessus du temps ?*

A.T. : L'âge nous reste extérieur. Une fois que j'allais accompagner ma mère à la gare – elle avait alors quatre-vingt-trois ans – elle m'a dit : «C'est incroyable ce qu'on me dit, que j'ai quatre-vingt-trois ans ; je ne me sens absolument pas une vieille dame !» Je vis mal le vieillissement et je me demande jusqu'où cet étranger non invité va s'installer chez moi. Je sais maintenant qu'il ne s'en ira plus. Jusqu'à une date relativement récente, j'ai vraiment vécu comme si j'étais éternel. Si on me dit : «Il y a quarante ans, vous avez dit...», cela n'évoque pas un souvenir, mais une partie de mon présent. Vous ne pouvez vous constituer comme sujet que si vous sortez des déterminants, des situations, de votre aspect physique, de votre âge, de votre lieu de naissance, de votre milieu social, etc. Être sujet, c'est sentir l'unité du Je au-delà de la diversité des expériences.

F.K. : *Mais il y a un corps dans lequel le sujet s'incarne. Mon sentiment individuel est que je ne suis pas un sujet qui s'use avec le temps, je me rehausse au-dessus du temps...*

A.T. : Mais en même temps je découvre un matin que je porte physiquement une nouvelle trace de la vieillesse ! Je ne considère évidemment pas que l'état physique soit nécessaire pour sortir du social, pour être sage ou pur. Ces notions me sont totalement étrangères. Mais il est vrai que lorsque les déterminants extérieurs pèsent moins lourd, la constitution du sujet est plus facile.

F.K. : *Alors, le sujet n'est pas du tout chrétien. Pas question d'affirmer que la souffrance est salvatrice !*

A.T. : Non, la souffrance n'est pas salvatrice ! Nous savons bien que dans les camps de concentration, l'immense majorité des gens cédaient à la violence : ils dénonçaient sous la torture. Qui ose dire aujourd'hui que dans les camps de réfugiés au Congo ou au Kosovo, la souffrance est un instrument de rédemption ? Personne n'ose parler ainsi ! Aujourd'hui, la pensée chrétienne elle-même se refuse à donner une place aussi centrale au rôle rédempteur de la souffrance. Quant à moi, non seulement ces idées me sont étrangères, mais j'éprouve une vive hostilité à leur égard. J'aimerais être heureux, bien que je n'aie aucune capacité à l'être. Heureux parce que j'aurais de l'argent plein les poches, ou que je séduirais? Évidemment non, ce n'est pas ça. Ce n'est pas non plus atteindre des objectifs stables et proches. Mais un sujet heureux, j'en rêve. Je n'y crois pas pour moi et pourtant j'y crois pour tous les autres.

F.K. : *Revenons à Proust. Son amour pour Albertine est fait d'assauts de jalousie, d'une souffrance quelquefois suraiguë de ne pouvoir maîtriser l'autre dans sa totalité qui lui échappe à chaque fois qu'il essaie de le saisir, et c'est précisément cette souffrance qui, en s'approfondissant, fait de lui un être plus profond, susceptible d'accéder aux secrets de lui-même, aux méandres de sa subjectivité...*

A.T. : Comme tout le monde, je suis entraîné par cette fragmentation de l'être, mais je ne me satisfais pas de la réponse donnée : l'écriture. Depuis Baudelaire et Proust, c'est cette vision qui domine : on ne retrouve le temps que par l'écriture. On n'a pas d'autre unité d'existence que celle de celui qui écrit. Nous sommes changeants, discontinus, hétérogènes, et puisque nous refusons une unité de nature métaphysique ou religieuse, nous ne trouvons notre unité que par l'art, par l'écriture ou par le *flashback*. Comme d'ailleurs d'autres gens disent : ma seule unité est un amour (« je n'ai vécu que pour mon fils »). Je ne me satisfais pas de réponses esthétiques. Je reviens toujours à la morale, à la recherche de soi.

F.K. *La souffrance ne saurait contribuer à la constitution du sujet ?*

A.T. : La souffrance peut vous séparer d'appartenances avec lesquelles vous aviez tendance à vous identifier. Prenons l'image traditionnelle d'une relation d'amour. Celle-ci se défait, l'un ou l'autre s'en va, les deux souffrent et en même temps se disent :

« Suis-je vraiment celui-là ou celle-là ? » On souffre parce qu'on n'a plus de rapport avec soi à travers cette relation. On est en souffrance parce qu'on s'aperçoit que pour se retrouver soi-même, il faut se détacher. Pour nous retrouver dans la diversité de nos expériences, nous avons besoin de détachement. Ce détachement est rarement volontaire et il comporte toujours une part de souffrance car il est aussi un arrachement. Par exemple, un couple où chacun trouve son compte à ne pas s'affirmer comme sujet semble apporter la tranquillité. Tout d'un coup, ce couple se défait, chacun souffre énormément, mais l'un ou l'autre ou les deux découvrent qu'ils n'étaient pas identifiés à cette relation. En souffrant, ils se sont rapprochés d'eux-mêmes. Cela dit, je n'ai aucun goût pour le dolorisme.

F.K. : *Vous dites que le sujet doit être heureux.*

A.T. : Si l'on prend le mot au sens fort, oui, le bonheur doit être considéré comme un haut niveau de perfection. Je le sens d'autant plus fort que je ne sais pas être heureux, que j'ai des doutes, que je me suis fait une morale de ma fragilité ou de mes déceptions. Mais je suis intellectuellement convaincu qu'il est difficile de se conduire comme sujet sans éprouver comme un bonheur le rapport avec soi, sans la conscience que le rapport à soi-même est plus important que le rapport à l'environnement, une sorte de paix de l'âme et même de jubilation. Il faut aussi connaître le bonheur de la relation interpersonnelle.

Par ailleurs, quand une mesure démocratique est prise – ce n'est pas si fréquent –, cela répand en moi une forme de bonheur. Lorsque le Parlement a voté la parité, ce fut pour moi un vrai bonheur. Cette parité des femmes et des hommes, pour moi, c'est la plus importante transformation de notre culture politique. De même avant, lorsque Robert Badinter a fait disparaître du Code la peine de mort, j'en fus profondément heureux.

F.K. : *La vieillesse, vous la percevez en termes de déficience ou de manque ?*

A.T. : Je la perçois en termes de déficience; on oublie un nom, on ne peut plus faire un geste. Le pire est de perdre le désir d'agir, de créer. J'ai souvent envie de dormir, j'ai des moments de dépression. En sortirai-je? En fait, je sens la vieillesse entrer en moi, mais elle n'est pas moi. C'est une intruse qui s'est installée chez moi et qui étend son domaine, mais je me sens étranger à elle et je n'ai pas l'intention de me plier à ses ordres.

F.K. : *Pourquoi ne pas concevoir la vieillesse comme une capacité accrue de distanciation, de contemplation?*

A.T. : C'est vrai. Mes idées sont de plus en plus celles d'un homme qui est face à la société plutôt qu'en elle. Mais je crois comprendre ainsi mieux les conduites et les situations.

F.K. : *Dans les sociétés traditionnelles, les gens valorisaient la vieillesse, qui n'était pas une déficience mais un état positif et supérieur. Le paradoxe de notre modernité tardive est qu'il y a de plus en plus de vieux, mais que ceux-ci sont de moins en moins considérés en raison même du culte de la jeunesse et de sa créativité supposée. Pourquoi ne pas concevoir aussi la vieillesse dans sa positivité?*

A.T. : Dans mon for intérieur, ce que je souhaite, c'est être un peu éternel. C'est pourquoi lorsque j'ai pris ce qu'on appelle ma retraite, j'ai tenu à ne rien changer. Je pense à mon père qui, sa dernière année, était très gravement malade; les derniers jours, il avait écrit un article pour une revue; l'éditeur est venu chez lui, car il ne pouvait se déplacer, pour lui faire signer le bon à tirer. Ce qu'il a fait, puis il a perdu conscience et il est mort une heure après.

Georges Friedmann, à la fin de sa vie, avait pris l'habitude de faire une sieste après déjeuner en lisant un livre. Un jour, il s'était allongé et lisait ou relisait Chamfort; sa femme a entendu un claquement de mâchoires. Il était mort. J'ai envie de dire : ne perdons pas notre temps; la mort n'a pas de sens. On ne se pense pas mort, c'est-à-dire incapable de voir et de penser. La mort est une disparition, un souffle qui s'arrête. Si ça vient comme un arrêt, tant mieux. Je ne parviens pas à donner de sens à la mort, alors que je donne un sens négatif à la vieillesse. Ce qui mérite d'être aimé, c'est l'activité, qu'elle soit affective, professionnelle ou intellectuelle. Je comprends très bien que les gens qui se sont épuisés ou ennuyés toute leur vie souhaitent qu'on les conduise en avion et en autocar à Chambord ou à Majorque, le troisième âge venu, car c'est alors qu'ils ont des possibilités de voyager, de voir des gens, de profiter du temps, de le sentir dans leurs mains ; cela dit, je ne ferais ça pour rien au monde !

F.K. : *L'image de Sénèque, de Montaigne est plus proche de nous.*

A.T. : Ce sont des images de l'Antiquité !

F.K. : *Montaigne, c'est entre l'Antiquité et la modernité, il y a le moi et le Je qu'il explore. La vieillesse devient le moment propice pour se comprendre soi-même.*

A.T. : C'est vrai, je m'intéresse un peu plus à me connaître moi-même, mais je n'ai pas beaucoup d'intérêt pour moi.

F.K. : *Vous vous réalisez dans l'activité...*

A.T. : Oui, plutôt. Je suis assez mauvais lecteur car dès que je lis trois pages, ça me donne une idée, je cesse de lire, je prends une feuille de papier et j'écris. Qu'est-ce que ça veut dire, se connaître ? J'ai toujours dit que le sujet était d'abord résistance, puis communication, puis garanties. Si je regarde mon moi, j'y vois tout ce que je ne veux pas voir dans le sujet. Je me rappelle qu'au lycée je m'ennuyais, que j'ai souffert dans des pays dont je ne comprenais pas la langue, que le monde universitaire ne m'a pas enthousiasmé, mais aussi qu'on a été faire un pique-nique dans la forêt de Fontainebleau qui a été merveilleux, que mes enfants, Marisol et Philippe ont dit ou fait telle ou telle chose que je n'oublie pas. Mais le bon comme le mauvais ne font pas de moi un sujet. Il est certain que ma conception du sujet est plus défensive qu'elle ne l'était autrefois, mais elle est aussi active.

F.K. : *Si vous considérez que le sujet est dans l'activité pure, ne pas pouvoir y participer sera perçu comme une sorte de déficience, et vous ne pourrez donc pas explorer les aspects positifs de la vieillesse qui peut tout aussi bien être contemplation et approfondissement !*

A.T. : Je ne crois pas à l'activité pure. Plus à la réflexion. De ce point de vue-là, pourquoi voulez-vous que je change de vie alors que je pouvais plus facilement en changer il y a trente ans ? Je ne dis pas que je fais très bien ce que je fais, mais si j'avais fait autre chose, je l'aurais moins bien fait. Dans ma vie, j'ai subi peu de contraintes. Je me suis souvent mis en colère – maintenant moins, ce qui n'est pas bon signe –, mais dans l'ensemble j'ai bénéficié de conditions de vie et de travail tout à fait acceptables. De plus, j'ai vécu dans deux mondes, la France et l'Amérique latine. À vrai dire, si j'avais vingt-cinq ou trente ans, je commencerais par aller découvrir une autre partie du monde.

F.K. : *Laquelle ?*

A.T. : Probablement l'Asie. Peut-être serais-je retourné en Amérique latine. J'aurais sûrement été dans ce qu'on appelle le Sud. Je ne sais pas pourquoi. Je suis un homme du Nord ; c'est probablement ce qui explique ce choix. Et même les pays de l'Est, ce n'est pas mon monde, sauf pendant la période de leurs grandes luttes, Pologne en tête ! Le Québec est le seul pays du Nord auquel je suis attaché, depuis les années soixante, car j'ai vu naître un pays moderne et tenant à son identité. Tout ce que je souhaite, c'est faire des choses qui aient à mes yeux une importance intellectuelle.

11

Souffrance et joie

F.K. : *Parlons du corps, du corps du sujet. Il y a une autonomisation du corps par rapport au sacré, aux hiérarchies. Le corps de la femme est libéré par la pilule, mais aussi par le travail hors du foyer. Un certain nombre de choses ont bouleversé le rapport à notre corps, mais en même temps, le nouveau corps pose problème. Il y a des tentatives de fermeture sur soi, et pas seulement dans le monde islamique. La libération du corps pose des problèmes quant à la pudeur, aux rapports aux autres, aux rapports de la femme à l'homme et inversement, aux rapports sexuels, parentaux, à la procréation. Le corps se problématise aussi dans la bio-éthique où les frontières deviennent floues entre l'autonomie corporelle et la responsabilité face à autrui. Bref, le corps n'a jamais fait autant problème qu'aujourd'hui, alors qu'on peut dire que, dans l'ensemble, il s'est émancipé de nombre de contraintes qui pesaient sur lui. Le sujet a-t-il un corps?*

A.T. : La libération du corps n'est évidemment pas une condition suffisante, mais elle est indispensable à la formation du sujet. Il n'y a pas de sujet qui se forme tant qu'il n'y a pas rupture avec des normes, des traditions, des contrôles sociaux. Je suis donc évidemment favorable à la libération du corps, mais cette « libération » est-elle la même pour les hommes que pour les femmes ? J'ai l'impression que, dans le monde occidental, l'inégalité hommes/femmes pour l'essentiel demeure. Sport, tourisme, plage, tout se passe comme si la femme était encore un objet de plaisir ou de désir pour l'homme plus que l'inverse. Cette asymétrie doit disparaître, mais par la sexualisation des conduites des hommes autant que des femmes. Nous cherchons l'égalité mais aussi la différence dans les relations hommes/femmes !

Comment, à partir de ce processus négatif, peut-il s'opérer un processus positif, par lequel l'individu se sente sujet ? Le sujet n'a pas de corps, le sujet est une manière qu'a l'individu de se comporter à l'égard de soi, donc à l'égard de son corps. Il se crée comme sujet avec tout ce qu'il y a en lui. Est-ce que le sujet a un sexe ? L'individu est toujours sexué, par conséquent le contenu, le processus de subjectivation est toujours en partie différent, mais je ne crois pas qu'on puisse dire que le sujet comme tel, ou, dans d'autres vocabulaires, « l'âme », « la conscience », ait un sexe. Puisque le sujet est un retour sur soi, il existe d'autant plus qu'il prend davantage en charge la totalité de l'expérience individuelle dans la sexualité. Un sujet qui essaie de se constituer en éliminant les caractéristiques les plus centrales, les plus importantes de l'individu, sera probablement un sujet de niveau très bas. Une séparation entre hommes et femmes signifie le refus de la formation du sujet comme individu sexué. D'un autre côté, si on veut parler d'un travail de subjectivation, il faut que celui-ci fasse apparaître un individu désocialisé. La libération sociale du corps et l'idée de sujet marchent tout à fait ensemble. Plus vous reconnaissez l'existence du corps et plus vous pouvez éliminer les intermédiaires sociaux et permettre une rencontre. Les soins du corps ont un côté commercial et d'affirmation d'un statut social. Le sujet n'a rien à voir là-dedans. En revanche, la sexualité et la subjectivation peuvent aller ensemble.

F.K. : *Merleau-Ponty a développé une philosophie du corps à partir de la perception. Nous n'avons pas un corps, nous sommes un corps, qui devient le lieu même du sens profond de notre être. Le sujet est-il un corps ?*

Il y a une sorte de surincarnation du corps du fait même de la disparition de ces garants métasociaux dont vous parliez. On est de plus en plus renvoyé à son propre corps, vers le corps propre, dans son authenticité. En même temps, on assiste à une virtualisation du corps, une perte de références, une tentation de renfermement narcissique, ou bien encore à la diabolisation de l'autre corps (les mouvements extrêmement violents contre la contraception aux États-Unis, et même en France, récemment).

A.T. : Le dernier problème que vous posez est celui de la morale chrétienne, qui dit : la nature a été créée par Dieu, par conséquent il faut se conformer à elle en refusant la contraception (sauf par des méthodes « naturelles »), et plus encore l'avortement qui détruit la vie. À toute morale « naturelle », religieuse ou utilitariste, on peut opposer une morale pour laquelle est bon ce qui aide un individu ou un groupe à se constituer comme sujet. Est mauvais ce qui soumet l'individu ou le groupe à une loi naturelle, sociale, politique ou religieuse. Face à l'avortement, on ne peut pas se contenter de parler en termes de bien-être : cela peut gêner la femme d'avoir un enfant, donc elle est en droit de l'éliminer. C'est intenable, parce qu'on pourrait aller ainsi jusqu'à l'infanticide. L'avortement est un échec, et d'abord il devrait le plus possible être évité par la contraception. Ensuite et surtout, la décision d'avorter met en jeu les projets de vie, elle a un coût psychologique considérable. Personnellement, j'éprouve un malaise devant les condamnations élémentaires qu'on porte contre les personnes hostiles à l'avortement : elles n'ont pas raison, mais je ne caricature pas ces mouvements car je n'aime pas l'utilitarisme. L'idéal est de pouvoir donner la priorité à la décision responsable d'avortement en tant que moyen de sauvegarder sa propre vie. J'ai toujours soutenu les mouvements en faveur de l'avortement. Interdire l'avortement n'a aucun sens, et sa conséquence est que l'acte sera fait dans des conditions illégales et dangereuses. L'avortement ne doit pas être interdit, mais la contraception devrait le faire reculer plus vite.

F.K. : *Peut-on parler d'une éthique du sujet ? Il y a un droit fondamental de tuer dans des cas exceptionnels, vous le dites. Dans quelle mesure ai-je le droit d'éliminer un autre corps ?*

A.T. : En cas de guerre, le plus souvent le soldat tue sur ordre. D'où l'importance de la recherche de Goldhagen qui démontre que des soldats allemands pouvaient ne pas fusiller et assassiner les Juifs, et qu'ils l'ont donc fait volontairement ou même « volontiers». C'est toujours en termes de responsabilité qu'il faut juger. C'est toujours le sens donné à l'acte qui commande l'évaluation de l'acte. On ne peut pas éliminer *a priori* l'idée de tuer. Les pacifistes des années trente sont devenus souvent des collaborateurs.

F.K. : *Quand on tue, en tant que sujet, quel genre de légitimation vous paraît acceptable ?*

A.T. : Quand l'ennemi est un danger grave pour des valeurs humaines fondamentales. Lorsqu'un soldat mobilisé tue pour ne pas être tué, nous ne sommes pas dans le domaine d'un choix moral.

F.K. : *Alors, dans les situations extrêmes, on ne peut pas être sujet ? Les cas extrêmes brisent le sujet ?*

A.T. : Je ne crois pas qu'on puisse répondre autrement. Je ne vois pas comment on peut condamner un soldat qui a tué. C'est une situation du genre « lui ou moi », donc cela échappe au sujet. La question est : est-ce que cette conduite fait partie d'un système de sens ? Dans le cas du résistant ou du dissident, je le répète, je ne peux pas le considérer comme un terroriste, étant donné la gravité du danger qu'il combat. La question est toujours d'élaborer un sens.

F.K. : *En fait le sujet devrait essayer de créer des conditions propices pour son épanouissement ainsi que pour celui des autres ?*

A.T. : Absolument. Une grande partie de l'évolution des idées juridiques a consisté à se protéger de la violence, à donner à tous des garanties de liberté. Prenez le cas de la violence subie par les « femmes battues ». Il faut qu'il y ait des lois qui protègent les femmes de la violence exercée dans la vie privée ; sans elles la femme qui n'a pas de ressources propres et dépend de son compagnon pour survivre ne peut pas agir en tant que sujet. Ce qu'il faut d'abord, c'est que se crée une situation où il y ait liberté de choix et garanties. Le critère de choix est ce qui permet pour moi d'agir en tant que sujet. Il y a des cas évidemment où je ne le peux pas.

Allons plus loin : il faut remplacer la punition sociale, l'enfermement de l'individu dangereux par l'épreuve de la vérité. Il est plus important de faire dire la vérité par le coupable que de le condamner. Mais il s'agit d'un acte public et d'un «procès»; pas d'un aveu qui clôt l'instruction. Ce qu'a fait l'Afrique du Sud est admirable. Je reviendrai sur ce projet de supprimer la prison.

F.K. : *On peut avoir aussi une interprétation héroïque : le sujet est celui qui, même dans les cas impossibles, tente...*

A.T. : Je me méfie de la conception héroïque, parce qu'elle me fascine trop et que, même si vous l'acceptez, elle ne s'applique quand même qu'à très peu de gens. Dans les situations les plus dramatiques, cet idéal risque fort d'être écrasé par son contraire, c'est-à-dire une conscience d'appartenance : je le tue parce qu'il est soldat ennemi! Certes, il y a énormément de cas dans la vie quotidienne où cela a un sens de dire : je choisis telle solution, bien qu'elle me soit très difficile à accepter, parce que c'est celle qui me place le plus en situation de sujet en relation avec d'autres sujets; mais dans d'autres cas, le choix est impossible. Parmi les millions de gens qui ont été enfermés dans des camps de concentration et qui sont morts, la plupart n'ont pas été des héros. Vous ne pouvez pas demander aux détenus des camps de concentration de se comporter en héros. S'ils le font, c'est admirable, mais le sens positif de leur action est surtout donné par l'horreur qu'inspire le système qui les détruit. Pourtant, oui, les héros existent. Un soldat allemand a été tué, et en représailles cinquante otages doivent être fusillés. Parmi ces cinquante hommes, agriculteurs ou ouvriers, se trouve un instituteur que l'officier allemand décide d'épargner. Il lui dit : «Vous êtes instruit, je vous fais grâce.» L'instituteur lui demande alors : «Mais un autre va-t-il prendre ma place?» L'officier répond : «Ce sera le suivant sur la liste.» Et l'instituteur de dire : «Alors, je vous réponds non!» Et il est fusillé. Cet homme est vraiment un héros, car il reconnaît l'autre comme un sujet.

F.K. : *S'il ne l'avait pas fait, il aurait été un salaud?*

A.T. : Non.

F.K. : *Une mère a deux enfants, dans un camp de concentration, et l'officier nazi lui dit : « Choisis un de tes enfants, sinon les deux seront tués. » Que répondre : « Je refuse le choix » ? Qu'est-ce que le sujet répondrait ?*

A.T. : Rien, car je refuse absolument d'essayer de mettre de la moralité dans une conduite définie par le dominateur en termes inhumains. Et moi, je ne condamnerai certainement pas celle qui aura désigné l'un ou l'autre ; il vaut peut-être mieux pour elle en sauver un qu'aucun. C'est une situation tellement inhumaine que dans ces circonstances cette femme ne peut pas se comporter en sujet et qu'il est probable qu'elle ne le pourra pas pour le reste de sa vie, elle en deviendra folle ou elle se suicidera. Il se peut aussi que cette femme réponde : « Tuez-les tous les deux et moi avec eux ! » Je pense qu'il faut dire que de tels conflits insupportables se traitent sans solution juste, au cas par cas, seulement en essayant d'inclure le plus de subjectivation possible dans le processus de décision, mais l'enfer existe. Il y a des endroits où vous ne pouvez pas être sujet. *Je ne peux pas accuser quelqu'un de ne pas se comporter en être libre si effectivement il n'a pas de marge de liberté.* Je suis contre les morales de l'absolu.

F.K. : *N'est-ce pas dans ce genre de situations que le sujet moderne évolue vers une sorte d'amoralisme ?*

A.T. : Je ne le crois pas. Mais la morale est de moins en moins définie par des devoirs. Elle repose avant tout sur le courage d'évaluer tous les aspects d'une situation, au lieu de citer des textes.

F.K. : *Vous vous souvenez que nous avions eu une discussion, il y a quelque temps, sur le double principe : principe espérance et principe de charité. Vous me disiez que vous étiez très méfiant vis-à-vis du principe espérance que vous n'aimiez pas parce que c'est dangereux et que vous étiez plutôt du côté du principe de charité.*

Comment vivre dans une société qui n'a pas de principe espérance ? Une vie qui n'est pas mue par une espérance globale est-elle possible ? Sans horizon, une société peut-elle avoir un sens ? Et où peut-elle le puiser ?

A.T. : C'est une étrange coïncidence que vous me parliez ce matin du principe espérance, alors que je viens de lire l'énorme livre en trois volumes d'Ernst Bloch, qu'il a écrit aux États-Unis entre 1938 et 1947, *Le Principe Espérance*, transformé encore au début des années cinquante et auquel il faut ajouter un volume sur l'utopie, ce qui fait de cette œuvre le plus vaste ensemble qui ait été écrit sur ce sujet.

J'avais déjà eu l'occasion de réfléchir à votre question à l'occasion d'une conférence tenue par un théologien protestant bien connu, le pasteur Moltman, qui a élaboré une théologie de l'espérance, assez proche par beaucoup d'aspects d'une théologie de la libération. Pourquoi suis-je méfiant à l'égard de ces mots magnifiques : « espérance » ou « libération »? La lecture de Bloch et la relecture de Karl Mannheim, *Idéologie et Utopie*, m'ont replongé dans cette pensée historiciste où l'espoir, pour Mannheim et pour Bloch, est celui d'une transformation sociale, dirigée par un parti.

Cela est difficile à accepter aujourd'hui. J'en veux à Bloch de se référer constamment à Marx et d'avoir un langage brutal : Jung, dit-il, est un fasciste, Freud un bourgeois libéral. On nous a tellement parlé de l'homme nouveau, de la société nouvelle, ou même du « travail qui rend libre », que les eschatologies me semblent plus diaboliques que libératrices. Mais j'ajoute aussitôt que la pensée de Bloch est plus complexe, puisqu'elle commence et se termine par le contraire de l'espérance dans un avenir libéré. Son objectif central est d'arriver à saisir en soi et dans l'instant le « novum », « l'être sur le front ». Ce à quoi ressemble le plus la pensée de Bloch, c'est à une mystique sans Dieu. Il dit : oui, il faut basculer du passé vers l'avenir, mais une fois qu'on a basculé vers l'espérance, il faut aller encore plus loin et trouver dans la fugacité du présent la vision mystique. Il s'agit bien d'une utopie, qui n'est pas tellement l'utopie de la société de l'avenir car Bloch avait les doutes les plus profonds sur ce qui se passait dans le communisme international, mais qui en appelait, contre un monde dominé par l'argent et le pouvoir, à la perfection de l'instant. Une utopie, c'est la recherche de la perfection, en blanc ou en noir. Le tome II du livre de Bloch est consacré aux utopies sociales et il a écrit aussi un ouvrage sur Thomas Münzer. Depuis les anabaptistes jusqu'à la période récente, on peut passer en revue en effet les utopies sociales de l'espérance. Mais si vous prenez les premier et troisième tomes du Bloch, vous verrez que sa conception centrale est d'une autre nature.

Prolongeant sa pensée, j'ajoute : nous sommes sortis de la phase industrielle qui était celle du progrès, de l'espoir, de l'espérance, et qui avait été nourrie par la pensée des Lumières. Le rapport principal n'est plus celui du passé à l'avenir, mais celui de l'identité à l'altérité, et par conséquent ce que je demande aux théologiens c'est plutôt une théologie de la charité qu'une théologie de l'espérance. Les formules qui mentionnent l'espérance souffrent du mélange, que je trouve insupportable, entre des thèmes culturels ou sociaux et des thèmes révolutionnaires, c'est-à-dire étatiques.

Ce que je ne supporte pas, c'est la subordination de tout ce qui est social, culturel, idéologique même, au monde de l'État. Je me réjouis de la déconfiture de la droite étatiste, comme je me réjouis de l'échec de la gauche étatiste, c'est-à-dire du parti communiste. Je pense que nous devons transformer notre vision des choses, non pas du tout pour nous adapter au présent, ce contre quoi je me suis toujours battu, mais pour trouver dans ce que j'appelle le sujet le dépassement de l'esprit capitaliste et aussi de l'étatisme autoritaire, la pénétration dans l'organisation sociale d'un principe non social que j'appelle la liberté du sujet.

F.K. : *Pour les utopistes, une vie comblée se manifestait par un engagement sans faille dans la réalisation de l'utopie, ce qui pouvait aboutir à des formes monstrueuses d'action politique et sociale. Pour les mystiques, c'était la réalisation de soi dans le moment de dissolution dans l'absolu. De nos jours, qu'est-ce que c'est qu'une vie comblée – puisque le métasocial, qui lui conférait un sens, ne fonctionne plus ? Il n'y a plus de capacité de formuler des utopies massives. Il y a la vie privée, l'amour et, de l'autre, le* marché, et à côté, l'État. Quel est le principe qui unifie le privé et le public, qu'est-ce qui donne sens à tout cela ?

A.T. : Le test de la réussite ou de l'échec, c'est la capacité ou l'incapacité de se construire ou de résister à la destruction de soi dans un monde de masse, de changements rapides, ou de pouvoirs absolus. Ne pas se perdre de vue, se regarder, avoir conscience de soi, tous ces mots dont je sais bien qu'ils prêtent le flanc à la critique et à propos desquels on peut parler de moralisme, ne renvoient absolument pas à un principe absolu, comme la raison, mais au contraire, dans ce monde où les forces matérielles et les volontés autoritaires sont déchaînées, à la relation entre l'être concret, avec sa conscience de soi, de sa faiblesse, de sa nudité et les logiques inverses qui tendent à le détruire. Ce qui m'intéresse, c'est la bataille contre le déchaînement des instruments et des pouvoirs, et la capacité du sujet à se reconstituer. C'est cette remontée, cette construction du sujet qui m'importe car elle semble souvent impossible.

Comment pouvons-nous, dans une ville du Kosovo bombardée, au milieu des forces politiques, militaires, idéologiques, communautaristes qui se déchaînent, construire notre vie, individuellement et collectivement, donner un sens à notre expérience vécue ? Ce sens ne peut plus être de mettre ma vie au service de quelque chose ; c'est de la mettre au service d'elle-même et de celle des autres. Je veux avoir la capacité, le désir de transformer les événements et les pulsions qui me traversent. Se construire soi-même comme un sujet c'est donner sens et unité à sa vie. C'est cette joie qui a pris la place de l'espérance. Et je vous supplie de croire que je parle ici pour n'importe qui, quel que soit son degré de dépendance, d'ignorance ou de pauvreté. Je n'en appelle pas à une conception plus ou moins élitiste de la vie sociale.

F.K. : *Le sujet ne peut donc jamais avoir une vie comblée...*

A.T. : Coïncider avec soi-même, c'est l'illusion de l'identité. Ce que nous sommes empiriquement est presque complètement déterminé du dehors, qu'il s'agisse de nos goûts alimentaires ou des idées que nous avons. L'appel au plaisir ne m'a jamais convaincu. Le plaisir, l'argent, l'intérêt, le sexe comme consommation, je les ressens plutôt comme des figures de la mort : le monde de la consommation est d'abord celui de la destruction. Je cherche au contraire un Je, un sujet, mais ce Je est d'autant plus réussi qu'il intègre plus d'éléments de l'expérience vécue, qu'il s'agisse de relations affectives ou amoureuses, de plaisirs intellectuels ou de voyages d'initiation.

F.K. : *Dans cette approche, je ne vois pas la place que vous faites à la mort. Or elle est partout présente, dans les guerres, dans le désespoir. Le sujet, comme vous le disiez à juste titre, ne se réalise peut-être que quelques instants dans l'existence. Ce qui pose tout de même problème : comment être kosovar aujourd'hui, ou Juif polonais sous les nazis, avoir une partie de sa famille qui a disparu, sa maison détruite, être en exil, et garder tout de même cette flamme intérieure pour tenter de se réaliser et conserver la joie d'exister ?*

A.T. : Vous posez deux questions : le malheur et la mort. Le thème du malheur a été et est encore le thème central de toute pensée de type religieux. Ce qui préoccupe le plus ceux qui ont une pensée religieuse, c'est de savoir comment ce dieu, qui est bon, peut tolérer tout le malheur qu'il y a sur la terre. Je n'ai pas de réponse à cette question, parce qu'elle est inséparable de l'affirmation de Dieu. Comme je n'ai pas de croyances religieuses, je pense que le malheur n'a pas à être compris en général, mais expliqué par toutes les formes de domination, personnelle et collective, et par la perte de sens. Le malheur se définit comme destruction du sujet. Par conséquent, plus je parle du sujet, plus je parle du malheur, et on m'a même reproché de mettre trop l'accent sur le malheur, de parler d'un sujet vide, nu, fragile. Si j'ai été trop loin, ce n'est pas dans le sens de l'oubli du malheur mais au contraire dans le sens d'une conscience malheureuse.

Tout autre est le problème de la mort. La mort, je l'ai dit, c'est le non-sens. La mort est une fatalité, vous ne pouvez pas construire votre vie à partir d'elle, pour vous y préparer. La vie est un temps et un espace. Après et en dehors, il n'y a rien. C'est pourquoi je suis méfiant face à l'idée de la mort volontaire, car ou il s'agit d'un suicide, c'est-à-dire d'un échec, ou d'une pensée déiste : je domine la mort d'une certaine manière en en décidant. Quant à la forme adoucie, qui est : « je ne veux pas être exposé à des douleurs insurmontables », je la trouve de plus en plus faible car il n'y a pas aujourd'hui beaucoup de douleurs qu'on ne puisse pas calmer. Avoir une vision de la vie centrée sur la vie, même cinq minutes avant la fin de la vie, c'est la seule attitude que l'on puisse désirer. Et là je reprends volontiers le vieux mot de sérénité.

F.K. : *On ne vise pas la mort comme phénomène physique, mais comme principe de désintégration, de dissolution au sein même du sujet, comme une inclination qui nous pousserait vers l'abîme.*

A.T. : Dans la mesure où je maintiens une distance insurmontable entre l'individu et le sujet, entre le moi et le Je, et dans la mesure où j'ai donné l'image d'un Je faible, je fais la plus grande place à l'échec du sujet, au désir de ne pas être sujet, à la fatigue d'être sujet. Je crois seulement que, dans notre existence comme non-sujet, il y a toujours de la souffrance. Cependant, on peut trouver la présence et l'exigence d'un sujet beaucoup plus souvent qu'on ne le croit. Les gens qui donnent du sens à leur vie, parfois au prix de celle-ci ou d'une partie importante de celle-ci et en acceptant de lourds sacrifices, sont nombreux. Quand vous grattez la surface, vous ne trouvez pas souvent des héros, mais vous trouvez une conscience dramatique et courageuse de la lutte entre l'être et la dissolution de l'être. Et n'oubliez pas l'omniprésence du rapport à l'autre. Il y a peu d'êtres humains pour lesquels le rapport à un autre ou à des autres ne soit pas un élément fondamental de la formation ou de la dissolution du sujet, s'il s'agit d'un rapport à l'autre comme sujet et comme celui ou celle qui vous reconnaît comme sujet.

F.K. : *Vous parlez de souffrance, de mort : n'y a-t-il pas de place dans votre discours pour la joie, la gaieté, la fête ?*

A.T. : On se perd dans la foule comme dans la fête, c'est ma manière *Enfants du paradis* de voir les choses. Cette idée a occupé mon esprit au cours d'un spectacle de Merce Cunningham. La chose frappante dans ses chorégraphies, c'est que presque tout le temps, chacun des danseurs ou danseuses est individualisé ; c'est un spectacle collectif, mais les mouvements qu'ils font les uns et les autres avec leur corps ou même avec le corps de l'autre sont singularisés. C'est pour ça aussi que j'aime tant cet exemple des *Enfants du paradis* où la foule danse, chante, mais dans laquelle Baptiste court pour essayer de retrouver Garance. Il est malheureux, mais il a individualisé, singularisé son expérience. En général, c'est l'entrée dans la société qui se fait par l'intermédiaire de la fête. Au contraire, à Woodstock ou dans des concerts analogues, vous voyez une fête, mais aussi une extrême individualisation des comportements. C'est le contraire des Olympiades nazies à Nuremberg. Des gens s'agitent de manières différentes, s'habillent ou se déshabillent de manières différentes, donnent des signes de singularité. La fête comme rite, comme introduction dans la vie sociale ou au contraire comme manière d'oublier le mal ou l'ennemi, a disparu, et lorsque je vois des fêtes de ce type, elles me semblent toujours tristes. Tandis que la fête aujourd'hui a une importance positive, dans la mesure où elle est soit un acte de libération (Love Parades), soit surtout le lieu de l'individuation.

F.K. : *N'est-il pas temps d'introduire la joie dans le sujet par ce biais-là ?*

A.T. : Je ne crois pas qu'il faille introduire la joie dans le sujet, parce que je pense que le sujet *est* joie. Quand j'étais adolescent, j'étais convaincu que la joie était une grande chose et que le bonheur était médiocre. Bernanos m'avait influencé. Au fond, je le pense encore. Il y a toujours dans l'idée de bonheur l'image d'un monde intégré où l'on est heureux parce que les choses sont en place. Mais j'ai assez parlé de la souffrance, du vide du sujet, pour dire qu'il y a aussi la joie d'être Je, d'être un sujet, et naturellement quand il y a rapport à d'autres sujets, il y a la joie de la rencontre avec l'autre sujet ou la joie que procure la reconnaissance du droit de tous et toutes à être des sujets. Il ne faut surtout pas donner une image tragique du sujet, quoique j'y sois assez porté, car oui, le sujet est porteur de joie, je dirai plus fortement encore, de jubilation et il est profondément enthousiaste, mais justement parce qu'il ne dit pas : chacun occupe sa place, le quadrille commence. Je ne suis pas un homme joyeux, j'ai beaucoup de peine à rire, mais c'est moi qui ai tort. L'image que j'ai de l'individu-sujet, est celle d'un être gai. La gaieté est un attribut du sujet.

F.K. : *Comment l'insérer dans une construction intellectuelle ? La sociologie nous démunit souvent sur ce plan. On ne peut pas non plus se départir de l'idée que lorsqu'on parle de gaieté, cela suppose une harmonie. Or dans les mouvements sociaux, dans le sujet, ce qui ressort c'est surtout les dissonances, les ruptures. Moi-même, je parle constamment avec vous de l'effondrement, de la dispersion, de l'éclatement. Comment avoir une vision sociologique, anthropologique de la gaieté, du gai savoir, sans donner dans l'exaltation nietzschéenne qui peut être malsaine ? Comment être gai sans que cela soit une aliénation de plus ?*

A.T. : La gaieté vient non pas quand vous vous intégrez à la société, mais quand vous la transformez. C'est une des raisons pour lesquelles j'insiste constamment sur la séparation entre l'espace public, qui est aussi la société politique, et le monde de l'État, du pouvoir ou de la domination. Il y a dans la société civile et politique des espaces de jeu, d'invention, de création, où l'on se retrouve soi-même et qui ont une force critique. Vive Rabelais ! Et je pense de plus en plus que dans nos sociétés, alors que la politique proprement dite et le monde de l'État n'ont plus de capacité libératrice, mais simplement gestionnaire, voire même répressive, il existe un monde, que nous avons réappris à appeler la société civile ou l'espace public, dans lequel libération, colère, souffrance, jubilation se mêlent. C'est là qu'habite le sujet.

F.K. : *La sociologie marxiste nous a appris à voir dans la lutte des classes, dans les antagonismes de classe, l'essentiel du social, et donc tout ce qui était joie, gaieté, etc., était perçu au mieux comme des moments de répit. Est-ce qu'on ne peut pas intégrer cette notion de joie dans ce monde du social ?*

A.T. : Le sujet est nié par une sociologie de la lutte des classes, et tout autant par une sociologie de l'intégration sociale ou par une sociologie de la division du travail, très industrialiste. Je n'ai qu'une idée en tête : définir le social comme limitation des pouvoirs par un principe non social qui est le sujet, soit qu'il prenne la forme du Je actuel, soit qu'il prenne celle de l'appel au divin et à la mystique ou encore celle des mouvements de libération sociale ou nationale des deux derniers siècles. Ce qui me heurte, ce n'est pas une vision dramatique de la société, que je suis porté à partager, c'est l'idée que la logique du social ne soit pas au fond une logique d'acteurs. C'est ce qu'un certain marxisme, qui a été historiquement le plus important, a voulu nous enseigner : comprendre les conduites, c'est les rapporter à une logique qui n'est pas celle des acteurs, mais qui est la logique positive ou négative du système social et surtout économique.

Aujourd'hui, ne prenons plus de précautions, ne cherchons plus de formulations bien équilibrées, passons à la contre-attaque. C'est pourquoi je refuse votre idée d'autonomie. Tous ceux, innombrables, qui réduisent la vie sociale soit à la séquence production-consommation-communication, soit à l'affrontement des dominants et des dominés, sont selon moi dans l'erreur et leurs discours sont purement idéologiques. On ne peut comprendre ce qui se passe dans les sociétés, individuellement et collectivement, qu'en faisant appel à la notion de sujet. Ce grand mouvement est présent et visible dans la vie sociale, mais les représentations que nous avons de ce changement retardent souvent d'une génération ou d'un siècle sur la réalité sociale. Si vous regardez ce qui se passe, si vous écoutez ce que les gens disent, si vous regardez sur quels points ils se scandalisent et ils s'émeuvent, vous verrez qu'on est déjà dans des situations où ce qui est en jeu, c'est le désir, la joie, la souffrance d'être ou de ne pas être sujet.

F.K. : *Lorsqu'on est dominé, ce n'est pas gai ; en revanche, lorsqu'on veut s'affranchir d'une domination, cela peut donner lieu à de la jubilation. Mais c'est une forme de joie qui se décline dans la tension, puisqu'il y a la lutte contre la domination et, en même temps, le sentiment de s'en affranchir. D'un côté, une tension, une lutte ; de l'autre, un contentement de soi ou une joie.*

A.T. : Je crois qu'il faut revenir à des formulations déjà très anciennes. Si l'action collective ou individuelle n'est qu'une action contre une domination, elle se pervertit. On coupe les têtes et on fait couler le sang. Inversement, si une action n'est que l'affirmation de soi, elle devient partielle, catégorielle, hétéronome. Il y a création d'un mouvement social et par conséquent apparition ou affirmation d'un sujet dans la mesure où la lutte contre l'adversaire est associée à la défense des orientations générales d'une société. Je ne suis pas un sujet si je défends seulement mes intérêts contre les autres, mais je le suis si, par ma création, je donne une forme plus libre à la société, exactement comme des femmes peuvent être joyeuses en formant un mouvement social, en construisant une nouvelle image de leur action, de leur vie intérieure, comme êtres sexués.

Je ne vois pas de joie, de bonheur, dans la lutte contre la domination ; elle est toujours cruelle. Le 14 juillet, ce n'est pas une fête, c'est une émeute. La Bastille était un symbole : alors, on coupe la tête du chef de la garnison et on la met au bout d'une pique. Je vois là l'annonce des pires moments de la Terreur. Détruire le symbole de l'oppression n'est pas en soi une libération. Celle-ci se fait lorsque vous affirmez la création d'une nouvelle société, quand vous proclamez, bien avant le 14 juillet : « Nous sommes le peuple. » Alors il y a une sorte d'exaltation, au meilleur sens du mot. C'est le 20 juin 1789, le jour du Serment du Jeu de paume, qui devrait être la fête nationale des Français. Il n'y a pas d'apparition du sujet là où il n'y a qu'une lutte contre la domination ou pour la défense d'intérêts ou d'attributs particuliers. Il n'y a de sujet et d'exaltation, de joie ou de foi que lorsqu'on se considère comme responsable et capable de reprendre en charge la société, les ressources et les orientations culturelles d'une société.

Je ne peux pas terminer notre échange d'aujourd'hui sans reconnaître ouvertement, en suivant votre pensée, que le monde social n'est pas tout entier éclairé par la lumière du sujet. Il n'est même pas suffisant de reconnaître les échecs ou les défaites du sujet en y voyant la souffrance du non-sujet. Il faut reconnaître l'existence d'un monde ou même de mondes entièrement contraires à celui où se constitue le sujet. Il existe des univers de violence, dominés par la guerre et la haine. De manière plus simple, il existe constamment des sociétés – ici il faut employer ce mot – où la force, la puissance, la mort, dominent les individus et les rapports entre les individus. Ces sociétés n'ont pas seulement une cohérence interne, elles ont aussi parfois de la grandeur qui en impose, en même temps qu'elle effraie, et des acteurs complexes s'y forment. Beaucoup de sociétés modernes sont chargées d'antimodernité, car l'idée de sujet est liée à celle de modernité, c'est-à-dire d'action et de réflexion sur soi-même. Cette antimodernité est toujours et partout présente ; c'est pourquoi le sujet est toujours faible, souvent désespérément faible.

12

Genre et sexe

F.K. : *Comment avez-vous abordé dans votre travail les relations hommes/femmes ?*

A.T. : Je me rappelle les premières campagnes du Planning familial. Je me suis toujours senti en accord avec ses positions sur la contraception et l'avortement. Mais c'était essentiellement un mouvement de femmes, et qui, comme vous le savez, a voulu, pendant une période assez longue, être seulement de femmes. En mai 68, les mouvements de femmes sont entrés dans le discours contestataire général. J'y ai été très sensible. Ensuite, j'ai eu des relations avec certains groupes et surtout avec Antoinette Fouque. J'ai été assurément plus sensible à son côté du mouvement féminin qu'au côté Beauvoir-Badinter, le côté unisexe. J'étais plus sensible aux femmes qui revendiquaient une spécificité et une identité ; la différence en même temps que l'égalité. Dans le programme des nouveaux mouvements sociaux que j'ai élaboré en 1975, un des thèmes prévus était l'étude du mouvement des femmes. Et nous l'avons faite. Mais il est vrai que c'est surtout depuis *Pourrons-nous vivre ensemble ?* que le thème femmes/hommes s'est imposé à moi comme central. Vous ne pouvez pas introduire l'idée de sujet sans reconnaître qu'il y a un lien nécessaire entre l'égalité et la différence, lien qui se vérifie avant tout dans les rapports entre hommes et femmes, qui sont différents et égaux. Je pense qu'on ne peut pas analyser une situation sociale sans chercher à la voir à la fois du côté des hommes et du côté des femmes. L'association de la différence et de l'égalité est fondamentale. Ce thème m'a vraiment dominé depuis 1990 et c'est pourquoi j'attache une si grande importance au thème de la parité. Souvent, j'ai eu le sentiment que les femmes qui défendent l'idée de parité sont trop prudentes ou trop pragmatiques ; trop souvent elles disent seulement : il n'est pas normal qu'il y ait beaucoup moins de femmes que d'hommes dans telle profession ou dans la vie politique. Il est bien différent de poser un principe fondamental : la création de la loi doit être associée indissolublement à la dualité hommes/femmes.

F.K. : *Il y a donc une inflexion nouvelle dans votre pensée à partir de* Pourrons-nous vivre ensemble ?

A.T. : J'aimerais passer beaucoup de temps à réfléchir avec des femmes. Je suis sûr que j'ai beaucoup plus à gagner aujourd'hui à écouter des femmes que des hommes. En plus, les hommes sont en ce moment ennuyeux ; au contraire, les femmes ont une capacité de lier le public et le privé qui fait que leurs propos sont souvent plus intéressants et plus vifs. Dans le domaine des débats culturels, il y a aujourd'hui plus d'innovation chez les femmes que chez les hommes. Malheureusement en France, pendant une assez longue période, beaucoup de féministes ont délibérément cherché à se marginaliser.

F.K. : *Qu'entendez-vous par là ?*

A.T. : Il ne faut pas se limiter à dire : nous sommes dominées par les hommes. J'ai toujours été insatisfait des discours qui ne parlent que de ce qu'on subit. Je suis très intéressé à ce qu'on parle de domination masculine, mais je suis encore plus intéressé à ce qu'on parle de libération féminine. Dans beaucoup de cas après 68, le discours féministe a été répétitif, un discours d'enfermement sur soi-même qui n'a pas été très créatif. Aux États-Unis, la créativité intellectuelle des féministes a été plus grande. On les trouve dans beaucoup de débats généraux de philosophie politique.

F.K. : *Et maintenant ?*

A.T. : Je crois que nous sommes en fait déjà dans un monde féminin. Un de mes thèmes principaux est celui de la recomposition du monde, c'est-à-dire de la destruction du modèle européen qui avait opposé le rationnel et le non-rationnel. Les hommes étaient supposés rationnels, les femmes étaient supposées non rationnelles, les adultes rationnels, les enfants irrationnels, etc. Or dans tous ces domaines, on assiste à un mouvement de recomposition du monde, de rapprochement entre les catégories qui ont été séparées. Et ce sont les catégories dominées qui peuvent le mieux travailler à cette recomposition et penser la totalité. Il est plus fréquent que ce soient des femmes qui disent : je veux mener une vie professionnelle, intellectuelle réussie, mais je veux aussi avoir une vie affective, familiale. Les hommes se sentent obligés de commander ou d'être commandés, se sentent enfermés dans le monde professionnel et la rationalité instrumentale. Aujourd'hui, les femmes savent mieux concilier l'univers affectif et l'univers cognitif et elles sont aussi plus sensibles au métissage et au cosmopolitisme. Parce que les gens « de couleur » étaient aussi des catégories dominées ; parce que les femmes ont un lien fort avec les enfants et que les enfants sont aussi une catégorie dominée. Cela ne veut pas dire qu'elles sont plus intellectuelles mais qu'elles sont, comme femmes, au centre des problèmes. Sur le plan personnel, j'aurais eu plus de plaisir et de profit à vivre dans un monde où les genres auraient été plus mêlés que dans celui où j'ai vécu.

F.K. : *On pourrait retourner la proposition que vous faites : les femmes sont différentes, certes, mais ne sommes-nous pas en train d'inverser l'inégalité ?*

A.T. : Ne soyons pas paradoxaux ! À l'heure actuelle, les femmes, qu'elles revendiquent ou non leur singularité, restent en état d'inégalité. Qu'on ne me dise pas que l'appel à la différence risque de créer l'inégalité, elle existe ! Opposer, comme l'ont fait tant de gens, l'égalité et la différence, c'est une erreur intellectuelle majeure. Je vais vous donner deux exemples : Louis Dumont a écrit dans son livre sur l'individualité que les mots « égalité » et « différence » sont contradictoires. Et, il y a peu d'années, j'ai participé à un colloque organisé par des Américains dans le nord de l'Italie et j'avais donné comme papier un chapitre de mon livre à paraître sur

« Égaux et différents ». Mon commentateur était Clifford Geertz, un des anthropologues les plus respectés aux États-Unis. Il m'a dit que je cherchais la quadrature du cercle, que l'égalité et la différence ne peuvent pas aller ensemble. Pourtant, il y a déjà longtemps, la Révolution française a dit : tous les hommes naissent et demeurent libres et égaux *en droits*. Et à partir du moment où il n'y a plus de recours suprahumain, cette égalité des droits ne peut exister que dans le monde humain, tel qu'il est. Je ne peux pas dire « l'humanité » sans dire « les hommes et les femmes » ! Il n'y a pas de manière de penser la liberté réelle qui ne soit pas de penser la dualité hommes/femmes.

La diversité est plantée dans l'humanité aussi profond que l'égalité. Le thème de la différence et le thème de l'égalité aujourd'hui ne sont pas séparables. S'il n'y a pas un principe d'égalité, la différence devient un conflit entre des ennemis et les adversaires se tuent. Nous sommes obligés actuellement de penser les rapports entre les hommes et les femmes en termes à la fois de différence et d'égalité ; seulement dans ce cas, et seulement en tant qu'on construit la société. La parité veut dire qu'il n'existe pas d'unité de l'humanité au-delà de la dualité des hommes et des femmes. Il y a des hommes et des femmes qui ne peuvent exister vraiment que les uns par rapport aux autres. La relation hommes/femmes est et doit être aujourd'hui reconnue comme une relation d'égalité entre gens différents. *Les femmes se considèrent comme les égales des hommes, mais elles se pensent différentes* et les hommes doivent penser de même. Le fait de ne plus opposer différence et égalité et de concevoir qu'une société de droit s'institue elle-même à partir du lien de ces deux principes est fondamental. Je ne suis ni un jacobin, ni un communautariste ou un différencialiste ; je considère qu'il faut donner priorité aujourd'hui, dans les pays où l'égalité des droits civiques est acquise depuis longtemps, à l'acceptation des droits culturels, c'est-à-dire des différences. Pour les gens qui s'opposent aux droits des minorités et *a fortiori* aux droits des femmes, il n'y a qu'une chose qui compte : la citoyenneté proprement politique. Aujourd'hui, à ceux ou celles qui disent : la reconnaissance de la différence va détruire l'égalité, il faut répondre premièrement que l'égalité n'est pas réalisée, et deuxièmement que la seule manière de faire l'égalité est de reconnaître les différences.

F.K. : *Mais hommes/femmes, c'est tout de même avant tout des catégories biologiques...*

A.T. : Non, ce sont des catégories de sexe, mais aussi de genre, car la sexualité, comme l'alimentation, est toujours construite culturellement.

F.K. : *Quelle est votre définition de l'homme et de la femme ?*

A.T. : Pourquoi voulez-vous que je cède à l'essentialisme en définissant l'homme et la femme ? À tous les niveaux, la population est traversée de haut en bas par la différenciation sexuelle, essentielle dans toute culture, qui est un mode de définition et d'utilisation des ressources naturelles. L'important est de ne pas confondre le sexe et genre. La dualité hommes/femmes est indépassable mais elle ne se confond pas avec une complémentarité constante du rôle masculin et du rôle féminin. C'est pourquoi je défends le droit au mariage et à la famille pour les homosexuel(le)s. Mais à la limite, je ne pense pas que vous puissiez donner une image complète d'une réalité collective, qu'elle soit temporelle ou spatiale, si vous n'y faites pas intervenir la dimension des rapports entre hommes et femmes.

F.K. : *La conscience obsidionale des féministes substantialistes, vous n'avez pas le sentiment qu'elle accentue l'incompréhension mutuelle entre hommes et femmes ? S'il y a différence fondamentale entre hommes et femmes, qu'est-ce qui rend possible leur coexistence ?*

A.T. : En premier lieu, les progrès très limités des femmes dans le domaine professionnel proviennent, dans une certaine mesure, de leur volonté de combinaison entre plusieurs vies. Je suis très loin de dire que le travail à temps partiel, qui est très fréquent chez les femmes, est toujours voulu. Évidemment non ! Mais il y a des femmes qui cherchent un travail à temps partiel qui ne corresponde qu'à 75 ou 80 % du temps normal de travail. Les hommes sont encore convaincus qu'ils ne peuvent pas choisir. C'est la représentation féminine qui l'emportera.

Plus profond est le problème suivant : les hommes et les femmes arrivent-ils à vivre ensemble ? Au contraire, n'assistons-nous pas à une séparation croissante du privé et du public, dans une société où, même si les femmes travaillent de plus en plus dans le domaine marchand, elles vivent sur le plan personnel de plus en plus séparées des hommes ? Un Européen qui va aux États-Unis est impressionné de voir que souvent les femmes et les hommes s'évitent. Le thème du *sexual harassment* porte la marque de cet extrémisme. Beaucoup de professeurs hommes, lorsqu'ils reçoivent une étudiante, font attention à ce que la porte reste ouverte. On ne peut pas oublier qu'il y a traditionnellement un malaise entre hommes et femmes dans le monde anglo-saxon : les États-Unis, l'Angleterre ont créé des clubs ou des pubs d'hommes. Et Mona Ozouf n'a pas tort de dire qu'en France, au contraire, plus de femmes ont marqué l'espace public depuis longtemps. Il me semble avec elle que les hommes et les femmes en France se sont plus souvent fréquentés et avec plus de plaisir que dans les pays de totale domination du modèle dit protestant. Est-ce un signe d'archaïsme voué à la disparition ? Je crois plutôt que la communication entre hommes et femmes peut se développer.

Pour le moment, j'exprime une préférence : il est bon que les hommes et les femmes vivent ensemble, c'est-à-dire les uns par rapport aux autres et dans l'égalité. Du point de vue de la *recomposition*, thème que j'évoque si souvent, je trouve que l'interaction des hommes et des femmes doit être la plus grande possible. Nous l'avons d'ailleurs vu depuis que les écoles sont mixtes. Dans l'ensemble, le résultat est positif, même si on voit souvent que, dans les cours de récréation, les garçons se mettent d'un côté et les filles de l'autre. Il est essentiel qu'il y ait le moins possible de fragmentation et de ségrégation dans la société, de même qu'une école doit être hétérogène, ethniquement et culturellement.

F.K. : *Vous parliez de l'égalité et de la différence. Est-ce que c'est de l'égalité parce qu'il y a de la différence ou est-ce qu'il y a de l'égalité en dépit des différences, ou bien l'égalité est-elle indépendante de la différence ? Quel est le mode d'articulation de ces deux notions qui sont centrales ?*

A.T. : Quel intérêt y a-t-il à réfléchir sur le thème de l'égalité s'il n'y a pas de différences ? S'il n'y en a pas, je ne vois pas pourquoi je dirais que certains A sont supérieurs à d'autres A. Pour que le problème de l'égalité se pose, il faut qu'il y ait des A, des B, des C, D, E, F. Alors là, au-delà des différences, il y a soit un résidu général, soit un critère extrasocial d'égalité. Le problème s'est posé avant tout aux mouvements des femmes ; certains ont été égalitaristes et d'autres purement différencialistes. Ces mouvements se sont épuisés très vite, dès qu'ils ont obtenu les modifications juridiques qui les intéressaient. En réalité, ce qu'on appelle aujourd'hui la réalité féminine, massivement parlant, c'est que les femmes vivent et se pensent en tant qu'égales et différentes à la fois. D'où le fait que les vieux débats sont aujourd'hui quelque peu oubliés.

F.K. : *En France, on veut affirmer l'égalité en occultant les différences. Par exemple, l'espace public a été construit sur cette occultation des différences où les femmes ont été dominées.*

A.T. : Ce qui a créé de l'inégalité, ce n'est pas qu'on reconnaisse la différence, c'est qu'on la nie. Vous avez entendu beaucoup de discours passionnés contre la parité au nom de l'égalité républicaine, alors même que cette égalité républicaine n'a produit qu'une petite minorité de députées et de sénatrices. Je dis : au nom de cette égalité républicaine, on a laissé se développer des inégalités. Les « minorités » ont été combattues et infériorisées.

Inversement, on entend parfois défendre un différencialisme extrême, ce qui est avant tout un signe de rupture et de rejet d'une domination à la fois extérieure et totale, comme l'est une domination de type colonial ou « impérialiste ». Mais laissons ces positions extrêmes qui, l'une et l'autre, cachent le problème qui nous préoccupe.

On y entre en remplaçant l'idée vague d'inégalité par celle, plus forte, de domination. Le type de domination se transforme :

d'abord très personnelle – comme celle du maître sur l'esclave –, elle devient de plus en plus économique, en même temps que le pouvoir économique lui-même devient de plus en plus anonyme dans la société industrielle. Dans la société d'information où nous vivons, la domination est encore plus lointaine, globalisée, mais elle pénètre aussi l'esprit, la sensibilité, l'imaginaire de tous. Au lieu que soient face à face un maître et une forte communauté locale, nous voyons des consommateurs plongés en masse, c'est-à-dire individuellement, dans une culture et des moyens de communication à la fois très massifs et qui atteignent l'esprit encore plus que le corps.

La domination culturelle, symbolique, devient plus visible – et plus attirante – que la domination économique ou la domination personnelle antérieure. Avant, c'est le dominé qui apparaissait comme effacé par le monde plus individualisé des dominants ; maintenant, le dominé défend son individualité, tandis que c'est du côté des dominants que le système de masse a remplacé l'individualisme des seigneurs ou des entrepreneurs. De là ce renversement si visible qui place l'individualisme du côté des dominés et non plus des dominants. Le point le plus extrême de ce renversement est que le thème de la différence était aristocratique, alors qu'il est devenu démocratique. Les idées d'honneur et de service, très aristocratiques, sont remplacées par celles de recherche de soi et de colère contre ceux qui les empêchent de se développer. L'idée de différence devient alors le drapeau de ceux et de celles qui ont été entraînés dans la société globale et veulent renforcer leur position en revalorisant ce qui avait été la marque de leur infériorité : le genre, la langue, l'ethnie ou la religion, tous les aspects de leur culture. La lutte pour la reconnaissance de la différence est toujours une lutte contre l'inégalité, même quand la domination se charge plus de modèles culturels imposés.

Cette lutte peut de moins en moins en appeler à des droits universels abstraits. Elle en appelle au contraire de plus en plus directement à une différence qu'il faut faire reconnaître dans un monde où les inégalités matérielles sont fortes. Ce qui risque de se transformer en défense d'une identité ethnique, religieuse ou nationale.

Pour limiter ces dérives j'avance l'idée de sujet personnel, principe d'égalité, qui se distingue de la recherche antérieure d'un ordre transcendant gouvernant l'organisation sociale et l'inégalité réelle elles-mêmes. Puisque la domination est de plus en plus culturelle, c'est l'appel à une culture et à un type de personnalité, c'est le refus de l'infériorité culturelle qui deviennent les fers de lance de la lutte pour l'égalité réelle.

F.K. : *Comment voyez-vous la place de l'homosexualité dans nos sociétés ?*

A.T. : Les attitudes à l'égard des homosexuels, hommes ou femmes, ont profondément changé, même si les problèmes psychologiques n'ont pas disparu, dans la famille en particulier. L'acceptation, la reconnaissance, parfois même la recherche de l'homosexualité sont évidentes. Les préjugés disparaissent aussi, en partie parce que les normes morales socialement imposées se sont affaiblies. Je suis sans réserve pour la reconnaissance des gays et des lesbiennes, et j'ai déjà dit que je défendais leur droit au mariage. Mais ce n'est pas une raison pour dire que la relation hommes/femmes n'est pas constitutive de l'expérience humaine.

F.K. : *D'un côté vous reconnaissez la liberté de l'expérience homosexuelle, mais de l'autre, vous avez le sentiment que la dualité hommes/femmes est fondatrice de la société, n'est-ce pas ?*

A.T. : La dualité hommes/femmes est indépassable. Il n'y a personne qui ne soit ni homme ni femme! La preuve en est le caractère douloureux de la transsexualité. Les sociologues s'y sont, à juste titre, intéressés comme à l'expérience, moins extrême, des travestis. Le moment est venu aussi de reconnaître la bisexualité. Je l'ai entendu dire il y a quelques jours par un juge australien qui recevait un prix à l'Unesco : il demandait la même tolérance à l'égard des homosexuels et des bisexuels. L'appel à la différence impose le refus des rôles «naturalistes», mais il y a complémentarité entre la dualité des sexes et la multiplicité des rôles et des conduites sexuelles reconnus socialement; donc des conduites de genre. Cela entraîne à la fois la reconnaissance de la famille biologique et la possibilité culturelle de reconnaître d'autres formes de vie interpersonnelle ou familiale. Je viens de lire le livre étonnant de Fourier, *Le nouvel ordre amoureux*; pour lui, plus c'est complexe et mieux c'est. Il fait l'éloge des relations omnisexes. Je suis fondamentalement opposé à ce naturalisme. Si j'avais à conseiller à des gens jeunes un certain genre de vie, je leur dirais d'avoir le plus d'expériences possible, à une seule condition : pour avoir des relations multiples, ne détruisez pas la relation la plus forte. Tout cela ne m'empêche absolument pas de dire que la dualité hommes/femmes est indépassable. C'est un thème auquel je tiens par-dessus tout. On ne peut parler d'aucun phénomène social ou psychologique en ignorant la dualité hommes/femmes. Mais cela ne veut aucunement dire que le masculin et le féminin ont toujours le même contenu.

F.K. : *Les couples homosexuels ne sont-ils pas une sorte de dépassement de cette dualité ?*

A.T. : Il n'y a pas plus d'unité dans le monde homosexuel que dans le monde hétérosexuel. L'image classique du couple homosexuel, où l'un est l'homme et l'autre la femme, l'un dominant et l'autre dominé, est un stéréotype trop pauvre. Je vois grandir aussi la volonté des homosexuels, hommes ou femmes – plus souvent femmes –, d'avoir une famille. La diversité des homosexuels est un fait important, parce que les homosexuels ne doivent pas être considérés seulement comme une minorité, mais comme des explorateurs pour toute la société de modes variés de vivre la sexualité. La Gay Pride se commercialise vite, mais son côté carnaval a été positif. D'ailleurs, ce n'est pas par hasard qu'on voit réapparaître un peu partout les carnavals. Ce sont les homosexuels plutôt que les autres qui ont montré la diversité d'une sexualité qui est de plus en plus autonome par rapport à des normes sociales.

F.K. : *Je me fais un peu l'avocat du diable. Ne peut-on pas dire que chaque homme ou chaque femme porte en son for intérieur une sorte de dualité yin/yang à la chinoise ? Ne pourrait-on pas conce-*

voir une société où chacun pourrait se réaliser selon le dosage de sa dualité plutôt qu'en vertu d'une dichotomie homme/femme ?

A.T. : Le sexe masculin et le sexe féminin ne sont pas liés à des ensembles séparés et cohérents de comportements psychologiques et sociaux. Les définitions du masculin et du féminin sont construites par la société chaque fois de manière différente. Je ne crois pas qu'il y ait de société qui ne construise pas à partir d'une réalité biologique (la reproduction), un schéma de différenciation hommes/femmes. Ce qui n'empêche pas tous les individus de posséder des traits communs aux deux sexes. Il n'y a pas deux univers sociaux, un masculin et un féminin. Ce qui est nécessaire est de donner à la relation de l'un et de l'autre, reconnus dans leur égalité, le rôle de principe élémentaire de communication et donc analytiquement de passage de ce sujet « seul » à la construction de la vie sociale à partir de cette dualité. Cette relation peut être aussi bien homosexuelle qu'hétérosexuelle.

Pour qu'il y ait création du sujet, il faut que l'individu sorte de l'identité du moi. Il faut que l'enfant, en particulier, reçoive à la fois amour et autorité. Mais rien n'oblige à ce que la mère seule soit l'amour et le père seul l'autorité. Socialement parlant, une définition stable des genres est une solution simple, mais je ne vois pas pourquoi il en serait toujours ainsi. Il faut constamment « déconstruire » la représentation des genres. J'ai déjà dit que dans les milieux populaires en Amérique latine, une famille c'est souvent une femme et des enfants venant de plusieurs pères ; la fonction d'autorité est alors assurée par la mère dans cette famille monoparentale. Ce type de situation est fréquent aussi en Amérique du Nord ou en Europe. On peut certainement y voir un risque, mais, d'abord, il faudrait séparer le risque de la monoparentalité de celui qui vient d'un milieu défavorisé. Ensuite, dans les familles où il y a un père, une mère et deux ou trois enfants, les conditions de formation de la personnalité des enfants ne sont pas toujours meilleures. Je n'ai aucune difficulté à dire qu'une famille d'homosexuels peut être, à certaines conditions, meilleure pour la formation d'un enfant que certaines familles hétérosexuelles et qu'une famille monoparentale peut donner un bon milieu de formation à l'enfant, soit parce que la mère joue les deux rôles, soit parce qu'il y a des pères ou des mères secondaires qui interviennent. Il n'y a pas une famille normale et des familles marginales.

F.K. : *Quel rapport établissez-vous entre sexe et genre ?*

A.T. : Notre première réaction à tous est de défendre l'idée de genre, c'est-à-dire de création culturelle et sociale des rôles sexuels. Laissons tomber des images ridicules comme l'éternel féminin. Beaucoup d'auteurs ont justement montré comment la masculinité et la féminité sont créées par l'éducation et l'ensemble des moyens de formation des opinions et des attitudes. Je considère tout cela comme acquis. Mais cette critique juste du « naturalisme » peut nous entraîner dans une direction dangereuse, vers l'idée que tout est social, ce qui revient rapidement à nier l'idée de sujet. La culture est une interprétation sociale de la nature, cela ne veut pas dire qu'il n'y a pas de nature, que la sexualité n'existe pas et n'est que la complémentarité des rôles masculins et féminins.

La bonne volonté sociologique nous fait tomber de Charybde en Scylla et dans nos sociétés où la famille nucléaire et *a fortiori* la lignée familiale ont tant d'importance, paraissent si naturelles, si liées à la reproduction et à la transmission d'un héritage matériel et culturel, l'homosexualité a été vécue d'abord comme une déviance, une maladie. Mais en même temps, l'image de l'homosexualité était associée à la rupture des codes sociaux et à l'affirmation, heureuse ou malheureuse, d'une individualité qui résiste aux étiquetages sociaux. D'où l'image déjà ancienne de l'homosexualité – alors considérée avant tout comme masculine – à la fois comme déviation et comme originalité, mieux acceptée dans les milieux les moins contrôlés : artistes, voyageurs, dandys, etc.

Mais le changement principal vient de la reconnaissance de l'égalité et de la différence entre hommes et femmes. Celles-ci ne sont plus définies entièrement par rapport aux hommes, mais à la fois égales et différentes d'eux, ce qui signifie que les femmes ne sont pas seulement un genre défini par des rôles sociaux, mais aussi par un sexe. Elles ont obtenu la reconnaissance de leur sexualité, de leur plaisir, de leur rapport à leur corps. Les homosexuels sont en train de devenir un genre. Ils risquent d'y perdre leur liberté sexuelle.

L'homosexualité a d'abord été perçue – à juste titre – comme un rapport sexuel très dégagé de toute définition sociale des partenaires. C'est maintenant seulement que cette forme de sexualité, tolérée ou acceptée, cherche à se construire en un genre nouveau. Les homosexuels demandent à être reconnus publiquement comme tels ou obligent des personnalités connues à reconnaître publiquement leur homosexualité (*acting-out*). Ce qui conduit à la revendication la plus radicale : le droit au mariage pour les homosexuels, qui semble contradictoire avec tous les objectifs de «libération» des homosexuels, aux appels à la liberté sexuelle contre les normes sociales qui sont à la base des normes sexuelles. Cette revendication devra pourtant être satisfaite, car autant il n'y a pas de genre sans sexe, autant il n'y a pas de sexe sans genre. Égaux et différents, ce principe si central suppose la double reconnaissance d'un principe de différence, le sexe, et d'un principe d'égalité dans la construction sociale de la vie sexuelle. Une homosexualité définie par son extériorité totale à la famille ne peut être considérée que comme marginale, extérieure à la vie sociale. C'est au contraire en reconnaissant la diversité des modes de construction sociale de la famille qu'on peut reconnaître l'existence à la fois naturelle et socialement construite de la sexualité.

La bisexualité pose des problèmes beaucoup plus difficiles, car on l'imagine spontanément comme une relation hétérosexuelle reconnue et complétée par une relation homosexuelle plus ou moins clandestine. Dualité qui enferme dans une absolue séparation du sexe et du genre. La bisexualité peut prendre bien des formes, mais elle devrait être au moins reconnue entre les partenaires. Il ne faut pas seulement libérer la sexualité mais au contraire trouver de nouvelles formes socialement reconnues de sexualité relativement indépendantes des genres. Il est donc souhaitable en premier lieu de ne plus parler d'homosexuel(le)s, mais plutôt de gays et de lesbiennes, pour marquer la différence entre un acteur sexué et un rôle sexuel, culturellement et même socialement défini, donc un genre.

Seule l'égalité entre hommes et femmes, homosexuels et hétérosexuels, permet de reconnaître la différence entre hommes et femmes en écartant la hiérarchie plus ou moins ouvertement reconnue entre eux. Et la bisexualité est une manière extrême de séparer et de recombiner clairement sexe et genre, au moins au niveau des représentations.

Revenons à l'homosexualité pour reconnaître que ce sont les lesbiennes plus que les gays qui ont mené une réflexion originale, parce qu'elles étaient placées dans une relation de dépendance et qu'en la rompant, elles ont été amenées à réfléchir sur la sexualité elle-même, masculine et féminine à la fois, et sur son indépendance par rapport aux normes sociales construites. Plus les femmes ont défini les catégories spécifiques – tel type de lesbianisme dans tel milieu social ou culturel particulier – et plus elles ont été amenées à une réflexion directe sur le rôle de la sexualité pour l'individu et pour les cadres sociaux. Il est au contraire plus facile aux gays de se faire reconnaître comme catégorie sociale.

Il serait paradoxal que l'identité sexuelle ne soit plus réclamée que par les homosexuels et par les femmes. Ce qu'il faut combattre c'est le pouvoir masculin, en particulier quand il se manifeste par le harcèlement sexuel dans le travail. Mais le prix à payer serait trop lourd si la destruction du pouvoir d'un genre sur l'autre conduisait à l'indifférence mutuelle, à la perte de communication entre eux et à la réduction du sexe au genre.

F.K. : *Mais que devient le rapport à l'enfant ?*

A.T. : Je le pense si fondamental, débordant de tous côtés les rôles socialement définis de père, de mère, de fils ou de fille, que la famille ne doit pas être conçue seulement comme une «cellule de base» de la société. Elle est et doit être une relation à la fois sociale et non sociale entre une génération et une autre. Le lien biologique entre parents et enfants est la forme la plus commune de relation entre eux, mais il n'est pas le seul possible. Les études sur l'adoption ont montré la force souvent exceptionnelle de la relation affective entre parents et enfants adoptés. Et les familles recomposées ne sont pas toutes divisées par les liens du sang. C'est parce que l'enfant doit être mis au centre de l'attention que les liens entre les adultes qui les élèvent peuvent être de natures très variées. Le rôle de la nourrice dans tant de familles d'autrefois nous le rappelle, de même que celui du frère ou de la sœur aînés par rapport à des cadets beaucoup plus jeunes.

Je ne défends pas plus ici une conception « naturaliste » de la famille qu'une conception sociale de son rôle de socialisation, si souvent proclamé. Au contraire, la relation entre parents et enfants, comme celle qui unit les amants, ne peut pas être réduite à une relation sociale, à un processus de socialisation. C'est de la formation des sujets par les relations amoureuses qu'il est question ici.

F.K. : *Puisqu'on peut parler de dualité hommes/femmes, pourquoi ne pas introduire le neutre, une articulation ternaire, le principe de l'universel, mais dans un rapport entre le masculin et le féminin ?*

A.T. : La dualité hommes/femmes est indépassable à partir du moment où il n'y a plus de transcendance. Elle ne peut disparaître que si vous faites disparaître les cellules de reproduction. L'idée de l'être neutre, asexué, est présente, surtout dans les régimes totalitaires décrits par Orwell. Les utopies sociales disent que l'individu ne doit pas avoir d'autre fonction que de servir la société, que celle-ci soit civile ou religieuse. Dans le roman d'Orwell, il y a des femmes qui portent un bandeau rouge autour de la taille et qui sont chargées de veiller à la disparition du désir sexuel. C'est pourtant l'une d'entre elles qui va devenir l'amante du personnage central. La destruction de tout ce qui est privé ne peut profiter qu'à un totalitarisme du collectif. Parfois de nobles paroles se sont concrétisées et se sont traduites par la stérilisation de centaines de milliers de femmes ou d'hommes. On ne peut arriver ainsi qu'à un pouvoir absolu de la société. Tout ce qui est différenciation, individuation est au contraire très positif.

Si je dis que la dualité des sexes est indépassable à partir du moment où il n'y a plus de transcendance, c'est parce qu'il n'y a que deux sexes. Ce qui ne veut pas dire, je le répète, qu'il y ait une correspondance terme à terme entre sexe et genre. Seul est neutre le non-vivant. En revanche, le thème de l'androgyne est important, rémanent. Mais il souligne que toutes les sociétés considèrent la dualité hommes/femmes comme fondatrice.

F.K. : *L'androgyne, c'est le monstre pour vous ?*

A.T. : C'est le contraire C'est un rêve impossible, un substitut de Dieu. Dans toute relation, y compris dans la relation amoureuse, il est présent. C'est parce que la dualité des sexes est indépassable qu'on essaie de la dépasser.

L'inverse, la conception de l'unisexe, est la plus pauvre. Un certain féminisme libéral a dit : il ne faut plus se référer au sexe ou au genre dans le plus grand nombre possible d'activités. Ma conception est exactement opposée : il faut érotiser la plus grande quantité possible d'activités humaines. On travaille sur les ordinateurs selon des modèles mathématiques qui n'ont rien à voir avec le sexe, mais on maintient des modèles sexués dans les relations entre les personnes. L'érotisation croissante des activités les plus diverses est un aspect marquant de notre société. Si l'on vous montre un astronaute à travers un hublot, vous êtes content de reconnaître un homme ou une femme et pas seulement un astronaute neutre. Seul un pouvoir absolu et totalitaire peut décider de supprimer la sexualité, de la réduire à la reproduction ou au contraire de la lier complètement à une disposition centrale des genres.

13

Sur la science sociale

F.K. : *Qu'est-ce qui fait la spécificité des sciences sociales par rapport aux autres sciences ? Certains pensent que les sciences de l'esprit sont différentes des sciences dures, exactes. Dans un cas, on essaie de comprendre, dans l'autre, d'expliquer. Dans ce dernier cas, on s'efforce de dégager des lois générales, dans le premier, il s'agit de débats sur des idées spécifiques, bref on pense qu'il y a deux manières de concevoir la connaissance, et que la différence entre les deux types, malgré les ponts qu'on peut jeter entre eux, est insurmontable. En revanche, il y a cette autre tendance pour laquelle il n'existe qu'un type de science, fondée sur la rigueur, les sciences humaines devant s'aligner progressivement sur les sciences de la nature.*

A.T. : On peut d'abord dire, comme le font les sociologues de la science, comme l'ont fait Robert Merton et Thomas Kuhn, qu'il existe des définitions du champ des savoirs qui ne sont pas proprement scientifiques. D'une certaine manière, chaque société crée, constitue sa science avec des représentations qui appartiennent aussi à d'autres domaines : Darwin s'inspira du fonctionnement de l'économie anglaise pour en tirer son intuition sur l'évolution des espèces. Admettons qu'il y ait une certaine relativité historique dans tous les domaines du savoir. Mais, bien évidemment, cela ne répond pas à la question centrale, qui porte sur la nature du savoir.

La prudence est d'en rester à l'idée d'un troisième type de connaissance. Lorsque nous parlons des sciences de l'esprit, c'est-à-dire avant tout des mathématiques, nous sommes dans une cohérence interne. C'est un discours qui se développe sur lui-même ; les mathématiques occupent une telle place qu'on ne peut pas séparer la logique de l'esprit de la logique de la matière. Ce sont des sciences fortement orientées vers la connaissance elle-même. Appartient aussi aux sciences de l'esprit la réflexion philosophique. Elle s'exerce en bonne partie sur elle-même, par une réinterprétation ou une critique des grands auteurs. Il est trop facile de concevoir la philosophie comme une histoire de la philosophie. Les sciences de la nature, de la matière et de la vie, au contraire, procèdent par observation, expérimentation et induction. Nul ne met en doute leur solidité, même si leurs conclusions se transforment constamment, mais de manière intégratrice.

Je ne pense pas que la sociologie soit un savoir qui relève de l'un ou l'autre de ces types. La démarche de la sociologie (ou de l'histoire ou de la science politique) part de l'étude de l'impact d'orientations non sociales sur le social. C'est pourquoi elle est née des études sur le droit et la religion. Qu'il s'agisse d'une vision religieuse ou d'une vision évolutionniste, la seule forme de savoir qui n'ait pas de place en sociologie, c'est le positivisme. Beaucoup de « faits » sociaux sont mieux compris par une analyse de type statistique et économique. Ou par des explications de type historique, en montrant qu'il y a des interrelations dans une société entre la démographie, l'économie, la politique, etc. Ce qui peut aller jusqu'à une analyse proprement historiciste. Cela nous concerne, mais ne constitue pas une théorie sociologique.

Pour qu'il y ait théorie sociologique, il faut que nous nous demandions comment il se fait non pas seulement que la société détermine ses membres, mais aussi que les individus et les groupes construisent la société, la déconstruisent, la reconstruisent. C'est ce que j'ai appelé « l'historicité ». La ville détermine le travail de l'architecte, mais les élus, l'architecte et l'urbaniste construisent et transforment la ville. La vie sociale repose sur des modèles cognitifs, économiques et culturels qui constituent l'historicité, et aussi sur les conflits qui se forment pour décider de leur gestion. La sociologie fait apparaître derrière la société instituée la société instituante et celle-ci agit au nom d'une représentation du sujet qui commande les interventions institutionnelles. La sociologie étudie le renversement de « l'invention » du social en système qui acquiert ses propres logiques internes. La méthode du sociologue consiste à faire apparaître dans le social ce qui le détermine et se traduit concrètement par des propositions de transformation sociale. Dans le monde dit moderne, toute société porte en elle le changement, qui est beaucoup plus qu'une évolution, qui est un ensemble d'institutions, de créations, de débats. Il n'y a pas de vie sociale s'il n'y a pas autotransformation, production de la société par des figures du sujet qui correspondent à une capacité matérielle d'action de la société sur elle-même.

Nous ne définissons plus l'objet des sciences sociales comme l'étude des faits sociaux mais comme celle des actions et des relations sociales. Et dans les relations sociales, il y a des intentions à l'égard de l'autre, qui se forment à travers un langage qui traduit une certaine exigence de construction de la société et donc de l'acteur humain. Nous sommes toujours amenés à chercher dans les relations, dans les institutions et même dans les formes d'organisation et d'autorité, un système de signification qui n'est généralement pas donné clairement dans le discours de l'acteur, mais qui commande les orientations de l'action. Donc, la démarche de la sociologie part des orientations structurelles et des rapports de pouvoir et arrive aux institutions et aux systèmes d'organisation. Dans les pratiques, on trouve constamment des principes, et ces principes conduisent à une représentation du sujet créateur, de plus en plus directe dans les sociétés où s'accumulent les produits, les techniques, les investissements. Il ne s'agit ni de s'enfermer dans les discours, ni de faire une étude « objective » des actes et des pratiques. La sociologie consiste toujours à retourner la peau de l'organisation sociale pour trouver le mouvement de production de la société par elle-même, qui ne peut être découvert que par un système d'hypothèses. Le sociologue vérifie si l'étude des pratiques est éclairée par les principes constitutifs dont il suppose l'existence.

Cela entraîne parallèlement le détachement de la science sociale des sciences naturelles de l'homme dont l'importance, de leur côté, ne cesse de croître. Les sciences cognitives, la linguistique et une partie de l'économie ont plus à voir avec les sciences de la nature ou les sciences de l'esprit qu'avec la science sociale, composée de la sociologie, de l'histoire, de la science politique et d'une grande partie de l'anthropologie. Ce qui a toujours été la marque d'un sociologue, c'est de faire apparaître le caché. Les études faites sur les mouvements sociaux me passionnent parce qu'elles ne correspondent pas au sens que les acteurs donnent de leur action. La sociologie est libératrice par rapport au discours de l'acteur. Elle passe son temps à parler d'acteurs, mais aussi à se méfier de l'acteur.

C'est ici qu'intervient l'idée de sujet. Le sujet n'est pas la subjectivité ; c'est pourquoi je parle de la « subjectivation », et je l'oppose à la « subjectivisation ». Ce qui tue le plus sûrement le sujet, c'est un totalitarisme subjectiviste, religieux, politique, racial. Il n'y a pas de connaissance sociologique sans compréhension de l'acteur, mais il n'y a pas de compréhension de l'acteur par identification au langage de l'acteur. Le concept de sujet a comme fonction de parler de l'acteur en des termes qui ne sont pas ceux de l'acteur et qu'il faut découvrir par des méthodes qui peuvent être élémentaires, comme l'interview ouverte ou la comparaison des documents. La connaissance sociologique naît surtout de la relation entre le chercheur et l'acteur. Elle est d'autant meilleure qu'elle est davantage capable de comprendre, non seulement l'acteur, mais les mécanismes qui font qu'un domaine extérieur au discours de l'acteur devient intelligible. Max Weber s'est demandé quels étaient les effets des religions sur la capacité de rationalisation économique. Il y a des liens entre elles, mais pas de dépendance unilatérale. Une religion n'est pas une superstructure. Ce qui ne veut pas dire, à l'inverse, que la religion détermine l'économie. Le processus de sécularisation autonomise l'économie et l'organisation sociale par rapport à une vision holiste, mais donne aussi au sujet une forme de plus en plus consciente d'elle-même.

F.K. : *Autrement dit, vous êtes d'accord avec l'idée qu'il existe une dichotomie entre sciences dures et sciences sociales dans lesquelles on se réfère au sens ?*

A.T. : La sociologie, c'est la compréhension de l'action, dans la mesure où les actions humaines sont orientées par des représentations de l'autre. Il faut donc garder la distinction allemande tripartite à laquelle je me suis référé : sciences de la nature, sciences sociales et sciences de l'esprit, dans l'esprit de Wolf Lepenies.

F.K. : *Le problème est la diversité des écoles sociologiques qui peut s'interpréter de multiples façons. Prenons l'exemple d'Ervin Goffman. Si on vous donnait à analyser ce qui se passe dans les asiles ou les prisons, vous iriez chercher le sujet. Lui, il propose une analyse qui fait la part belle au cynisme, aux jeux d'interaction, à la perte de face, etc. Là où vous voyez du sujet, il aperçoit plutôt des formes d'hypocrisie sociale, de conformisme, de double jeu, qui donneraient l'illusion du sujet. Quant à Simmel, il y verrait l'une des configurations de la tragédie de la culture.*

A.T. : Je crois à l'unité possible du savoir sociologique. Mais la démarche de la sociologie, telle que je viens de la rappeler, impose qu'on maintienne le plus longtemps possible l'opposition des exigences qui doivent être ensuite combinées. Il n'y a pas d'analyse sociologique qui n'établisse pas une relation entre l'analyse du système et l'analyse de l'acteur. Je vois souvent des sociologues des systèmes nier l'acteur ; je ne vois pas, sauf chez les partisans du rationalisme économique – et ce ne sont plus des sociologues –, de sociologues de l'acteur qui ne définissent pas la situation sociale où se trouve l'acteur.

Prenons un conflit social. Vous avez parfaitement le droit de le considérer comme étant une crise du système institutionnel, comme un problème de plomberie : les tuyaux sont rouillés, l'eau se répand partout, il faut changer les tuyaux. Vous pouvez aussi donner une deuxième réponse : les demandes sociales sont des intérêts personnels, rationnels, qui sont mieux défendus collectivement. En troisième lieu, vous pouvez chercher à découvrir un système de plus en plus intériorisé de domination. La sociologie a besoin de ces différentes approches pour échapper au moralisme et au volontarisme. Je vous disais que la sociologie était l'étude de la relation, de la tension, de la distance toujours insurmontable entre le sens et les pratiques. Il n'y a pas de sociologie qui ne soit pas une combinatoire.

Aujourd'hui, vous pouvez dire à la fois : «plus ça va, plus nous sommes dépossédés de notre liberté par les marchés, les techniques et par la guerre », et : « plus ça va et plus nous avons de choix et de responsabilités ». C'est un problème qui ne doit pas être résolu. Le positif et le négatif ne doivent pas s'exclure. La sociologie rencontre toujours la tension, l'opposition, le combat entre le créateur et le créé, entre les valeurs et les normes. Toute pensée sociale a toujours été une pensée à la fois de l'incarnation et de la chute, de la révolution et de la dictature. Nous ressentons un besoin de plus en plus pressant de la mise en relation du créateur et du créé, qui risquent de devenir complètement étrangers l'un à l'autre. Un bon test de qualité d'une analyse est de vérifier si elle sait faire la part des autres, leur donner un sens et donc mettre en relation les diverses analyses.

C'est la raison pour laquelle je suis peu intéressé par une sociologie du choix rationnel, parce que c'est un genre d'analyse qui se sépare complètement des autres. C'est pour la même raison que j'ai beaucoup aimé la contre-attaque de la sociologie des organisations contre l'idée de rationalisation. De son côté, Foucault combat tellement le sujet qu'il n'est pas loin de l'avoir trouvé et qu'il en est obsédé. Il a donné progressivement la priorité à l'idée de sujet comme sujétion, comme intériorisation de la domination, comme invention de l'individu manipulable. Il n'empêche qu'on sent bien qu'à partir de là on peut introduire l'idée de sujet au sens de subjectivation ! Même dans *Surveiller et punir*, son livre le plus extrême en même temps que le plus brillant peut-être, si l'on enferme et si l'on punit, c'est bien parce qu'on n'en a jamais fini de soumettre ! Donc la démarche sociologique ne peut être qu'un dialogue conflictuel entre différentes approches complémentaires.

F.K. : *Vous croyez en même temps très fort à la « méthode ». Dans ma pratique courante et dans celle de mes collègues, ce que je vois c'est que, pour dégager le sens d'un phénomène social, il y a des entretiens, une approche statistique, une contextualisation, et ensuite une déduction du sociologue à partir de ces données-là, sous une forme plus ou moins syncrétiste. Vous, vous nous dites qu'il existe la possibilité d'ériger une méthode, l'intervention sociologique, qui rende compte des mouvements sociaux et du sujet comme tel. Cette méthode a-t-elle vraiment la rigueur que vous lui attribuez ?*

A.T. : Le danger pour la science sociale est que son approche apparaisse très rapidement comme faisant partie de ce qu'elle étudie. C'est le problème des historiens. Les travaux les plus élaborés apparaissent toujours comme faisant partie de la culture dans laquelle travaille l'historien, comme si c'était lui qui fabriquait le passé. Déjà une information statistique nous met sur la voie de notions plus générales, et plus encore des idées comme sécularisation, différenciation, fragmentation. De l'autre côté, si je défends l'idée de sujet, il faut bien que je la trouve à l'intérieur des discours et des pratiques, ce qui suppose une forte intervention.

F.K. : *Dans cette période de désenchantement, qu'est-ce qui vous semble actuellement le plus prometteur ?*

A.T. : J'ai toujours pensé qu'il y a, dans chaque type de société, un enjeu, une orientation, un couple d'oppositions, un conflit fondamental. Il y a cent ans, le lieu central était la question ouvrière, même s'il existait politiquement bien d'autres conflits hérités du passé (l'Affaire Dreyfus, par exemple). Nous vivons à une époque où l'enjeu central est la constitution du sujet contre la dépersonnalisation, qu'elle soit objectiviste ou subjectiviste. Notre scène politique, idéologique et médiatique est déjà tout à fait occupée par ces problèmes.

Je voudrais que les intellectuels s'en aperçoivent mieux. Je n'ai pas le sentiment d'annoncer des transformations lointaines, mais de définir ce qui se passe aujourd'hui. Je maintiens qu'il y a une lecture créatrice de notre société, qui ne peut se faire qu'autour des idées de sujet et de mouvement social, et aussi, ajouterai-je, des idées de démocratie et de droits culturels. Voilà comment je définis notre champ de connaissance. Je voudrais que les chercheurs, qui ont toujours vécu dans une atmosphère de critique de la désagrégation, de la décomposition, reconnaissent que nous sommes aussi dans une période d'intense activité et d'innovations. Pourquoi ne le voit-on pas ? Parce qu'on cherche quelque chose qui ressemble aux mouvements du siècle précédent. Si vous cherchez des gens qui descendent dans la rue par centaines de milliers pour demander une augmentation de salaire, comme on l'a vu pour la dernière fois en

Mai 68, vous en trouverez, mais personne ne pourra y voir un problème central. J'attache une très grande importance à la nécessaire reconstruction syndicale, mais il ne s'agit plus d'un mouvement social. Au contraire, le mouvement des femmes était, à la fin des années soixante-dix, en pleine décomposition et il était tentant de penser que son rôle était terminé, après ses victoires pour le droit à l'avortement et pour le changement de la condition juridique des femmes ; mais la réalité était tout autre. Les rapports entre hommes et femmes étaient en transformation très profonde. Prenons aussi l'action des homosexuels : son organisation est faible, mais des changements se sont faits dans l'opinion et on ne peut pas dire qu'il ne se soit rien passé. Inversement, quand il y a des mouvements conscients et organisés, c'est souvent dans le mauvais sens ! C'est le Front national, la Ligue du Nord en Italie ou le parti de Haider en Autriche. La démocratie existe dans la mesure où l'opinion publique n'est pas entièrement manipulée et où elle se manifeste. Mais il faut aussi reconnaître la priorité des acteurs sociaux et leur donner une vraie capacité d'expression.

Le risque, en notre fin de siècle, c'est que les mouvements sociaux soient écrasés par le triomphe du politique. Je défends contre une large majorité la priorité des mouvements sociaux. Un soir, j'ai entendu sur une chaîne de télévision, Odyssée, une interview de Samuel Ruiz, l'évêque du Chiapas, qui soutient les zapatistes. Son premier mot pour parler des zapatistes a été : « C'est un nouveau sujet. » Du point de vue de la constitution des nouveaux acteurs sociaux, je considère comme lui que le zapatisme et les mouvements indigènes de la moitié nord de l'Amérique latine sont très importants.

J'ai en cet instant envie de me résumer. Même si ma position se heurte à des résistances, je ne renoncerai pas à mes idées de base : (1) il y a des types sociétaux ; (2) nous ne sommes pas dans une ère postmoderne ; (3) dans notre nouveau type de société moderne, il y a une unité de champ, d'enjeux, de conflits et même de processus de gestion politique au moins aussi fortement définis que dans la société industrielle. Je lis la réalité avec les notions de système d'action historique, de sujet, de démocratie et de mouvements sociaux. C'est pourquoi je ne crois pas du tout à l'inévitable domination des marchés financiers. La circulation de capitaux a des effets de dominos, certes, mais les succès ou les erreurs d'une politique nationale sont encore plus importants car ils dépendent des rapports entre la finance et l'industrie ou entre l'industrie et l'État, la force des mouvements populaires, la nature de la culture, etc. Notre monde n'est pas impuissant; il est responsable. Voilà ma manière quotidienne de penser. Je suis constamment en colère contre le discours populiste qui aggrave les problèmes qu'il dénonce, surtout en poussant vers les extrêmes et en fragilisant l'action politique. Ses effets sont surtout forts à l'extrême droite. À l'extrême gauche, il se réduit à quelques intellectuels et aux ex-militants communistes et trotskistes qui parlent de pensée unique.

Depuis le début des années soixante, j'ai parlé de transition entre un type de société et un autre. Pendant ce quart de siècle, nous avons traversé beaucoup d'éboulis. Mais nous commençons à voir un autre paysage. Marche épuisante. J'ai beaucoup pensé qu'on ne s'en sortirait pas et il n'est pas encore certain que les Européens arrivent à sortir de la sphère industrielle, car leurs intérêts, leurs idées, leurs représentations sont encore tournés vers le passé. J'ai le sentiment que les Américains pensent et agissent à l'intérieur d'un monde profondément transformé, alors que les Français ou les Allemands ont la plus grande difficulté à sortir du siècle achevé. Je ne peux pas supporter l'idée que je vis dans un pays, que j'utilise une langue et que j'ai une mémoire qui ne sont plus capables d'inventer une représentation et une action d'avenir. Je me désespère quand je vois l'incapacité qu'ont les leaders de l'opinion française de reconnaître l'importance de tant de phénomènes nouveaux. Ce qui me remonte le moral, c'est que si le monde des institutions est archaïsant, celui de l'opinion et des pratiques est beaucoup plus avancé. Regardez le soutien aux sans-papiers ; il n'a rien eu à voir avec du populisme. Je pense donc qu'il faut garder un certain espoir contre les appareils. Malheureusement, c'est dans une partie du monde intellectuel qu'on trouve – dans la plupart des pays – un attachement excessif aux problèmes et aux idées d'hier. Mais je sens déjà le réveil.

F.K. : *Abordons maintenant la méthode que vous avez mise au point, dans les années soixante-dix, pour l'étude des nouveaux mouvements sociaux, l'intervention sociologique. À quel besoin répondait-elle ?*

A.T. : Je ne cherchais pas à avoir une méthode à moi, mais tout simplement à savoir comment étudier les mouvements sociaux, porteurs du sujet. Ce qui compte n'est pas tellement la technique qu'on emploie, mais quel problème on veut résoudre. Ici, il est simple à définir. Il y a des gens qui agissent collectivement. Ils ont une représentation de ce qu'ils font, mais cette représentation est dans une large mesure fausse. Il s'agit donc d'écarter les fausses interprétations et de faire émerger le sens de l'action. Si des gens descendent dans la rue, est-ce un « mouvement social », une panique, un groupe de pression, un mouvement réactionnaire ? En général, on appelle mouvement social l'action collective de ceux qu'on aime. On est alors dans l'arbitraire le plus absolu. Donc il faut partir d'une définition.

Un mouvement social est une certaine catégorie d'action. Je l'ai défini comme un conflit organisé qui s'oppose à l'appropriation par un adversaire social de ressources et d'orientations culturelles auxquelles l'acteur, comme son adversaire d'ailleurs, adhère. Prenons le cas classique : le monde ouvrier s'oppose au monde patronal pour savoir à qui profite l'industrialisation. Ainsi se forme une conscience de classe, qui se manifeste par un mouvement social. Celui-ci, comme dans tous les cas, met en cause de grandes orientations de la société et, d'autre part, est toujours conflictuel. Donc, un mouvement social est l'alliance d'une référence culturelle commune et d'un conflit social : il y a conflit social et affirmation culturelle. Si on enlève des postes de travail à Cherbourg, la ville manifeste, les commerçants baissent les rideaux et font une journée « ville morte ». La ville est bouleversée, pour des raisons respectables, mais je ne vois pas la nécessité d'appeler cela un mouvement social, ou alors tout est mouvement social.

Le problème est : comment peut-on l'atteindre ? Je viens de dire qu'un mouvement social met en cause l'acteur, à la fois dans ses conflits les plus importants et dans ses orientations les plus profondes. Vous participez à un mouvement social si vous avez le sentiment que des choses essentielles sont en cause, votre survie peut-être, un type de société, de justice, d'égalité, de liberté... Donc si vous voulez atteindre un mouvement social, à l'intérieur de toutes les catégories d'action collective, de mécontentement, d'émeutes, de révoltes, il faut découvrir un sens lourd, une action où l'acteur se sent fortement engagé pour des raisons qui le dépassent. Un mouvement social n'est pas un signe de dysfonctionnement, une crise de la société, et ce n'est pas seulement la manière dont des gens se mettent ensemble pour défendre leurs intérêts individuels, ce qui est tout à fait important et peut être porteur d'un mouvement social, mais à condition que cela aille plus loin. Le mouvement social, et, plus largement, le sens d'une action se repèrent non pas par évaluation des causes ou des conséquences d'une situation, mais par évaluation de l'engagement de l'acteur. Il faut comprendre le sens de l'action pour les acteurs et pour les autres.

Mon innovation a été d'utiliser le chercheur pour qu'il fasse apparaître au groupe, puisqu'il y est extérieur, ce qu'il juge le niveau le plus élevé possible de son action. Cette interprétation, qui vient du dehors, se révélera juste ou fausse selon qu'elle animera ou non les conduites et les analyses effectives de l'acteur. Si je suggère à des syndicalistes que leur revendication salariale va beaucoup plus loin que son contenu explicite et qu'elle porte un mouvement social, alors que ce n'est pas exact, les gens s'apercevront très vite que cette hypothèse les écrase.

L'argument soulevé contre cette méthode est qu'on peut convaincre les gens de n'importe quoi, que c'est de la subornation, de la manipulation. Or avec François Dubet, Michel Wieviorka et Zsuzsa Hegedus, nous avons fait une série d'études approfondies, d'un an environ chacune, et je constate que nos conclusions ont été plus souvent négatives que positives. Inversement, on m'a dit : vous avez lancé l'idée de nouveaux mouvements sociaux, mais vous avez démontré vous-même qu'ils n'existaient pas. Cette réaction n'est pas plus juste que la première. Nous avons séparé dans chaque action ce qui était mouvement de ce qui ne l'était pas et les conditions de formation d'un mouvement. Nous n'avons pas été surpris de trouver que Solidarnosc était un grand mouvement social en Pologne, mais nous avons été passionnés de le comprendre. En revanche, nous avons mené une recherche sur la grève étudiante de 1976 parce qu'elle avait été la plus longue et la plus massive des grèves étudiantes en France – plus que 68 et nous avons compris pourquoi elle n'a laissé aucune trace. Elle reposait sur l'idée fausse que les profs sont les agents du grand capitalisme monopolitiste d'État. Les syndicalistes ouvriers ont été les premiers à rejeter cette interprétation.

La méthode consiste à introduire, à un moment tout à fait central de la recherche, l'hypothèse « lourde » proposée : dans le cas des étudiants, on s'est aperçu de manière tout à fait dramatique qu'ils ne menaient pas le type de mouvement qu'ils croyaient mener. Ils sont venus avec leur discours anticapitaliste et ils se sont fait rejeter par tous et se sont divisés entre eux. Ils n'ont pas résisté à ceux qui leur disaient : vous êtes contre les travailleurs ; après vos études, vous serez cadres, patrons, ingénieurs, et vous allez être nos maîtres. Donc l'idée est celle-ci : se centrer sur les acteurs eux-mêmes, passer par le moment central où le groupe est porté par l'hypothèse du chercheur et ensuite observer les effets de l'hypothèse sur le groupe.

J'ai trouvé que cette méthode donnait des résultats assez exacts, nous permettait de dire si oui ou non il y a *du* mouvement social dans une action collective. Ce qui m'intéresse méthodologiquement, c'est de dire : le chercheur participe à la formation de l'objet. Si vous admettez au contraire que les rapports de pouvoir dans la société suppriment la capacité d'analyse des dominés, le sens de l'action doit être cherché seulement en dehors de la conscience de l'acteur. Je ne crois pas qu'il y ait de sens en contradiction complète avec la conscience de l'acteur. J'ai voulu rendre aux acteurs le sens possible de leur action.

Pourquoi les gens se sont-ils moins intéressés à cette méthode que je ne l'aurais voulu ? Je crois que c'est parce que la pensée post-marxiste qui a exercé une grande influence sur et dans le mouvement ouvrier, s'est moins intéressée au sens de l'acteur qu'aux contradictions du capitalisme et a donc voulu donner une explication de l'action en termes objectivistes. Peu de penseurs ont pris un point de vue proche du mien. Cornelius Castoriadis est le principal d'entre eux. Dans notre tradition, il y a une énorme résistance à l'idée d'acteur social. Or moi, avant de m'occuper d'intervention sociologique, j'avais commencé par étudier la conscience de classe ouvrière. Ce sujet apparaissait «dans le vent», mais ne l'était pas du tout, parce que en réalité les analystes de l'histoire ouvrière s'y étaient peu intéressés. Ce qui les intéressait était de dire : on va vers la crise générale du capitalisme, vers un nouveau 1929 ; ou encore : le fascisme a été l'expression du grand capitalisme. Les gens étaient persuadés qu'il fallait éviter une vision subjectiviste et dénoncer les contradictions du système de manière objective. Par conséquent, j'ai rencontré des résistances très importantes. De l'autre côté, on me faisait le reproche de chercher à imposer une conscience marxiste à ceux que j'étudiais, alors qu'en réalité ces gens, me disait-on, défendaient leurs intérêts mais sans perspective plus lointaine.

De la même manière, pendant longtemps, des sociologues ont étudié le monde scolaire comme étant la boîte noire par laquelle l'inégalité sociale au départ se transmet en une inégalité des chances. Jusqu'au jour où d'autres ont voulu regarder ce qu'il y a dans la boîte noire. Et à la surprise générale, François Dubet a vu que la boîte n'était pas noire, qu'il s'y passait beaucoup de choses, qu'il n'y avait pas transmission mécanique, mais fabrication d'inégalité ou d'égalité. Il ne suffit pas de dire : c'est la faute de la société, ce qui évite de s'interroger sur l'acteur.

Cela étant dit, je vais me faire une critique. Mon modèle de référence a été quand même fortement un modèle socio-économique lié aux problèmes de la production et du travail. D'où la question, qui n'a pas encore obtenu de réponse concrète : est-ce que cette méthode peut convenir à d'autres situations, celles où prédominent les problèmes culturels ? Lorsqu'on passe de problèmes très collectifs (le travail, la propriété, le salaire) à des sujets plus culturels, plus personnels, plus liés à ce que j'appelle le sujet, cette méthode fonctionne-t-elle ? En réalité, je pense que la méthode de l'intervention sociologique est encore mieux adaptée aux mouvements culturels d'aujourd'hui qu'aux mouvements proprement socio-économiques d'il y a cinquante ans. Il faut seulement remanier la méthode ; elle devrait être encore plus utile qu'autrefois, dans la mesure où le poids des idéologies objectivistes est devenu beaucoup plus léger. Le problème est qu'au lieu d'un groupe qui réfléchisse sur une action historique, il faut maintenant un groupe qui réfléchisse sur les problèmes du sujet personnel. Voilà de quoi m'occuper quelques années encore.

F.K. : *Oui, mais avec le passage d'un sujet socialisé, et même parfois sursocialisé, à un sujet aux yeux duquel le privé, la subjectivité, etc., prennent tant d'importance, n'a-t-on pas besoin de modes d'approche plus intimistes?*

A.T. : Je n'aime pas le mot « intimiste », mais il faut faire le va-et-vient entre l'individuel et la réflexion collective sur quelque chose qui est essentiellement de l'ordre du vécu individuel, qui est difficile à formuler à un niveau sociologique, parce qu'il est plus simple de parler de politiques économiques, des positions exprimées par les partis, les syndicats et les entrepreneurs. C'est pourquoi nos interventions sociologiques durent très longtemps et leur démarrage est assez lent.

Le risque inverse, c'est l'identité sentimentale. Il y a très longtemps, j'ai voulu faire une étude sur des jeunes de banlieue en leur faisant faire un film ou une cassette vidéo sur eux-mêmes. Cela n'a pas marché parce qu'ils étaient très narcissiques. Je me réfère au contraire au travail qu'a fait François Dubet au Chili avec des femmes de quartiers périphériques : ces femmes, généralement avec enfants et sans conjoint, avaient une grande capacité de parler de problèmes sociaux (comment obtenir une école, de l'eau, etc.), mais elles organisaient aussi des discussions sur leur vie personnelle. On l'a vu aussi au Brésil, avec les communautés de base. Ces femmes avaient une réflexion de haute qualité. Le danger principal est le contrôle que les gens du groupe qui sont de niveau social ou d'éducation plus élevé imposent à la réflexion. Les intellectuels donnent des réponses idéologiques et défensives. Une dernière remarque. On m'a souvent posé la question : peut-on faire une intervention sociologique sur des milieux dirigeants? Oui, bien sûr. J'aurais aimé faire une intervention sociologique avec le comité central d'un parti communiste ou avec les grands dirigeants de Mitsubishi ou de Ford.

F.K. : *Giddens, lui, dit qu'il n'aperçoit pas de mouvements sociaux...*

A.T. : On peut dire en effet qu'en ce moment la priorité, dans une situation comme celle d'aujourd'hui, n'est pas au mouvement social, mais à l'action politique. À la fin des années soixante-dix et au début des années quatre-vingts en Amérique latine, nous avons eu un grand débat, très intéressant, sur les mouvements urbains. Les Chiliens et moi avons beaucoup défendu ce thème des mouvements urbains à Buenos Aires, à Santiago, à São Paulo ou après le tremblement de terre de Mexico en 1985. Mais Fernando Henrique Cardoso, et surtout sa femme Ruth, ont répondu : c'est une illusion. Si les mouvements urbains remplacent l'action politique, il se créera un nouveau clientélisme parce que le degré d'intégration de la société n'est pas suffisant pour que se forment des mouvements sociaux. Priorité au politique. Il faut s'appuyer moins sur les prêtres et plus sur les sénateurs et les députés : il faut repolitiser. Ruth Cardoso, historiquement parlant, a eu raison. La reconstruction politique a joué un rôle plus durable que des mouvements qui le plus souvent ont sombré dans un radicalisme aveugle.

Pourtant, je maintiens mon point de vue car nous voyons les limites d'une recomposition du politique séparée des acteurs sociaux. Anthony Giddens dit aujourd'hui en Europe, après l'époque thatchérienne : c'est le politique qui commande. C'est même la définition de sa *third way*, que j'appelle le centre-droit : pas de référence au social, pas de recherche de représentativité, mais un complément social à une politique libérale. Je ne dis pas que c'est le mouvement social qui doit être toujours dominant, mais je reste convaincu qu'il n'y a pas de démocratie forte sans réponse politique à des mouvements sociaux. Car sans ceux-ci, c'est la force du pouvoir ou de l'argent qui l'emporte. Entre forces politiques et forces sociales, les relations doivent être à la fois de correspondance et de forte autonomie.

F.K. : *Mais on peut parfaitement faire de la sociologie sans croire à la place centrale de l'acteur...*

A.T. : Le croyez-vous ? On philosophe plutôt sur l'absence d'acteurs.

F.K. : *La notion de sujet est-elle susceptible d'unifier les sciences sociales ? Tant qu'on parlait d'acteur social, il était difficile de dire aux psychologues : cela peut être votre thème ; aux anthropologues : c'est un thème fédérateur. Mais maintenant, dans la sociologie de l'art, des conflits, des entreprises, des mouvements sociaux, dans l'anthropologie sociale, politique et culturelle, et dans bien d'autres domaines, le thème du sujet peut être beaucoup plus fédérateur que celui d'acteur social. Cette notion ne nous permet-elle pas d'envisager un champ homogène que pourraient explorer les diverses sciences humaines ?*

A.T. : C'est le mouvement de notre conversation qui nous a conduits à cette idée, ce qui prouve que nos dialogues n'ont pas été des interviews. Il s'agit bien d'un échange continu, étendu sur une longue période, continué en dehors même de ces dialogues dont nous établissons et corrigeons – plusieurs fois – le texte. Vous avez à la fois freiné autant que possible mon mouvement, insisté sur des idées inverses, de façon à ne pas me laisser m'emporter par mes obsessions et vous avez aussi contribué à ce que nous nous rapprochions. Vous avez beaucoup résisté à l'idée de sujet, probablement dans la mesure même où vous avez de plus en plus senti que c'était un thème central pour moi, et vous avez de plus en plus placé ce thème au centre de nos dialogues. Le thème du sujet est loin du vécu, de l'expérience la plus immédiate. C'est un concept sociologique, concernant la vie de l'homme en société. Je me suis toujours opposé à l'idée que la société soit autosuffisante, soit le fondement de sa propre existence, et en même temps, j'ai toujours eu le sentiment chrétien, cartésien, kantien, que l'homme est un être moral, je veux dire par là que ses conduites en société répondent à des principes qui ne sont pas eux-mêmes purement sociaux, qui ne s'expliquent pas en termes d'intérêt social, de fonction sociale, mots contre lesquels je me suis battu toute ma vie durant.

Alors, après avoir répété cette première affirmation que *Je* n'est pas *moi*, j'ajoute : je ne peux pas comprendre l'émergence de la notion de sujet indépendamment de la décomposition de tout ce qu'on appelle société. La modernité est depuis le début l'éclatement d'une vision unifiante, religieuse, de la société, mais aussi constamment elle est un effort pour dominer cet éclatement, essentiellement par le recours au politique et à l'idée que la société se produit elle-même à travers les lois et la citoyenneté. Cette vision s'est progressivement affaiblie avec le développement du capitalisme, c'est-à-dire avec l'autonomisation de l'économie, puis celui des différents sous-systèmes sociaux : religion, famille, amour (romantique), art (pour l'art), etc.

À mesure que les principes d'intégration du sens de l'expérience collective s'affaiblissaient, le seul principe fondateur de l'unité et du sens de l'expérience est devenu la recherche du sujet et non pas celle de l'intégration sociale ou la réponse au sens de l'histoire et encore moins la conformité à la parole divine révélée. C'est parce que la société s'est décomposée, parce que l'image du système intégré par des normes a été brisée par un pavé que le principe d'unité ne peut être que le sujet, en tant que non social, non psychologique. Ce sujet n'incorpore pas les représentations que les autres ont de lui. Telle est ma démarche. J'ai presque envie de dire que c'est de l'anti-sociologie.

Mais je tiens beaucoup à ce que, de la même manière que foi et religion ou divin et sacré doivent être séparés – ce qui ne veut pas dire que le monde de la foi et le monde du divin soient quelque part dans les étoiles et que le monde humain soit simplement le monde du sacré ou du profane –, notre vie personnelle et collective repose d'abord sur la référence au sujet qui donne sens aux conduites et aux institutions, dans la mesure où elle fait appel à un principe qui est extérieur au social. Partout dans la vie sociale la «taupe» du sujet essaie de créer dans ce monde social des zones de protection du sujet, la capacité de relations entre sujets et le droit de tout un chacun de se construire comme sujet.

Je maintiens, de manière même plus radicale qu'il y a quinze ans, que les nouveaux mouvements sociaux se sont épuisés parce qu'ils développaient des thèmes nouveaux dans un vocabulaire ancien, étaient «du vin nouveau dans des outres anciennes». Maintenant, les outres anciennes se sont pourries, mais il reste les vins nouveaux, très toniques, que ce soit le mouvement des femmes, auquel j'attache une importance extrême, que ce soit l'action des écologistes, les mouvements de défense des minorités, les débats sur l'intégration et la reconnaissance des personnes d'origine culturelle étrangère. Tous ces mouvements montrent bien que ce sujet non social est partout présent dans la vie sociale. Le social, tel que nous le voyons aujourd'hui, en mouvement, sans ordre, en désordre créateur, impose la présence d'un sujet non religieux, non social, non national, non sacré. Le sujet est non social. Il est une défense contre les invasions de notre vie par les systèmes, les réseaux. Il ne se remplit d'un contenu positif que dans son rapport à l'autre et il s'affirme publiquement dans la mesure où il crée, défend un espace démocratique.

De cette affirmation du sujet non social à ce thème de la démocratie qui est on ne peut plus social et politique, en passant par le thème des nouveaux mouvements sociaux et en introduisant le rapport à l'autre, c'est une même pensée qui se construit. Tous ces éléments sont interdépendants les uns des autres. Par conséquent je ne crois pas qu'on puisse lire l'exposé de ces idées avec un minimum d'attention et ensuite dire qu'elles sont étrangères à la sociologie.

F.K. : *Mais alors en quoi, mis à part la sociologie, dans les autres domaines des sciences sociales, cela peut-il avoir un sens ?*

A.T. : Je ne crois pas à la spécificité de ce qu'on appelle la sociologie. Il existe *la* science sociale, car il n'y a pas intellectuellement de grandes différences entre les sciences sociales : histoire, sociologie, anthropologie, science politique. Faut-il reprendre l'ambition de Talcott Parsons quand il avait écrit avec ses amis *Toward a General Theory of Action*, où il montrait que les mêmes catégories pouvaient s'appliquer à la sociologie, à la psychologie et à l'anthropologie ? Je me sens plus prudent, parce que je refuse ce qu'il affirmait, l'intégration des connaissances autour de l'idée de système social.

À titre d'hypothèse de travail, je maintiens que dans la société postindustrielle – société d'information ou de communication – dans laquelle nous sommes, il existe un nouveau paradigme général, une nouvelle historicité, qui forme un nouveau système d'action historique. Oui, je pense que le retour ou l'émergence d'une pensée du sujet est quelque chose qui est non seulement présent dans différents secteurs de la pensée, mais qui donne leur sens à toute une série de pratiques, depuis des comportements individuels et des utilisations du temps ou de l'argent jusqu'aux nouveaux mouvements sociaux ou aux nouvelles conceptions du droit et de l'éducation. Donc, ma réponse est : oui, on voit se développer, sur les ruines du fonctionnalisme et de la pensée sociologiste, d'un côté des sciences naturelles de l'homme et d'un autre côté une connaissance et une pensée du sujet.

F.K. : *Nous avons abordé à plusieurs reprises des thématiques liées au sujet tout au long de ces entretiens. Avez-vous le sentiment d'avoir évolué dans votre façon de penser, depuis que nous avons commencé ?*

A.T. : Je vais vous répondre d'abord indirectement, car le hasard des choses a fait qu'hier même j'ai achevé de revoir, pour une nouvelle édition, le premier de mes livres que je considère comme importants, *Sociologie de l'action*, écrit entre 1958 à 1964. C'est un livre sur la société industrielle et qui en porte la marque. Pourtant son thème central est déjà le sujet. Je suis donc frappé par la continuité de ma réflexion. Mais je reconnais aussi l'extraordinaire difficulté que j'ai eue, comme tout le monde, à passer d'un système de pensée historique à un autre ; il a toujours été question chez moi du sujet, mais je l'appelais sujet historique. Je terminais même mon livre en disant : en entrant dans la société postindustrielle, nous passerons du sujet historique au sujet personnel. Depuis le déclin de la société industrielle, à partir de la fin des années soixante-dix, nous avons vécu une transition difficile, pénible à vivre, pendant laquelle les cadres de pensée sont restés anciens, alors qu'apparaissaient des contenus nouveaux difficiles à définir, parce que les médiateurs intellectuels bloquaient nos perceptions, en les recouvrant de notions anciennes. Je me suis découragé souvent, je le suis encore parfois, mais en m'imposant votre regard, votre parole, vous m'avez redonné confiance. C'est que j'appartiens encore à l'ancien monde que je rejette.

Dans les corrections, les relectures, les transformations que nous avons faites de nos textes, nous savons l'un et l'autre que les références au passé, les mauvaises humeurs, les amertumes ont beaucoup perdu de place ou disparu, dans la mesure où je me trouve à la fin de ces entretiens à peu près lavé des restes des idéologies uniquement critiques de la société industrielle, qui continuent pourtant à se développer, alors qu'il n'y a plus vraiment de société industrielle.

F.K. : *Parlons de la relation entre le sujet et la joie. Revenons, si vous le voulez bien, sur ce thème. De nos jours, la joie est souvent associée à des formes de consommation qui procèdent de l'aliénation et ont peu de chose à nous révéler sur le sujet. Est-ce seulement dans la souffrance, la colère et la négativité que se constitue le sujet, ou bien la positivité de la joie peut-elle aussi y tenir un rôle ?*

A.T. : En général, on me dit que ma pensée est optimiste et même exagérément optimiste car je vois toujours l'action possible plus que les déterminants. On me parle de la pensée unique, de la domination globale, de l'hégémonie américaine, mais j'ai constamment rappelé qu'il existe toujours une capacité d'agir. Pourtant, mon tempérament et mon expression ne sont pas optimistes. On peut ne pas être un rigolo et développer une pensée optimiste. Je suis très méfiant à l'égard d'une idée qui a repris de la popularité ces dernières décennies, celle de fête, car elle cache celle de lien social dont je me méfie. Quand on croit qu'on se laisse aller, qu'on se débonde, c'est le contraire qui se passe ; c'est un système de normes sociales qui se renforce.

En second lieu, depuis vingt ans, on entend parler constamment de consommation, de plaisir (*fun morality*). Le mot *fun*, d'ailleurs, s'emploie moins aujourd'hui que *fuck* ! Mais c'est toujours la même idée qu'il faut s'amuser, prendre son pied. Tout cela me fait trop directement penser au monde de l'argent et de la marchandise. Je garde l'attitude des anciens intellectuels de gauche qui se méfiaient de la consommation, du plaisir pour lui-même. Je résiste au règne de l'argent et de la pub ; je suis même trop méfiant à leur égard. Je pourrais seulement admettre, mais non sans réserve, que quand augmente la conscience du sujet, quand apparaissent de nouveaux mouvements sociaux et un nouveau sens de la démocratie ou de la relation à l'autre, il devient possible qu'apparaissent de nouvelles expériences de consommation et de plaisir.

F.K. : *Mais alors, comment comprendre cette dichotomie ? On vit d'un côté, on pense de l'autre ?*

A.T. : J'envie la jeunesse, intellectuelle ou non, qui aime le plaisir, les relations, le mouvement ; j'aurais bien voulu avoir cette jeunesse-là. C'est son expérience que je valorise, pas la mienne. J'ai souvent le sentiment de mieux comprendre les orientations de la jeunesse d'aujourd'hui que celles de ma propre jeunesse.

F.K. : *Ne pas partager directement ces expériences introduit une distance, et celle-ci n'est peut-être pas la plus mauvaise façon de s'y prendre pour comprendre l'évolution du monde. Finalement, la joie consiste à aller au-delà de, à ne pas s'enraciner, s'incruster dans le vécu...*

A.T. : Le sujet est plutôt un oiseau qu'un poisson. Aujourd'hui, on comprend à quel point ce qu'on appelle déviant est dans beaucoup de cas créateur. Les jeunes gens des banlieues sont trop souvent vus comme des déviants. Il faudrait les voir aussi comme les inventeurs d'une nouvelle culture urbaine, d'un type ou d'un autre. Dans le domaine des mœurs, les homosexuels étaient considérés comme des déviants. Aujourd'hui on voit dans leur vie des aspects de protestation, de développement de nouvelles zones de plaisir et de lutte contre les normes sociales. Ce qui fait une politique du sujet, c'est le contraire de l'intégration, de l'adaptation ; c'est la capacité non pas de s'envoler dans le vide mais d'agir sur soi, sur la société, ce qui suppose, en effet, de la distance.

J'aime les gens qui pensent la vie sociale, la transforment, comme des architectes et des urbanistes veulent transformer l'espace urbain. Je n'aime pas ceux qui disent : adaptez-vous, respectez les feux rouges. La joie, c'est de reprendre ses billes pour les lancer ; ce n'est pas de suivre les règles du jeu. La modernité, c'est le décalage, le déséquilibre, le décollement. Nous sommes dans un monde où, à la limite, le monde transmis est en train de disparaître devant le monde de la création. Nous décollons de plus en plus de l'être-là, de la tradition, de la société. Je n'y vois que des avantages. Je sais très bien qu'on va me rétorquer : mais nous sommes déracinés, isolés. Oui, d'accord! Mais enfin, toute la modernité a consisté à casser la communauté et le mythe et à être orienté vers l'imaginaire, l'avenir, en même temps que vers la raison.

Donc dans tous les discours, quelquefois angoissés, quelquefois amers, sur les transformations de nos sociétés, j'entends quand même la joie de vivre dans un monde qui de plus en plus se crée, avec tous les risques, tout le coût humain et social que cela impose. Ne savons-nous pas que le coût humain et social de l'immobilité est encore plus lourd? J'ai au total une vision positive de la modernité. C'est la raison pour laquelle, lorsque des expériences personnelles ou collectives ne vont pas dans ce sens, lorsque le centre de l'Afrique s'écroule, je le vis comme un scandale. Parler de scandale, c'est avoir une vision positive des choses! On peut faire quelque chose, il y a des gens, y compris nous, qui sommes responsables. Je ne crois pas qu'on puisse expliquer les acteurs par leur situation; il faut au contraire expliquer les situations par l'action, c'est-à-dire par le conflit entre une logique de libération de l'acteur et des logiques de pouvoir. Je suis du côté du sujet créateur et donc du côté de la joie. J'aimerais même être plus capable d'être du côté du plaisir, mais enfin...!

J'ai dit et répété que « la société n'existe plus » (sauf si l'on emploie ce mot en un sens purement descriptif : on peut parler de la société française sans faire aucune hypothèse sur sa cohérence et son autocontrôle). Mais il faut donner une image plus complexe de ce qui occupe le champ social à la place de l'idée de société, sorte de dieu laïque. Avant tout il ne faut plus chercher un nouveau « garant métasocial de l'ordre social », qui prendrait la place de la société comme celle-ci a pris celle de l'histoire, qui avait remplacé la raison qui, elle-même, s'était substituée à Dieu.

Le champ social n'a plus d'unité fondamentale. Il est fait d'abord, et le plus directement, de l'affrontement entre le *pouvoir* et le *sujet*, entre l'imposition d'un ordre, d'une hiérarchie et d'un discours sociaux et la contestation de ceux-ci au nom de la liberté créatrice du sujet.

Mais cet affrontement ne décrit pas tout le champ social. Il faut ajouter à cette première idée au moins trois éléments importants d'analyse, indispensables pour nous comprendre nous-mêmes et les relations dans lesquelles nous sommes placés.

– Tout d'abord, entre le pouvoir et le sujet demeure toujours une zone en principe neutre : celle de la *production*, de la division du travail, de «l'historicité». Cette zone est constamment envahie d'un côté par le pouvoir, de l'autre par le sujet; mais elle n'est jamais complètement conquise, ni par l'un ni par l'autre.

– Le monde du sujet est en réalité éclaté ou, plus exactement, il résiste de deux côtés au monde du pouvoir comme à celui de la production. D'un côté le sujet est volonté d'être soi, thème que nous connaissons bien maintenant; de l'autre, il est *corps*, vie biologique, naissance, sexualité, mort. Le sujet, je l'ai dit, se forme d'abord par conscience d'être un corps au moment où il se débarrasse de tout le contenu social et psychologique dont l'avaient bourré le monde du pouvoir aussi bien que celui de la production. Le sujet n'est pas un pur esprit; il est conscience et corps, et d'abord conscience du corps.

– Toutes ces «zones», disons de manière plus figurative toutes ces sphères, se recouvrent en partie et il se constitue des mécanismes de gestion de leurs relations, de leurs interdépendances. Nous avons toujours appelé *politique* cette gestion de la société par elle-même. Mais puisque la société n'est plus un acteur tout-puissant, un principe d'unité, mais seulement l'espace où les sphères se rencontrent ou s'éloignent les unes des autres, le système politique est l'ensemble des processus de stabilisation de ces rapports entre les sphères. Cette capacité est limitée et il est excessif de parler de contrôle ou d'ordre social, sauf pour dénoncer le mal, la violence faite au sujet, à la production et au corps par un pouvoir emporté par l'orgueil de la domination.

Pour la seule fois, je recours ici à un petit schéma qui peut rendre plus clair ce que je viens de dire.

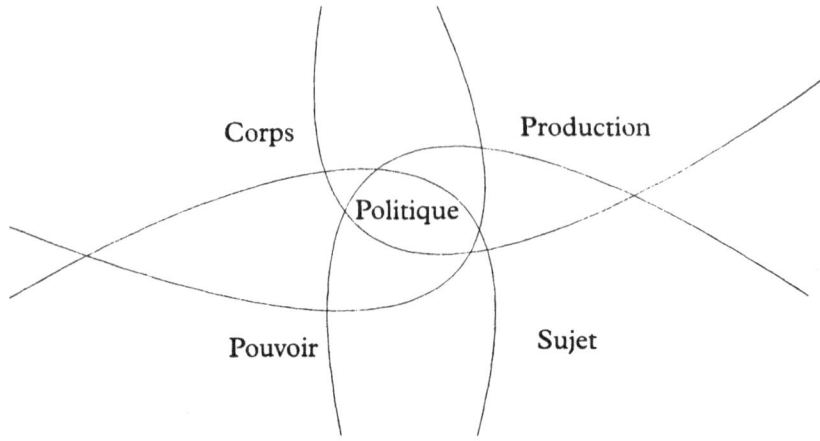

Le politique est le lieu de recouvrement des quatre sphères. Il occupe donc une position centrale où s'accumulent les représentations sociales et aussi les relations et même les rapports de négociation, de conflit ou d'évitement entre ces sphères. Reconnaissez qu'il n'y a plus de place ici pour l'idée de société.

En disant cela, je sais que je m'expose à des critiques. S'il n'y a plus de principe central d'ordre mais seulement un lieu de négociation et de stabilisation, la vie sociale n'est-elle pas constamment traversée par des vagues de violence ou déséquilibrée par des masses de non-sens ?

Au moment où ces entretiens vont s'achever, je voudrais prévenir une dernière objection de votre part, présente à vrai dire depuis longtemps dans vos interventions. Mes propos ne sont-ils pas trop « angéliques », toujours à la recherche et à l'exposition du bien, écartant trop rapidement le mal ? Ma réponse est la suivante : mon but est justement de définir les conditions de l'action personnelle et collective. Je n'ignore pas pour autant les ombres immenses qui s'étendent autour des quelques points de lumière allumés par le sujet. J'ai exposé, trop vite, l'opposition centrale du sujet et du pouvoir et par conséquent la double nature des rapports entre le sujet et le corps ou la production. Dans ce dernier lieu se place l'idée positive du travail, mais aussi celle, très négative, du productivisme. Dans l'autre, le rapport du sujet et du corps est la « recomposition » de l'être humain, mais il est tout autant l'envahissement du sujet par une conception biologique de lui-même qui peut aller jusqu'au racisme.

À mesure que je vois mieux le sujet pénétrer tous les champs de la vie sociale, je vois mieux aussi son champ propre envahi par les logiques opposées du pouvoir, de la production et du corps. Je le répète : le sujet n'est jamais triomphant ; il est faible et menacé, au contraire. Et, comme le disait Blake, il est plus facile de peindre l'enfer que le paradis. De sorte qu'on donne souvent de la vie personnelle et sociale une image noire. Ce qui est indispensable en effet pour éliminer le moralisme bien-pensant, mais ce qui a des « effets pervers » car la connaissance ne semble se former que quand elle s'éloigne de la conscience de l'acteur et montre des déterminants sociaux qui ne laissent subsister que de la fausse conscience.

Mais, en ayant toujours présente à l'esprit l'indigence intellectuelle de tout moralisme, il faut trouver la lutte, la générosité, la relation amoureuse, l'esprit mystique, la foi, là où de faux sages ne voient que le règne de l'argent et du pouvoir. Ce qui me conduit à une analyse plus élaborée.

F.K. : *Autre thème qui traverse nos entretiens : la violence, celle qu'on subit ou celle qu'on fait subir à l'autre. On ne peut pas dire que le sujet se réalise dans la non-violence absolue. Quel est le rapport entre sujet et violence ? Au début, une certaine violence peut être nécessaire pour s'affirmer ; mais ensuite, comment s'articule la construction de son sens avec elle ?*

A.T. : Les sociétés non modernes sont des sociétés où la violence est institutionnalisée, où il y a à la fois beaucoup d'ordre et beaucoup de violence : on se tue et les hiérarchies sont extrêmes. Plus nous entrons dans un monde du sujet, de l'acteur, de l'historicité et plus il y a de destructions. Aujourd'hui, nous vivons dans un monde où, effectivement, la société se défaisant, on trouve face à face le sujet et la violence.

Prenons deux exemples : le premier est la reconnaissance du sado-masochisme, qui est une relation de pouvoir et de violence dans l'ordre sexuel, violence des hommes à l'égard des femmes et vice versa. On est là dans le rejet volontaire et actif de tout ce qui est sujet. Deuxième exemple, plus général : la violence. En réalité, ce qui me choque le plus, ce n'est pas la violence mais la cruauté. La cruauté, c'est ce qui dans la violence est destructeur du sujet et de l'acteur social. Pendant la période de la *violencia* en Colombie, si bien étudiée par Daniel Pécaut, deux factions de l'oligarchie, les conservateurs et les libéraux, peu différentes entre elles, se sont fait la guerre et les paysans divisés en deux camps se sont étripés.

De même, au-delà de l'extermination nazie et en elle se déchaîne la cruauté. Non seulement on fait mourir les gens, mais on les fait souffrir au-delà de ce qui les tue. Il faut non seulement tuer quelqu'un, mais l'humilier, faire disparaître le sujet en lui. C'est pourquoi, si la violence est le contraire de l'ordre, la cruauté est le contraire du sujet. Nous sommes dans un monde où nous avons basculé de la prédominance de la violence à celle de la cruauté. C'est ce qui nous frappe et ce qui nous fascine : victimes coupées en morceaux, éventrées, torturées. La cruauté, qui est sous la violence, apparaît au-delà de l'humain.

La violence a toujours un côté social, pas la cruauté. Elle est la volonté de destruction du sujet dans l'individu ou dans le groupe. On arrache les yeux de l'autre pour qu'il ne puisse plus être regard, ou on le castre : ce n'est pas seulement de la violence, c'est de la cruauté. Aujourd'hui nous voyons de plus en plus le froid de la cruauté traverser la chaleur brûlante de la violence.

14

Pour le nouveau siècle

F.K. : *Parlons du siècle à venir. Évidemment, l'an 2000 en soi n'a aucune signification, mais symboliquement, il marque une rupture dans l'esprit des gens.*

A.T. : Ma première réaction est de m'écrier : « Chiennes d'années quatre-vingt-dix ! » Vraiment, je suis heureux que ces années soient terminées. Non pas que je les considère toutes comme mauvaises : depuis deux ans et demi, le climat économique et politique s'est considérablement amélioré. Ce sont les années 1991-1997 qui resteront une période épouvantable en France. Elle a été dominée par un sentiment de chute, appuyé sur le thème de la pensée unique : « on ne peut rien y faire ; on va à la catastrophe » ; le seul choix qu'on ait, c'est ou bien de se faire couper les bras, c'est-à-dire de sacrifier l'emploi, ou bien de se faire couper les jambes, c'est-à-dire de renoncer à la Sécurité sociale. D'où cette angoisse générale qui s'est traduite au moment de la grève de la fin de 1995 par un *breakdown* de la société française ; tout le monde a manifesté son angoisse devant un avenir sans solution. Quelques-uns y ont vu un nouveau 36. Ils ont annoncé de grands mouvements, on a voulu réveiller l'ancien modèle étatiste. Mais tout cela n'avait aucun sens ; il ne s'est rien passé après, car c'était une réaction d'inquiétude, de désespoir, d'anxiété.

J'ai très mal pris les contresens démagogiques qui ont été faits à cette occasion-là, mais je n'ai jamais mis en doute le caractère catastrophique de notre situation et de notre représentation : l'angoisse débordait ! Les Français s'étaient enfermés, je le répète, dans l'idée qu'il fallait choisir entre un modèle français magnifique, mais en chute libre, et un modèle mondial horrible, mais triomphant. Tout cela a fait que, pendant les années quatre-vingt-dix, la France a vécu avec une économie et un système politique en crise, tandis que le monde intellectuel se crispait dans une sorte de dénonciation globale, derrière laquelle il n'y avait en réalité aucune analyse.

Depuis l'arrivée des socialistes au pouvoir, les Français ont un moral bien meilleur. Ils pensent que, s'il est difficile de faire aller ensemble une politique économique ouverte et une politique sociale protectrice, du moins ce n'est pas impossible. On peut faire beaucoup de critiques à ce gouvernement Jospin, en particulier dire qu'il a retardé l'examen des dossiers les plus difficiles, comme celui des retraites. Toujours est-il qu'aujourd'hui les Français ne disent plus «pensée unique» ou «on ne peut rien y faire». Ils se plaignent qu'on ne fasse pas assez, mais ils ont meilleur moral et l'idée de l'exception française, cette pensée suicidaire, est en voie de disparition. Au même moment d'ailleurs, la principale expression de cette pensée catastrophiste, qui était le Front national, n'est plus une menace. Son heure est passée. Ouf! Voilà pourquoi j'accueille l'an 2000 avec sympathie. Pendant les années quatre-vingt-dix, les années Titanic, la France s'est senti couler.

F.K. : *Revenons sur la question du sujet. Cela a été le thème de notre dialogue depuis plus d'un an ; néanmoins le problème se pose de savoir ce qu'il y a d'autre que le sujet, dans tout être humain qui procède du social et du non-social à la fois. Comment délimiter cette autre zone qui peut être dans une relation conflictuelle ou neutre face au sujet, à savoir le non-sujet ?*

A.T. : La principale idée que j'ai défendue dans ma vie, c'est que le social repose sur le non-social. L'idée que la finalité de l'action sociale est le renforcement de la société elle-même, idée qui fut le fondement de la sociologie classique, doit être abandonnée. Le problème est qu'on disait autrefois : le social repose sur l'idée d'égalité devant Dieu, devant la raison ou devant l'histoire. Or tout cela a disparu et par là même aussi, l'unité du social, car celle-ci était définie par rapport à ce métasocial disparu : tous les secteurs de la vie sociale ont pris leur indépendance.

J'ajoute aussitôt que le social continue à dépendre du non-social, mais que celui-ci prend la forme du sujet. Et que quand on dépasse le social du côté du sujet, on le dépasse aussi de l'autre côté, du côté du corps, de la naissance, de la mort et de la sexualité. À tel point que le problème est : est-ce que la vie sociale perd toute unité, découpée entre la technologie, le marché et le sujet, lui-même fendu en deux, corps et âme ? J'ai toujours dit le contraire et je ne change pas là-dessus : le monde social n'est pas seulement le monde de la production, il est ce que j'ai appelé l'historicité, avec ses modèles culturels, ses rapports de domination sociale, ses processus internes. Faut-il renoncer à une telle analyse de la vie sociale et se recentrer complètement sur l'idée de sujet ? C'est impensable. Mais alors, comment peut-on combiner une sociologie du sujet avec une sociologie du social et éviter de noyer le sujet dans son narcissisme ? Vite, rassurons-nous.

En premier lieu, le sujet n'acquiert de contenu qu'en devenant social, d'abord par la relation interpersonnelle, mais aussi par la reconnaissance des droits humains de tous, surtout dans la pensée juridique et dans l'éducation. Le sujet pénètre dans la société. De l'autre côté, le thème du corps pénètre dans le social. J'ai trop tendance à le percevoir négativement, en l'identifiant à la mort, au pouvoir, à l'État, à la guerre ; mais il n'y a pas de difficulté à dire aussi : c'est le plaisir, la joie. Je maintiens qu'il existe une sphère du sujet, une sphère du corps et qu'il existe aussi une sphère du social, c'est-à-dire de l'historicité, et enfin une sphère du pouvoir et de la domination, et que ces sphères se recoupent. Mais les choses changent à partir du moment où l'historicité, c'est-à-dire la capacité d'action de la société sur elle-même, étant à son maximum, il n'y a plus de garants métasociaux, ce qui fait émerger dans sa nudité le sujet qui ne s'inscrit plus dans une construction du social et donc dans une action proprement politique.

Il y a « libération » du sujet et du corps, mais aussi maintien d'une sphère proprement sociale, d'un système d'action historique qui est la société d'information, une nouvelle conception de l'espace et du temps, et aussi de nouveaux rapports de domination.

En ajoutant que le dominant n'est plus Dieu, le progrès, le Comité central ; c'est l'impersonnel, le *process*, le flux, le réseau, l'information. Le raisonnement de Foucault ne me satisfait pourtant pas, car ce qui est dominant n'est pas devenu privé, incorporé comme de la nourriture. C'est au contraire un monde extérieur dépersonnalisé, un monde de masse, qui est aussi un monde manipulé par des intérêts. En face de lui, il y a le sujet.

Contre une domination omniprésente, impersonnelle, existe une révolte constante du rapport de soi à soi. La sociologie classique dit : le mal c'est la nature. Je pense au contraire que le mal, c'est l'Un, l'idée que la société et l'acteur sont un tout, guidé par une force centrale : le marché, la modernité, le parti, l'islam, la globalisation. La lutte du bien et du mal dans nos sociétés est la lutte entre l'effort d'individuation, de subjectivation, qui n'est pas de l'individualisme consommateur, et, en face, la dépersonnalisation, la destruction du sujet. L'adversaire du sujet, c'est le système ; l'adversaire du système, c'est le sujet.

J'ajoute évidemment, comme tout individu ayant vécu au XXᵉ siècle, que les mots qui symbolisent le mieux le mal sont : totalitarisme, purification ethnique, génocide, homogénéisation. La vie sociale n'a une certaine stabilité que si existent et se recoupent la différenciation techno-économique, un type de domination, une figure du sujet, et enfin, gardant son autonomie, le monde du corps, tous ces mondes étant en tension les uns avec les autres.

Deux idées doivent être défendues ensemble. La première est que chacun des domaines, celui du sujet, celui de l'historicité – c'est-à-dire d'abord de la production – celui du corps, et celui du pouvoir, a besoin des autres pour exister et même de l'un d'eux pour résister à la domination de l'autre. Le sujet risque d'être avalé par le système social s'il n'est pas allié à l'existence corporelle ; inversement, il s'enferme dans un individualisme destructeur s'il rompt toutes ses attaches sociales. Cette idée nous ramène vers le recoupement partiel, nécessaire, de ces quatre sphères. Et aussi, malheureusement, vers la pénétration du pouvoir dans le monde de la production comme dans celui du corps – contre-partie de l'émergence du sujet.

L'ordre de la production, en particulier ce qu'on nomme aujourd'hui la société de l'information, peut être soumis à un pouvoir absolu, celui du marché et du calcul rationnel ou celui de la concentration capitaliste et du pouvoir technocratique. La vie sociale tout entière est alors entraînée par cette alliance du capitalisme et de la technocratie qui détruit le sujet et instrumentalise le corps. Parallèlement le triomphe du corps, de la vie et de la mort sur toute la vie sociale peut faire régner des politiques de la vie – vitalistes, néodarwiniennes – ou de la mort – racisme ou extrême xénophobie – et détruit aussi bien l'organisation économique que les exigences morales du sujet.

C'est donc la logique du sujet qui doit être prédominante. Sujet qui en appelle au corps contre les contraintes de la production et à celles-ci contre les idéologies de la vie et de la mort. Cette logique du sujet préserve le principe permanent que l'ordre social est toujours soumis – sauf en situation catastrophique – à un principe non social. Longtemps un tel principe fut trouvé au-dessus de la société, en Dieu et en la tradition, dans la raison ou dans l'histoire, mais tout cela s'est écroulé et le sujet apporte maintenant un principe non social qui est au-dessous de la société et non plus au-dessus d'elle et l'éclaire d'en bas.

Le sujet est constamment mené par un double effort : marquer de son sens l'organisation sociale et l'expérience corporelle ; rejeter la tendance constante de l'une ou de l'autre à imposer son hégémonie.

Ainsi l'analyse a basculé de l'idée d'acteur social – qui, elle-même, avait remplacé celle de système social que j'ai toujours combattue – à celle de sujet personnel, individuel, singulier, trois mots qui font bloc pour empêcher toute reconquête du sujet par un ordre social, quel qu'il soit.

F.K. : *Ce qui sépare, différencie le sujet tel que vous le pensez maintenant par rapport à l'acteur social tel que vous le pensiez dans les années soixante-dix, c'est que dans le sujet il y a une réhabilitation du non-social par rapport au social, alors que dans l'acteur social tel que vous l'imaginiez par exemple dans* Production de la société, *même si vous donniez une certaine importance au non-social, celui-ci était quand même réduit à un rôle très subordonné.*

A.T. : Vous avez contribué à me faire prendre conscience que l'idée d'acteur social n'est pas satisfaisante. Le sujet est en face de la société, pas en elle. Il y a rupture entre l'acteur et le système. Il est nécessaire de concevoir un sujet qui ne soit plus un sujet métaphysique, qui ne soit ni Dieu ni un sujet politique trônant au-dessus de la diversité des situations sociales et qui apparaisse à l'endroit le moins attendu, celui de l'individualisation, de l'individuation, c'est-à-dire au plus loin ici des métaphysiques du sujet.

F.K. : *Comment situer le sujet par rapport au non-sujet? Le non-sujet est-il tout simplement le désir sexuel, ou l'angoisse de la mort, ou bien est-il aussi ce qui rend possible le sujet en l'aérant, en lui donnant la possibilité, par la suite, de s'investir dans le social, tout en aménageant une zone à l'abri du social? Quel est le statut du non-sujet, un statut neutre ou bien la condition de promotion du sujet?*

A.T. : Ne parlons pas trop vite de non-sujet. Vous vous rappelez que, de manière un peu imagée, je répète que le sujet se construit comme un sujet vide, un corps nu avec un regard qui dit Je. Le corps, la parole, le regard sont l'ultime défense contre le monde socialisé, les flux d'information et les intérêts dominants. Le Je se forme d'abord comme corps. Par conséquent, je ne considère certainement pas que le corps appartienne au monde du non-sujet. Sans le corps, le sujet ne peut pas se libérer de la société ou se défendre contre elle ; il est avalé par elle. Il existe toujours un jeu d'oppositions et de complémentarités entre le sujet et le corps.

Je pourrais dire la même chose pour le monde de l'historicité ou du social qui, lui-même, est indispensable au sujet, qui n'est pas « en l'air », mais défendu par des institutions. Le monde du sujet, le monde du corps et le monde du social ne sont pas étrangers les uns aux autres. Chacun de ces mondes pénètre les autres ; en particulier le monde social est pénétré par le monde du sujet et par le monde du corps.

Où donc est le non-sujet ? Il n'est pas l'absence du sujet, mais, plus fortement, sa négation soit par le monde du pouvoir social, soit par l'ordre du corps, soit enfin par le monde de la production. Le sujet est en même temps corps et travail, mais le non-sujet apparaît dans la mesure où ces deux domaines de la vie éliminent le sujet. Une image technicienne du monde est une destruction active du sujet, elle est le mal. Le corps, lui aussi, peut se retourner contre le sujet. Le racisme est un totalitarisme du corps. L'obsession de la mort détruit aussi le sujet et elle a toujours été présente dans les religions. Il n'y a pas de sujet qui se constitue hors du corps et hors du social, mais lui seul est sa propre fin. Vouloir tout centrer sur le corps ou sur le social ne peut aboutir qu'à éliminer le sujet. Mais il faut en même temps garder une conception économique et corporelle du sujet réel. L'expérience la plus forte du sujet par lui-même est une expérience corporelle.

C'est aussi la raison pour laquelle j'attache une importance aussi centrale à la dualité hommes/femmes car ce corps est un corps sexué, et tous les sujets sont soit des sujets masculins, soit des sujets féminins. Ce qui est le mal, c'est tout ce qui détruit activement le sujet. Celui-ci peut être détruit et supprimé par les techniques, les propagandes, les catégories administratives. C'est pourquoi je crois à l'autonomie créatrice du rapport de soi à soi.

F.K. : *Quelle est la différence entre le non-sujet et le sujet aliéné ? Est-ce qu'en remettant en cause le statut de l'acteur social, en réhabilitant la dimension non sociale du sujet, on ne doit pas redéfinir le statut de l'aliénation ? Celle-ci était en relation avec du social pur ! Or le sujet pose le problème des nouvelles formes d'aliénation. Dés lors, comment peut-il combattre l'aliénation moderne, celle qui est diffuse, impersonnelle, liée aux réseaux et à des modalités anonymes de domination de plus en plus mondialisée ?*

A.T. : L'aliénation, au sens sociologique, est la destruction du sujet qui se perd dans une expression extériorisée de lui-même. Le sujet se met hors de portée de lui-même et se soumet à lui-même, extériorisé. La modernité a fait reculer ce type d'aliénation. En revanche se développent deux formes nouvelles d'aliénation : la plus dure s'affirme quand le sens est supposé n'exister qu'au niveau du Tout ; ce qui conduit non seulement à l'aliénation, mais à la persécution. Un système totalitaire n'aliène pas, il assassine. Quand les gens sortent d'un système totalitaire, ils ont de la peine à réveiller leur liberté intérieure. L'autre type d'aliénation est le démembrement absolu, la fragmentation. Mais le sujet disparaît-il complètement ? Je ne le crois pas. Le sujet «résiste». Il lui reste toujours un œil, un sexe et une parole ; il dit «Je», puis il entre en relation avec l'autre et il élabore l'idée des droits fondamentaux. Il n'est jamais complètement détruit, même par l'assassinat. Exactement comme la pensée religieuse n'est pas totale aliénation. Il y a dans toute religion un rapport de sujet à sujet qui n'est pas aliénant. Le rapport à Jésus-Christ ou à Bouddha est positif, d'imitation, pas d'écrasement. La religion est aliénation et en même temps appel au sujet extériorisé contre l'ordre social.

F.K. : *Pensez-vous que notre société hypermoderne et démocratique reconnaît un espace au sujet qu'aucun pouvoir ne saurait lui dérober ?*

A.T. : Bien sûr. Je dirai même : il existe toujours un désir d'être sujet. Dans tout individu se trouvent des éléments de sujet, des efforts pour l'être. La seule exception que je fais est pour ceux qui s'identifient au pouvoir absolu. Je ne crois pas qu'il y ait du sujet dans un dictateur ou un trafiquant de drogue international. En revanche, dans la majorité d'entre nous, il y a toujours des éléments de constitution du sujet, souvent à travers un espoir, une souffrance, un amour, un regret : la vie s'organise autour d'un espoir, de la dignité, de la fraternité.

F.K. : *Contrairement aux idéologies de gauche qui ont eu cours en Europe jusqu'après la Seconde Guerre mondiale, ce n'est pas parce qu'on est exploité ou exclu qu'on ne peut pas être sujet. De même, on peut ne pas être un sujet, tout en étant économiquement intégré, tout en faisant partie des classes moyennes ou supérieures, n'est-ce pas ?*

A.T. : Il n'y a pas d'idée que j'aie plus constamment défendue. J'ai commencé ma vie professionnelle en étudiant les conditions d'apparition de la conscience de classe. Au lieu de dire : l'ouvrier est un exploité, un prolétaire, j'ai essayé de trouver le travailleur derrière le salarié, celui qui a un rapport de soi à soi et qui défend son métier, son autonomie professionnelle, contre le management taylorien ou fordiste. De la même manière, on peut trouver chez n'importe qui des éléments de construction du sujet. Nous sommes attaqués par tant de dominations sociales que nous ne pouvons pas nous défendre seulement en faisant appel à une instance supérieure, mais au contraire en nous retournant vers nous-mêmes et en nous prenant pour finalité de notre propre action. C'est cette idée qui a été le plus constamment présente dans ma vie. Si l'on n'accepte pas cette idée, on doit dire qu'il n'y a pas de conflits, mais seulement des contradictions. Il faut alors être léniniste : seuls le parti et l'armée sont capables de renverser l'adversaire ; et naturellement ils remplacent la puissance de l'adversaire par la toute-puissance d'eux-mêmes comme avant-garde.

F.K. : *Existe-t-il un sujet monstrueux ? Le sujet est-il toujours la lutte pour le bien ? Quand les chefs miliciens serbes tuent des Musulmans dans la purification ethnique, ne sont-ils pas des sujets monstrueux ?*

A.T. : Il ne peut pas y avoir de sujet monstrueux. Je ne considère pas Arkan comme un sujet monstrueux, mais comme un monstre qui agit au nom de la nature, du sang, de la race, du territoire, de l'argent, et je ne vois pas dans l'action violente de groupes comme le sien l'affirmation dévoyée d'un sujet, mais le contraire, c'est-à-dire une sorte d'union dangereuse, criminelle, entre le social et le naturel, dont le sujet est complètement éliminé. Oui, le concept de sujet me semble complètement inséparable de l'idée de bien, même si ce sujet échoue, éclate, meurt.

F.K. : *Le sujet est donc un sujet moral ? Je veux dire, la moralité n'est pas quelque chose qui viendrait se surajouter à lui, mais qui l'incarnerait comme un impératif catégorique ?*

A.T. : Bien sûr. Je ne veux pas trop parler du bien et du mal, parce que ces mots créent plus de confusion que de lumière, mais je crois vous avoir déjà dit que si la notion de société avait été importante, c'est parce qu'elle avait défini le bien et le mal par référence à la cité ou à l'État, comme d'autres collectivités les avaient définis avant par référence à la tradition, à la communauté ou à Dieu. Tout ce qui renforçait l'intégration de la société a longtemps été considéré comme bien, comme moral; ce qui affaiblissait la société, d'une manière ou d'une autre, par la déviance ou par l'arbitraire, comme mal.

Pour moi, c'est le sujet qui est le principe de jugement moral. Je parle positivement d'une politique du sujet, d'une éducation du sujet, d'une famille du sujet, d'un droit et d'une justice du sujet. On ne peut pas être plus valoratif et moral. C'est la raison pour laquelle je suis moins touché par la violence de masse qui est de toute évidence le mal, que par l'évocation d'individus ou de groupes qui sont non-sujets, non-acteurs. Parfois, moi aussi, je pense : il n'y a plus d'acteurs, il n'y a plus de sujets, tout cela était une illusion. Reconnaissons que nous sommes faits d'étoffes différentes et ne cherchons pas une unité profonde de notre personnalité, car il n'y en a pas. Une telle idée de la fragmentation complète du moi me semble liée au triomphe du marché, qui nie la personne, l'individu, le sujet. Au moins peut-il y avoir, et il y a souvent en effet, un repli sur une unité purement sociale, c'est-à-dire le territoire, l'ethnie, le maintien de l'ordre. Oui, mais là est la voie du mal. Pour en sortir, il faut avoir recours à un principe d'unité, de sens, de conscience. Rien ne peut remplacer le thème du sujet, c'est-à-dire de ce regard orienté sur soi-même, de la conscience et de la réflexivité.

Le danger principal, que nous voyons tous les jours se manifester, c'est que le champ social dans lequel le sujet et les institutions n'ont plus prise soit envahi par la violence, l'insécurité et la sexualité transformée en pulsion de mort, en cette «décivilisation» qui nous impressionne tant. Face à ce mal, on ne s'en tire pas en faisant appel à une reconstruction du social, à une augmentation ou à une résurrection de la participation, car ce faux remède aggrave le mal. Il faut renforcer directement le sujet, c'est-à-dire le rapport de soi à soi, la vie privée et même les relations avec les *peers*, qui peuvent devenir si facilement un gang. Le sujet n'est pas protégé de la violence par l'ordre social. Il ne peut pas se dispenser d'un affrontement direct, conflictuel, avec le monde de la guerre et de la violence. C'est à ce prix que peut se renforcer l'existence autonome du sujet par rapport à la société.

F.K. : *Notre entretien d'aujourd'hui me semble montrer qu'il y a une sorte d'approfondissement des thématiques que nous avons développées au long de nos séances et qu'en un sens, vos propos sont en continuité avec les axes majeurs de votre réflexion sur le sujet. Cela me réconforte, car cela me fait penser à la nécessité, à l'urgence de faire des enquêtes de terrain et de montrer en quoi cette thématique du sujet trouve une validité dans les conduites sociales, dans la réalité objective et que ce n'est pas purement et simplement une construction abstraite de la pensée spéculative.*

A.T. : Bien entendu, réflexion conceptuelle et travail de terrain sont inséparables pour un sociologue. J'ai alterné et souvent mené de front ces deux activités depuis le début de ma vie professionnelle. Donc je suis d'accord avec vous, à condition d'ajouter que ce n'est pas parce qu'on retourne au terrain qu'on doit mettre sous clé la réflexion théorique. Le travail de terrain fait rencontrer des problèmes nouveaux et par conséquent oblige à continuer une réflexion plus théorique. En second lieu, le travail de terrain a ses contraintes propres et aujourd'hui, au moment où nous sommes, présente des difficultés considérables puisque nous venons, pendant ces années quatre-vingt-dix, d'observer la longue, l'interminable liquidation des anciennes idéologies et que nous sommes dans une période de relatif vide d'idées, de même que, à un niveau plus politique, on peut se demander où, dans le monde, se définit de manière nouvelle et claire une gauche. Nulle part ; partout nous rencontrons le vide. De même, en Occident nous frappe l'absence de construction romanesque.

Mais je partage avec vous un certain optimisme : c'est maintenant où le monde ancien, « industriel », disparaît qu'il faut étudier les éléments déjà visibles d'un monde nouveau. J'ai vécu très fortement l'échec des nouveaux mouvements sociaux des années soixante-dix, mais j'attribue cet échec au langage idéologique dans lequel ces mouvements se présentaient. Nous savons bien que le mouvement écologiste et celui des femmes se sont exprimés dans le langage des rapports de classe, qui était devenu purement idéologique, mais aussi que ces mouvements existent. Le vide actuel n'est ni durable ni total. Je pense au contraire qu'il y a partout des mouvements sociaux. Oui, il faut faire du travail de terrain mais en même temps, il faut continuer une élaboration théorique, toujours en mouvement. Ce qu'on dit et croit permet de comprendre, d'éclairer des réalités et des conduites sociales nouvelles. Cela ne signifie pas que nous considérions que le sens de l'action se réduit à la conscience de l'acteur, mais qu'on ne peut pas donner le sens d'une action si l'on n'explique pas la conscience de l'acteur. On ne peut pas dire simplement que l'acteur se trompe, a une fausse conscience. Un telle affirmation conduit à l'arbitraire pur. Nous sommes tous deux convaincus que nous pouvons, en étudiant des acteurs ou des situations, trouver presque toujours une capacité de pensée et d'action, grâce en particulier à la méthode d'intervention sociologique.

La menace majeure, c'est la désubjectivation, la disparition de l'acteur en même temps que la disparition du moi. Ce qu'on rencontre au départ, c'est beaucoup moins la victime que le non-acteur. La définition négative de soi, le non-soi, est vraiment l'obstacle le plus difficile à franchir. C'est à partir de cette décomposition plutôt que de la violence subie, extrême, qu'on peut et doit faire l'effort de chercher la construction de soi. Mais on ne peut pas trouver la construction de soi comme sujet, et par conséquent de soi comme acteur social, si l'acteur n'a pas de références positives. Par exemple, si son ethnicité n'est pas une forme de création de son identité, si elle est réduction à un isolement communautariste. Si la population maghrébine en France pour l'essentiel s'est intégrée et même assimilée, à l'exception d'une très petite frange de refus actif, on observe un courant de création culturelle, certes en croissance, mais limité, tandis que le monde des Blacks – Africains, Antillais ou autres –, à cause peut-être de l'exemple américain – ce n'est pas pour rien qu'ils s'appellent les Blacks – a une référence à soi beaucoup plus forte. Si j'avais à faire une étude, j'irais plutôt chercher des Blacks que des Beurs ; alors qu'évidemment, pendant la Marche des Beurs, j'avais été très impressionné par eux et avais un grand désir de mieux les connaître.

Je veux dire simplement qu'il serait trop facile de croire, comme autrefois, que si l'on soulève la dalle, on voit se réveiller les morts. Il n'y a plus de dalle, et le vent a dispersé les cendres. On constate souvent une absence totale de désir à partir duquel puisse se constituer un sujet humain. Mais où je vous retrouve complètement, c'est qu'il faut croire dans la possibilité d'élever la capacité d'être sujet.

En ce sens-là, des mouvements sociaux, il y en a plein l'air. Les conditions politiques, idéologiques sont négatives, nous bouchent la vue, mais je suis certain qu'on peut voir les nouveaux mouvements en se mettant au plus près possible des individus. Ce n'est certainement pas au niveau des comités centraux ou des milieux dirigeants de telle ou telle organisation sociale, politique, religieuse ou autre, qu'on va trouver les sujets. Aujourd'hui, si vous pensez non plus en termes de classes, de groupes d'intérêts, mais en termes de sujet, c'est en allant le plus près possible de l'expérience vécue que vous avez la plus grande chance de voir s'opérer ce retournement sur soi qui est la condition d'existence du sujet.

Ce qui me donne du cœur au ventre, c'est que toutes les analyses de la société comme système ou comme réseau de relations, sont en chute. Il existe un immense territoire vide de sens, qui ne peut pas être rempli par les idées de *rational choice* et d'*homo œconomicus*. Nous sommes intellectuellement en retard sur nos pratiques. Il ne s'agit pas d'entraîner des gens vers des idéologies nouvelles. Je crois au contraire qu'il existe d'immenses recherches de sens qui ne peuvent pas trouver de formulation ou même qui sont opaques. C'est pourquoi nous avons la possibilité et la mission de faire réapparaître des acteurs sociaux dans tous les coins de notre environnement, là même où l'on pense qu'il n'en existe plus. Il y a beaucoup de terrain à explorer. Nous ne risquons plus de redire les mots du passé car les expériences nouvelles n'ont pas encore trouvé leur langage.

Voilà des idées. Reste à savoir si je suis capable de les exprimer et de les transmettre. Vous m'avez beaucoup aidé à le faire, mais, selon la formule des auteurs, si je n'y parviens pas, j'en serai le seul responsable. J'ajoute pourtant : reste aussi à savoir si notre société est capable de se penser, c'est-à-dire de surmonter le déchirement actuel entre un modernisme économique ultralibéral et un gauchisme archaïque, si commodes tous deux, justement parce qu'ils ne s'affrontent pas aux réalités ; ils ne savent que dénoncer et exorciser. Je suis souvent désespéré – pas seulement en France – par le caractère réactionnaire de beaucoup de ceux qui se disent d'avant-garde.

Mais au total, et c'est là-dessus que je veux finir, je crois que nous sommes déjà sortis du pire. Ceux qui ont essayé de nous convaincre que le triomphe des marchés mondiaux nous apportait le progrès dans tous les domaines se font huer. Il y a beaucoup à critiquer dans les attaques contre la globalisation, mais leur mérite immense est d'exister ; c'est le pavé qui casse la première vitre du palais libéral. Même la Banque mondiale et le FMI changent de langage. En même temps – et pour cause – ceux qui se disaient la gauche de la gauche, ou, mieux, à gauche de la gauche, s'effacent dans le paysage : les uns deviennent ministres, les autres s'enferment dans leur célébrité ; d'autres encore ont tant critiqué la gauche qu'ils se retrouvent proches de la droite antilibérale.

Il est vrai que la France dans le passé a été la plus intelligente lorsqu'elle s'est définie comme État. Mais elle doit sortir de cet orgueil : elle est aussi une société. Elle est même de moins en moins un État et de plus en plus une société. Français, encore un effort : acceptez-vous comme des acteurs sociaux, comme des innovateurs culturels, comme des voyageurs dans l'espace et dans le temps. Cessez de vous donner le change en vous proclamant les défenseurs de la terre des dieux. Je pourrais tenir les mêmes propos à beaucoup d'autres.

Les idées, les mœurs, les machines et les institutions n'avancent pas ensemble comme les quatre roues d'une même « société ». Je crois au contraire qu'elles forment des sphères distinctes qui se recoupent ou qui s'éloignent les unes des autres ; mais elles sont interdépendantes ; elles vivent de leurs oppositions comme de leur complémentarité. Ce qu'on nomme une société n'est que l'ensemble de ces relations d'interdépendance. Disons donc qu'à la fin d'un siècle de puissance et d'inventions et après une transition capitaliste triomphante et destructrice, nous entrons dans un nouvel espace. Nous avons conscience d'y être déjà entrés par nos machines et peut-être aussi par nos mœurs. Pas encore par nos institutions. Dépêchons-nous d'y entrer aussi par les idées et de dessiner un nouvel espace de représentations. Moi qui ai vécu si longtemps dans le siècle qui s'achève, je vois déjà l'ombre le recouvrir et se préciser un espace et un temps nouveaux. L'avenir devient présent, pour le meilleur et pour le pire. Que nos idées nous aident à en trouver l'entrée !

Index thématique

A

Acteur historique, 55.
Acteur politique, 192.
Acteur social, 7, 9, 18, 19, 21-25, 29, 38-39, 42-44, 54, 55, 62, 81, 95, 109, 111, 113-115, 120, 136, 145-147, 149-151, 153, 154, 167, 169, 178, 179, 181, 190, 191, 201, 206, 211, 226, 250, 271-273, 276, 278-281, 283, 284, 289-290, 293-294, 298, 299-300, 304, 306, 307.
— et système, 46, 47, 110, 283, 300.
Action, 7, 13, 35, 38, 75, 99, 100, 129, 132, 136, 138, 139, 144-146, 148, 158, 165, 168-169, 173, 191, 198, 218, 222, 240, 251, 271, 272, 276, 279-282, 286, 290, 292, 296, 297, 306.
— politique, 61, 123, 169, 196, 277.
Aliénation, 20, 122, 138, 139, 141, 201, 211-212, 213, 220, 224, 288, 301-302.
Ambivalence, 78.
Amérique latine, 28, 44, 58, 60, 72, 89-100, 134, 235, 276, 282, 294.
Amour, 24, 78, 100, 101, 102, 104-105, 116, 117, 121, 122, 124, 125, 139, 141, 143, 173-175, 207, 208, 212, 221, 223, 231, 244, 246, 263, 267, 285, 293.
Antifascisme, 63, 72, 197.
Art, 80, 81, 87, 124, 125, 127, 231, 284, 285 ; *voir* aussi peinture.
Authenticité, 114, 147, 168.
Autonomie, 32, 38, 117-118, 123, 250, 303.
Autre, 78, 104, 114-117, 122, 124, 125, 134-135, 138, 139, 150, 165, 166, 171, 174, 175, 223-225, 227, 232, 241, 244, 247, 251, 286, 293.

B

Banlieue, 17, 74, 108, 143, 145-147, 165, 166, 282, 289.
Bonheur, 65, 79, 139, 175, 231, 232, 248, 251.

C

Capitalisme, 8, 27, 32, 54, 75, 123, 127, 167, 168, 171, 198, 202, 204, 280, 281, 299.
Chômage, 29, 35, 39, 59, 126, 138, 145, 191, 198.
Christianisme, 19, 52, 92-94, 96, 107, 158, 216, 230-231, 258.
Citoyenneté, citoyen, 8, 9, 22, 23, 35, 64, 131, 256.
Classe sociale, 19, 21, 25, 29, 30, 32, 33, 37, 38, 44, 69, 71, 90, 99, 115, 123, 138, 144, 148, 152, 161, 184, 187, 249, 278, 281, 302.
Colère, 24, 64, 116, 172-173, 219, 235, 260, 288.
Communautarisme, 10, 14, 37, 53,

116, 117, 144, 153-154, 159, 172, 192, 214, 256.
Communication, 7, 19, 35, 38, 43, 44, 45, 80, 109, 115, 135, 137, 149, 151, 180, 184, 189, 202, 203, 208, 212, 225, 234, 250, 260, 263, 266, 286.
Communisme, 28, 35, 43, 48, 49, 56, 61, 62, 66, 158, 177, 182, 185, 191, 197, 199, 243, 277.
Conflit, 13, 41-43, 53, 167, 191, 273, 275, 278, 284, 292, 303.
Conscience de soi, 42, 91, 121, 125, 131, 144, 165, 169, 245.
Consommation, 9, 14, 19, 37, 97, 130, 138, 140, 145, 147, 155, 221, 224, 246, 250, 287, 289.
Corps, 32, 33, 37, 83, 87, 114, 118-120, 122, 159, 220, 228, 230, 237, 238, 248, 265, 291-292, 297-301.
Couple, 76-79, 102, 232.
Crise, 13, 55, 106, 152, 168, 209, 279.
Culpabilité, 102, 103, 121, 224-226.
Culture, culturel, 7, 23-25, 28, 29, 31, 32, 35, 37, 43, 46, 90-91, 114, 115, 134, 136, 137, 162, 180, 185, 188, 199, 202, 205, 206, 210, 260, 261, 264, 277, 287.

D

Démocratie, 7, 11, 14, 24, 33, 44, 56, 60, 61, 91, 99, 105, 117, 150, 153, 156, 157, 160, 162, 166, 181, 275, 276, 283, 286.
Désespoir, 102, 143, 154-156, 221, 246, 295.
Désubjectivation, 24, 37, 37, 74, 101, 102, 104-107, 116, 124, 126, 136, 138, 140, 144, 146, 147, 149-152, 155-157, 306.
Dieu, 53, 101, 102, 116, 121, 122, 124, 126, 130, 131, 137, 159, 162, 165, 214, 218, 221, 239, 243, 246, 290, 296, 300.
Différence, 78, 114-115, 171, 189, 253, 255-260, 264-266.
Différenciation, 12, 188, 263, 267.

Divin, 161, 213-215, 217, 225, 250, 285, 267.
Divorce, 103, 267.
Domination, 11, 13, 19, 20, 22, 30, 32, 33, 36, 46, 61, 69, 99, 123, 130, 144, 145, 147, 154, 156, 164-166, 180, 202, 206, 207, 226, 241, 242, 249-250, 254, 255, 259-261, 274, 288, 291, 297, 301.
Drogue, 37, 95-98, 155, 184.
Droit(s), 9, 10, 11, 32, 33, 42, 103, 137, 150, 153, 155, 163, 187, 192, 207, 208, 215, 223, 256, 270, 287, 304.
Droite, 55, 58, 60, 71, 91, 92, 164, 182-186, 190, 193, 196, 244.
Droits culturels, 15, 115, 131, 148, 153, 156, 157, 163, 187-190, 193-196, 256, 275.
Droits de l'homme, 28, 30, 35, 42, 44, 122, 135, 156, 189, 215, 217, 218, 297.
Droits sociaux, 98, 115, 156, 163, 187, 189, 224.
Dualisation, 186-187.
Dualité, 79, 148, 254, 256, 257, 261-263, 267, 268.

E

École, 11, 32, 33, 39, 74, 226, 281.
Écologie, 31, 163, 171, 180, 185, 193, 285, 306.
Économie, économique, 12, 13, 23, 31, 32, 34, 35, 36, 37, 59, 75, 95-98, 115, 136, 149, 150, 157, 163, 164, 178, 182-184, 188, 191, 194, 198, 202, 208, 260, 269, 270, 272, 285, 296.
Éducation, 8, 10, 13, 31, 34, 39, 115, 166, 187, 199, 208, 264, 282, 287, 297.
Égalité, 14, 44, 54, 98, 169, 174, 188, 191, 238, 253, 255-261, 264-266, 279, 281, 296.
— des droits, 42, 256.
Enfants, 39, 65, 79, 115, 119, 186, 206, 223, 234, 255, 263, 266-267.

Index thématique

Ennui, 209-210.
Espérance, 20, 21, 116, 155, 242-245.
Esthétique, 24, 105, 114, 122, 124, 132.
État, 12, 14, 23, 24, 33, 34, 50, 56, 60, 61, 97, 98, 99, 115, 137, 145, 167, 171, 179-182, 186, 188, 189, 191, 198, 199, 244-245, 249, 277, 297.
Étatisme, 60, 66.
Éthique, 11-13, 33, 35, 38, 39, 102, 146, 164, 208, 239.
Étranger, 52, 57, 67, 78, 134, 143, 145, 286.
Étudiants, 39, 42, 43, 44, 52, 71, 279-280.
Exclusion, exclus, 19, 20, 98, 138, 145, 147-148, 152, 160, 165, 182, 187, 191, 196.
Expérience, 30, 37, 40, 46, 74, 108, 119, 123, 124, 134, 138, 144, 222, 228, 230, 232, 238, 245, 262, 284, 289, 290, 301, 307.
Exploitation, 165, 204, 303.

F

Famille, 11, 13, 22-24, 31-33, 39, 94, 100, 179, 191, 226, 257, 262, 265, 266, 285, 304.
Féminisme, 23, 29, 31, 79, 100, 170, 171, 190, 196, 253, 254, 257, 268, 276, 285, 306.
Femmes, 11, 29, 31, 33, 36, 52, 100, 114, 125-126, 152, 184, 186-188, 191, 193, 223, 233, 237-239, 253-259, 262-264, 267, 282, 293.
Finance, 145, 152, 189, 202, 276, 277.
  Argent, 139, 141, 158, 179, 188, 210, 218, 221, 244, 288, 292.
Flexibilité, 199-200.
Foi, 35, 38, 106, 213, 217, 218, 285, 293.
Fondamentalisme, 185.
Fragmentation, 125, 126, 128, 139, 196, 231, 258, 302, 304.

G

Gaieté, 65, 247-249.
Garants métasociaux, 18, 130, 217, 218.
Gauche, 50, 55, 60, 63, 71, 90, 92, 94, 164, 181-186, 190, 191, 193, 196-199, 244, 288, 302, 305, 308.
Genre, 34, 257, 260, 263-265.
Globalisation, 36, 140, 157, 169, 172, 190, 191, 196, 298.
Grève de 1995, 59, 295.
Guerre, 9, 14, 28, 47, 50, 54, 57, 59, 66, 74, 76, 114-115, 130, 134, 143, 178, 197, 212, 252, 274, 297.

H

Héroïsme, 53, 62, 78-79, 102, 136, 143, 144, 160, 241, 247.
Histoire, historique, 15, 22, 41, 44, 50, 62, 64, 67, 70, 79, 102, 107, 108, 110, 111, 130, 131, 133, 135, 136, 137, 159, 165, 169, 199, 224, 286, 296.
Historicité, 127-129, 270, 286, 291, 293, 297, 298, 300.
Homosexuels, 12, 22, 23, 29, 184, 196, 257, 261, 262, 264-266, 276, 289.
Honte, 102, 103, 225.
Humanitaire, 24, 103, 105.

I

Identité, 9, 91, 94, 98, 114, 115, 124, 140, 144, 150, 153, 192, 212, 244, 245, 260, 266.
Individu, 9, 10, 23, 30, 36, 39, 46, 47, 65, 81, 102, 103, 111, 117, 120, 121, 123, 125, 136, 138, 146, 149, 151, 152, 154-156, 159, 161, 163-165, 171, 204, 209, 219-220, 226, 227, 238, 239, 247, 252, 263, 294, 304.

Individualisme, 9, 14, 15, 32, 33, 37, 42, 94, 104, 106, 111, 114, 122, 138, 155, 167, 180, 209, 222.
Individuation, 34, 94, 123, 131, 149, 159, 163, 172, 248, 267, 300.
Inégalités, 32, 189, 194, 237, 255, 259-261, 281.
Information, 32, 38, 43, 44, 177, 178, 188, 202-205, 208, 212, 298, 300 ; *voir* aussi société d'information.
Institution, 18, 23, 29, 31-33, 37, 45, 46, 103, 122, 150, 157, 172, 174, 190, 191, 271, 277.
Intégration sociale, 14, 45, 46, 52, 54, 98, 99, 147, 151, 154, 169, 191, 215, 250, 285, 286, 289, 304, 306-307.
Intégrisme, 162, 194.
Intervention sociologique, 138, 163, 170, 275, 278-282.
Islam, 17, 93, 145-146, 171, 181, 184, 298.
Islamisme, 146, 164-166, 216.

J

Je, 10, 51, 53, 104, 111, 121, 122, 125, 140, 159, 230, 234, 246- 248, 300.
Jeunes, 146-147, 165, 166, 205, 206, 282, 289.
Joie, 24, 58, 245, 247-251, 288-290, 297.
Jubilation, 250, 251.

L

Laïcité, 180.
Liberté, 24, 28, 32, 42, 44, 54, 56, 57, 62, 101, 103, 117, 123, 130, 149-151, 156, 165, 169, 194, 203, 221, 224, 242, 244, 265, 273, 279, 291, 302.
Littérature, 51, 87, 132-133, 140, 141, 143-144, 174, 208, 231.
Lumières, 13, 19, 22, 24, 41, 110, 187, 214, 244.

M

Mai 68, 28, 30, 31, 42-44, 55-57, 59, 61-64, 66-67, 71, 72, 133, 134, 171, 177, 276, 280.
Mal, 8, 9, 117-118, 121, 221, 224, 298, 301, 303.
Marché, 9, 31, 53, 96, 97, 114, 115, 144, 150, 153, 154, 159, 190, 194, 229, 245, 273, 276, 297, 298, 304, 308.
Marxisme, 17, 113, 250.
Médias, 34, 39, 63, 97, 108, 109, 160, 170, 178, 181, 189, 201-212.
Mémoire, 65, 137, 197, 289.
Mépris, 152.
Minorité, minoritaire, 11, 29, 33, 57, 58, 73, 127, 152, 171, 177, 180, 184, 188, 190, 192, 193, 194, 198, 256, 259, 285.
Modernité, 8, 27, 105-107, 124, 146-148, 151, 159, 165, 204, 252, 284-285, 290, 298.
Moi, 120, 125, 135, 140, 149, 159, 214, 220, 227, 234, 247, 263, 284, 304, 306.
— social, 83, 145, 148, 150, 225.
— transcendantal, 110.
Voir Je.
Morale, 11, 18, 35, 38, 44, 103, 118, 148, 164, 180, 199, 217, 226, 231, 239, 242, 284, 303.
Moralité, 93, 215, 242, 303-304.
Mort, 11, 24, 31, 32, 37, 85, 86, 106, 130, 135, 141, 143, 146, 151, 155, 165-166, 219, 220, 233, 246-248, 252, 297, 299, 300, 303.
Mouvement culturel, 22, 24, 101, 149, 166, 167, 169-170.
Mouvement historique, 28, 166, 167.
Mouvement ouvrier, 28, 41-42, 54, 145, 149, 152, 156, 158, 163, 179, 190, 191, 278, 280.
Mouvement social, 7, 14, 17, 22, 35, 43-45, 55, 56, 58, 59, 61, 62, 72, 95, 99, 101, 133, 136, 137, 143, 148-149, 157-158, 166-173, 177, 190,

Index thématique 315

191, 193, 249, 251, 272, 274-276, 278-280, 283-284, 305-307.
Nouveaux mouvements sociaux, 22-23, 41, 43, 44, 59, 74, 77, 133, 134, 253, 277-277, 285-287, 307.
Mouvements urbains, 95, 283.
Mystique, 243, 244, 250, 293.

N

Nation, 8, 9, 24, 33, 42, 115, 152, 166, 180, 190, 193, 196, 198.
Défense nationale, 91.
Nazisme, 28, 53, 56, 72, 166, 173, 197, 294.
Non-sens, 61, 85, 117, 130, 139, 147, 148, 246, 292.
Non-social, 23, 35, 38, 39, 44, 81, 105, 156, 162-164, 174, 220, 250, 297, 299, 300.
Sujet, être –, 18, 208, 218, 286, 296.
Non-sujet, 36, 37, 38, 40, 97, 117, 141, 166, 226, 252, 296, 300, 301, 304.
Norme, 23, 29, 45, 101, 103-104, 116, 130, 137, 140, 147, 155, 156, 157, 209, 218, 226, 261, 274, 285, 288.

O

Opinion publique, 11, 33, 64, 10, 105, 170, 197, 276, 277.

P

Parité, 196, 232, 254, 259.
Passion, 37, 105, 175, 186, 190.
Peinture, 80-87, 107, 229.
Personnalité, 28, 29, 33, 46, 114, 118, 126, 224, 304.
Personne, 29, 40, 83, 115, 120, 191, 228, 304.
Plaisir, 136-138, 141, 175, 245, 246, 264, 288, 290, 297.
Politique, 13, 14, 21, 22, 24, 25, 27, 28, 31, 33-34, 43, 50, 53, 56, 62-65, 71, 79, 96, 105, 108, 127, 136, 139, 145, 156-157, 164, 177-200, 205, 214, 217, 223, 249, 254, 270, 276, 277, 283, 285, 290, 291-293, 296, 304.
Populisme, 181, 277.
Pouvoir, 33-36, 39, 44, 53, 55, 95, 106, 114, 117, 123, 129, 139, 157, 158, 160-161, 167, 169, 179, 183, 209, 216-218, 244, 249, 250, 267, 290-293, 297, 298, 301, 302.
— social, 202.
Privé, 15, 19, 23, 24, 29, 77, 188, 195, 197, 206, 267, 282.
Articulation privé-public, 21, 22, 25, 31-34, 45, 245, 254.
Vie privée, 14, 31, 33, 43, 65, 128, 190, 195, 240, 244, 258, 304.
Public, 15, 20, 21, 29, 77, 188, 202.
Espace public, 13, 23, 24, 31-34, 64, 195, 197, 249, 258, 259.
Vie publique, 11-12, 31, 32, 43, 195.

R

Racisme, 74, 147, 189, 209.
Raison, 111, 131, 153, 159, 173, 187, 218, 245, 296.
Religion, religieux, 20, 22, 29, 33, 35, 52, 80, 81, 86, 92-95, 98-99, 104, 111, 113, 116, 120, 121, 124, 125, 127, 127, 129, 136, 137, 145, 146, 149, 158, 163, 187, 205, 213-235, 260, 270, 272, 285, 301, 302.
République, 180, 193.
Révolution française, 8, 22, 53, 71, 170, 193.

S

Sacré, 104, 132, 199, 225, 237, 285.
Science, 102, 120, 269, 270, 286-287.
Sécurité sociale, 191, 194, 200, 203, 295.
Sens, 20, 130, 138-140, 151, 160, 223, 228, 230, 233, 240, 245, 304.
Sérénité, 173-174, 247.

Sexualité, 28, 29, 32, 107, 111, 118-119, 174, 175, 212, 257, 261, 264-265, 268, 297.
  Bisexualité, 261, 265-266.
Sida, 22, 39-40, 151.
Singularité, 123, 131, 149, 153.
Social, 13, 34, 38, 58, 59, 83 93, 95, 111, 136, 163, 179-180, 183, 185, 188, 210, 214, 218-220, 249, 271, 286, 296, 297, 299, 303, 304.
Socialisme, 35, 59, 167, 177, 181, 182, 186, 191, 229, 296.
Société civile, 179, 186-190.
Société d'information, 35, 43, 115, 130, 135, 140, 199, 201, 202, 226, 260, 286, 297, 298.
Société industrielle, 30, 36, 41, 43, 45, 46, 72, 113, 129, 133, 148, 163, 168, 202, 204, 207, 229, 260, 276, 287.
Sociologie, 13, 17, 20, 21, 25, 27, 28-30, 33, 45, 53, 65, 70-77, 136, 139, 140, 153, 157, 167, 177, 178, 211, 270-294.
Soi, rapport à soi, 58, 114, 116-118, 122, 130, 130, 134-135, 217, 225, 227, 232, 298, 301, 303, 304.
Souffrance, 24, 107, 120-122, 126, 137, 139, 224, 230-232, 247, 250, 251.
Subjectivation, 24, 37, 101, 105, 106, 123, 124, 126, 127-128, 136, 148, 150-151, 154-156, 158, 163, 168, 238, 242, 272, 274, 298.
Subjectivité, 47, 118, 124, 138, 157, 164, 174, 272, 282.
Suicide, 69, 121, 155, 247.
Sujet, 7, 10, 12-14, 18-25, 28-30, 32, 34-40, 41-45, 53, 55, 58, 66, 74, 78, 80-83, 88, 91, 97, 98, 100, 101-111, 113-141, 144-157, 159-161, 164-169, 171-175, 192, 201, 204, 208, 210, 213, 215-232, 234, 237-241, 244-252, 261, 263, 264, 270-276, 281, 282, 284, 286-294, 296-297, 299-304, 307.
  Politique du –, 92, 99, 289.
  Sujet-pour-soi, 80, 226.
  — vide, 37, 38, 248.

Voir non-social, non-sujet.
Sujet historique, 44, 288.
Syndicalisme, 28, 179, 276.
Syndicat, 167, 193, 279, 280, 282.
Système social, 29, 38, 46, 47, 55, 123, 140, 147, 150, 156, 168, 169, 172, 173, 209, 250, 299.

T

Technique, 9, 13, 115, 129, 150, 188, 195, 202, 207, 215, 273.
Technologie, 32, 34, 35, 109, 157, 162, 192, 297.
Temps, 106, 107-109, 133, 204, 209, 229-230, 246, 297.
Totalitarisme, 14, 35, 56, 72, 111, 117, 123, 128, 131, 158, 160, 172, 197, 267, 268, 272, 298, 302.
Tragique, 161-162, 164.
Troisième voie, 184.

U

Utopie, 34, 106, 119, 127, 221, 243, 267.

V

Vide, 24, 103, 107, 137, 141, 145, 148, 157, 193, 214, 289, 305, 306.
Vieillesse, 24, 82, 230, 232-235.
Violence, 20, 53, 54, 74, 111, 118, 136, 139, 141, 147, 158, 169, 206, 209, 212, 230, 239-240, 251, 291-294, 303-306.

Z

Zapatisme, 67, 91-92, 276.

Remerciements

Ces entretiens ont réuni deux sociologues qui appartiennent au Centre d'analyse et d'intervention sociologiques (CADIS) de l'École des hautes études en sciences sociales. Hors institution, certes. Ils sont le résultat d'un désir et d'un plaisir de parler et de réfléchir ensemble. Nos idées doivent beaucoup à notre centre de recherches commun et aux encouragements de son directeur, Michel Wieviorka.

Le travail interminable de transcription et de remaniement des textes, compliqué par l'infirmité technologique de l'auteur senior, n'aurait pu être fait par une autre personne que Jacqueline Blayac, qui est presque le troisième auteur de ce livre et à qui nous exprimons notre reconnaissance et notre amitié.

Table

Invitation, par Alain Touraine   7
Introduction, par Farhad Khosrokhavar   17

1. D'entrée de jeu   27
2. Histoire intellectuelle   41
3. À bâtons rompus   69
4. L'Amérique latine   89
5. L'émergence du sujet   101
6. Le sujet comme rapport à soi   113
7. Sujet et mouvements sociaux   143
8. L'intellectuel et la politique   177
9. Les médias : communication ou manipulation ?   201
10. La foi contre la religion   213
11. Souffrance et joie   237
12. Genre et sexe   253
13. Sur la science sociale   269
14. Pour le nouveau siècle   295

Index thématique   311
Remerciements   317

Des mêmes auteurs (suite de la page 4)

Vie et mort du Chili populaire, Seuil, 1973.
Production de la société, Seuil, 1973 ; Le Livre de Poche, 1993 (éd. revue).
Université et société aux États-Unis, Seuil, 1972.
La société postindustrielle, Denoël, 1969.
Le mouvement de Mai ou le communisme utopique, Seuil, 1968 ; Le Livre de Poche, 1998 (éd. revue).
La conscience ouvrière, Seuil, 1966.
Sociologie de l'action, Seuil, 1965 ; Le Livre de Poche, 2000 (éd. revue).
Ouvriers d'origine agricole (avec O. Ragazzi), Seuil, 1961.
L'évolution du travail ouvrier aux usines Renault, CNRS, 1955.

Sous la direction d'Alain Touraine :

Mouvements sociaux d'aujourd'hui. Acteurs et analystes, Éditions ouvrières, 1982.
Les travailleurs et les changements techniques, OCDE, 1965.
La civilisation industrielle, in *Histoire générale du travail*, tome IV (avec B. Cazes, J. Dofny, P. Mercier, B. Mottez, J.R. Treanton), NLF, 1961.

*Ouvrage composé en Times
par Dominique Guillaumin, Paris*

www.ingramcontent.com/pod-product-compliance
Lightning Source LLC
Chambersburg PA
CBHW050135240426
43673CB00043B/1675